国家社科基金
后期资助项目
GUOJIA SHEKE JIJIN HOUQI ZIZHU XIANGMU

两汉外来词研究

Loanwords in Han Dynasty

韩淑红　著

中国社会科学出版社

图书在版编目（CIP）数据

两汉外来词研究／韩淑红著. —北京：中国社会科学出版社，
2023.2

ISBN 978 - 7 - 5227 - 1403 - 5

Ⅰ. ①两… Ⅱ. ①韩… Ⅲ. ①外来语—汉语史—研究—汉代
Ⅳ. ①H136.5

中国国家版本馆 CIP 数据核字（2023）第 025067 号

出 版 人	赵剑英	
责任编辑	张 林	
责任校对	赵雪姣	
责任印制	王 超	

出　　版	中国社会科学出版社
社　　址	北京鼓楼西大街甲 158 号
邮　　编	100720
网　　址	http://www.csspw.cn
发 行 部	010 - 84083685
门 市 部	010 - 84029450
经　　销	新华书店及其他书店

印　　刷	北京君升印刷有限公司
装　　订	廊坊市广阳区广增装订厂
版　　次	2023 年 2 月第 1 版
印　　次	2023 年 2 月第 1 次印刷

开　　本	710×1000　1/16
印　　张	20.25
插　　页	2
字　　数	358 千字
定　　价	109.00 元

国家社科基金后期资助项目

出 版 说 明

　　后期资助项目是国家社科基金设立的一类重要项目，旨在鼓励广大社科研究者潜心治学，支持基础研究多出优秀成果。它是经过严格评审，从接近完成的科研成果中遴选立项的。为扩大后期资助项目的影响，更好地推动学术发展，促进成果转化，全国哲学社会科学工作办公室按照"统一设计、统一标识、统一版式、形成系列"的总体要求，组织出版国家社科基金后期资助项目成果。

全国哲学社会科学工作办公室

序

　　语言接触导致不同语言之间词汇的互相吸收，不同语言、不同时期吸纳外来词的情况各有不同。两汉时期汉语词汇系统引进了大量外来词，对此学界早有关注，不过总体看来，相关研究成果多为个案或部分词汇的考察分析，虽有学者对两汉佛典外来词做了不少有价值的研究，但在该时期大量存在的非佛典外来词的探讨方面，尚有较大的研究空间。韩淑红博士的《两汉外来词研究》，是为包括两汉在内的早期汉语外来词研究向纵深推进所做的可喜尝试。

　　韩淑红博士曾师从著名语言学家张志毅先生攻读硕士学位，打下了较为坚实的语言学基础，词汇学理论修养与词汇研究能力得到了很好的提升。攻读博士学位期间，她刻苦学习，精深钻研，用三年时间圆满地完成了全部课程学习，发表了多篇高水平学术论文，主持完成了吉林大学研究生创新研究项目，参与了多项教育部及国家级项目研究，获得了首届国家博士研究生奖学金，并以赢得多方好评的博士论文顺利获得了学位。《两汉外来词研究》除研究资料、前期成果的梳理及研究对象与其博士论文有一定的联系外，其他内容均是在其博士学位论文基础上的全新拓展研究。

　　《两汉外来词研究》借鉴汉语词汇史、语义学、词典学及语言接触等理论，运用语料库与历史文献分析相结合的研究方法，着力于两汉外来词的系统探讨，总结学界佛典外来词的研究成果，通过典型语料中相关词汇现象的考察，对两汉非佛典外来词做系统深入的共时研究及两汉佛典与非佛典外来词的对比考察，并展现汉语外来词词汇系统的断代本体多维特征。同时对两汉外来词在魏晋时期的整体发展做了较为全面的追踪研究，对两汉时期部分高频非佛典外来词的全程演变进行了量化分析，揭示了早期外来词的汉化踪迹及特点。既对两汉外来词进行了全方位的系统研究，又在词典学应用上进行了必要的考察，为汉语外来词专科词典的编纂与修订提供了一份切实详尽的断代资料。对汉语词汇史，特别是汉语外来词引进史研究亦有一定参考价值。

  该著作也还存在一些不够完善的地方，如未能对两汉时期所有外来词的全程演变发展做出系统研究，个别外来词的探源及汉语早期外来词引进特点探讨等方面还可做进一步的努力。作为淑红博士的老师，我期待并相信她会持续进行该领域的相关研究，不断产出新成果，为汉语词汇系统中的异域之花——外来词的研究做出更大的贡献。

徐正考

2022 年 5 月 29 日

内容概要

　　民族间的交流必然存在语言接触。语言接触的原因不同历史时期各有不同，但在语言词汇层面上的影响则是词汇系统中产生了大量外来词新质成员。语言词汇系统引进外来词既吸收了外来文化概念，丰富了借方民族语言词汇系统，同时促进了不同民族、国家间社会文化的交融发展，使不同民族间互通有无，解决借方语言中的词汇空缺问题。外来词作为语言接触的结果之一既是不同民族间文化交流的见证者和体现者，也在促进增强借方语言表达能力的基础上对借入语产生了一些影响。

　　本书立足于两汉外来词的断代词汇研究旨在推进汉语外来词词汇史的专门研究。通过借鉴汉语词汇史、现代词汇学、语义学及词典学等相关学科理论，使用现代语料库的科学计量方法在汉文籍检索系统与历史文献的语料封闭域内，对广义视角下的外来词进行了多维考察。在定性与定量相结合的断代系统研究基础上，对魏晋时期的外来词及两汉高频外来词进行了历时发展研究。在两汉外来词的系统内部全面研究基础上进行了词典学视角下的应用研究，力求为古汉语外来词研究提供多角度的参考价值，为外来词专科词典的修订提供切实的借鉴资料。

　　全书主体内容共分十一章。第一、二章为正文主体研究的基础，第三至八章是项目成果的核心研究内容，是对研究封闭域的全面系统深入研究；第九章是面向两汉外来词系统的应用研究；第十章是对两汉、魏晋时期的外来词的对比及历时研究。第十一章对两汉时期的两个高频外来词进行了不同时期的词形分布发展考察。各章主要内容概括如下：

　　第一章主要梳理研究几种主要外语的外来词研究概况，汉语界外来词研究的现状，在此基础上发现汉语外来词研究的多方面视角，指出古汉语研究中有待加强的方向。对项目研究提出具体的研究思路，明确项目研究的价值意义，确定有效的科学研究方法，指出成果的学术创新性及应用性。

　　第二章在汉语外来词历史框架下对两汉断代合理性进行研究。对几种外语外来词引进历史分期加以梳理研究，使读者了解世界上几种代表性语言在外来词历史研究上的基本情况。通过对已有汉语外来词引进历史分期成果的研究，梳理汉语词汇史上有关外来词引进分期的状况及各家在研究范围、目的、参考依据等方面出现的差异和不同分期。我们面向汉语外来词的历史研究，论证确立两汉在汉语外来词研究上断代的合理性，分析挖掘两汉引进外来词的历时背景及社会动因，从主体世界、客体世界、语言世界进行解释，进而在已有研究成果基础上重新整理提出汉语外来词引进历史分期的"七分"新说，为后续外来词的历时研究奠定基础。

第三章主要对汉语佛典的词汇及外来词的已有研究进行综述梳理，重点对佛典外来词的研究现状特别是两汉时期的佛典外来词相关研究加以整理，交代本书着力说明两汉非佛典外来词描写的原因在于此时期的佛典外来词研究已较为充分，我们在深入挖掘非佛典外来词基础上借鉴已有佛典外来词的成果可全面展现断代外来词词汇系统特点，同时可对两个子系统进行多维对比，进而考察其在魏晋时期的发展，为外来词的全程发展研究奠定基础。

第四章借鉴运用词价理论着力对两汉外来词的词价特征进行研究。聚焦两汉非佛典与佛典外来词的词价特征对比分析研究。从二者的语源价、词长价、语义价及功能价四个主要方面进行词汇样态的客观分布描写及全面科学量化统计。通过多维对比分析结果反映两汉外来词系统内部的词价总体特征，揭示非佛典与佛典外来词在语源、词长、语义类上的差异个性及共性特征，发掘汉语早期引进的外来词两大子系统的词汇特点。

第五章对两汉外来词的变体进行深入考察。变体分布是两汉时期外来词的典型特点之一，是汉语词汇动态发展的有效反映。本章对专名外来词和普通词的变体类型及变体元分布数据进行描写统计，对外来词变体形态进行内部深入分析，并对佛典外来词与非佛典外来词的变体进行相关统计对比。同时从主体、客体和语言三个世界因素分析两汉外来词的异形变体产生的社会文化背景及共时语言特点。

第六章着力对两汉专名外来词进行理据研究。从专名词的理据类型分布及特点等方面细致描写外来词九种理据的分布情况。在对专名外来词理据进行内部命名形式特点挖掘的同时，对其产生的内在动因进行研究。并在此基础上揭示两汉意译外来词理据性是外来词本土化的历程见证，音译外来词既表现出语言接触的共性，也表现出汉语外来词的民族化个性。两汉外来词的理据既有显性民族特征，也存在部分隐性特征。

第七章着力对两汉非佛典外来词的普通词汉化途径进行研究，主要对外来词普通词引进方式的分布情况、词汇特点、音节及表意方式的多样特点进行考察，分析汉语外来词体现汉民族译借外来词的认知倾向；混合译引进方式在推动汉语词汇复音化进程中不仅传递外来语言的异域色彩也彰显自身语言的民族特点，丰富汉语言词汇系统的造词构词手段。通过对外来词普通词在语音、语义和词形上的汉化途径描写分析，指出语义汉化包括广义历时层面和共时汉化不同视角。对外来词的词形汉化及汉化过程中表意不定性进行分析，发现汉化主流下的暗流特点。

第八章主要以两汉时期的代表巨著《史记》《汉书》为重点，对其中的外来词差异进行对比分析，重点考察各自文本中外来词用字异文事实，研究外来词在用字上的差异及特点，展示汉字的断代共时特点及汉字异文必然产生的原因。对《汉书》中外来词形符表意字的历时发展进行研究，发现汉语外来词对书写系统的汉化作用及汉字在语言借词过程中的动态演变及积极表意的价值。

第九章是基于两汉外来词词汇研究的拓展应用研究。一是从增加词汇量、增长词长、丰富词义、发展构词法、影响书写记录等方面研究两汉外来词对汉语词汇系统的多层面贡献和影响；再是运用词典学理论研究专科词典《汉语外来词词典》在收录两汉外来词上的特点及存在的不足。主要从词典在收词、书证用例等方面进行描写分析，从词典学角度研究专科词典在两汉外来词上的不足及编纂修订应注意的问题，为未来专科词典的完善修订提出具体参考建议。

第十章是对外来词在魏晋时期的发展进行研究。既考察魏晋时期的佛典与非佛典外来词的断代分布情况及特点，也对两汉外来词做系统的词汇学对比分析。主要从魏晋时期外来词的外部词汇特点到内部语义分布进行综合考察，揭示汉语外来词的历时演变特点。同时对高频外来词进行个案历时分析，对"轻吕""轻剑""径路"的词汇身份进行深入考察，提出相关词汇身份认定上值得持续研究的问题。本章旨在为汉语外来词的长期系统历时研究和外来词词汇史的长远研究奠定重要基础。

第十一章是对两汉时期的两个高频外来词"狮子""鹦鹉"进行魏晋之后不同时期的历时发展研究。着力对这两个动物名词的共现词形分布情况、不同词形的历时发展组合情况进行量化考察，分析汉语早期外来词名词的演变特点及语义发展情况，通过对两汉时期的汉语外来词发展演变描写研究发现相关词汇在不同时期的基本面貌，为汉语词汇史的研究提供借鉴资料。

目　　录

第一章 绪论

世界上的几千种语言很少可以自给自足，不同语言间相互进行跨文化、跨语言的语码转换而生成民族化外来词是必然的。一种语言内存在外来词汇是语言接触的结果。外来词的另一名称借词（lehnwort）有狭义和广义之分。布斯曼认为"狭义借词是 A 种语言从 B 种语言借用过来的词，而且该借词无论在语音、书写和词形上都经 A 种语言同化了。广义借词为未同化借词和同化借词的统称"①，并且认为"外来词（fremdwort）这一概念大约自 17 世纪中叶便已存在，是指从外语中接纳进本族语的语言表达。J. Paul（1763—1852）对外来词的研究对其最终成为专门术语产生了极大的影响"②，并指出"接受语对借词的同化从三个方面进行：书写形式、语音和语法，其中语音上的改变最为重要"③。因此，汉语中的意译词属同化借词，即广义借词。

第一节 外语外来词研究概况

张志毅、张庆云（2005）研究认为，"英语的借词最多，5000 个常用词中 73% 是外来词，借词的 47% 来自法语，英语对借词的同化在于允许词的语音和语形完全分离的现象。汉语是借词较少的语言，数量不足词汇总量的 5%，其中的 75% 左右为意译词。"④

顾江禾、黄克琴（1995）认为，"德语的 40 万词汇中约有 10 万来源

---

① ［德］哈杜默德·布斯曼：《语言学词典》，陈慧瑛等编译，商务印书馆 2003 年版。

② ［德］哈杜默德·布斯曼：《语言学词典》，陈慧瑛等编译，商务印书馆 2003 年版。

③ Bussmann，Hadumod，Routledge Dictionary of Language and Linguistics，Beijing：Foreign Language Teaching and Research Press，1996/2000：288.

④ 张志毅、张庆云：《词汇语义学》，商务印书馆 2005 年版。

于其他语言，绝大多数来源于印欧语系。"① 何涛（1998）认为，"目前在德语报刊文章中外来词占 8%—9%，其中在名词、形容词和动词中占16%—17%"②。可见德语词汇中外来词的数量也不少，主要来自三大部分：一是包括法语、意大利语、西班牙语和葡萄牙语等的罗曼语系词语；二是包括英语、荷兰语、丹麦语、瑞典语等的日耳曼语系词汇；三是东方语言。其中法语、英语的影响最大。

　　19 世纪 80 年代之前日语中的外来词用"舶来语"名称。1884 年大文彦著有《外来语考原》，日本第一部《外来语辞典》1914 年问世。在其百科全书、辞典中对外来语的界定也基本一致。在《国语大辞典》中外来语的定义为："在某种语言中，从外国吸收来的语言，与本国语言使用范围差不多，这种词汇称为外来语。以日语为例，从广义上说也包括汉语，但通常不把汉语看作外来语。日语外来语主要指室町时代以来从欧美各国传入的词汇。但是其中也包括了不少近代、现代汉语的词汇。另一方面梵语的音译语是用汉字写的，一般也不算作外来语。"③ 可见，日语外来词既不包括来自本国少数民族语言的词汇，也不包括用汉字书写的汉语和梵语，其外来词概念为狭义所指范围。

　　郭定泰（1993）指出："俄语中的外来语约占词汇总量的 24%。"④18 世纪初俄国就开始编纂俄语外来语词典并逐渐发展和完善，沙皇彼得一世还为第一部手抄本外来语词典作了局部校阅工作。由彼得罗夫主编的《外来语词典》1964 年已出了修订后的第 6 版，1984 年该书出至第 11 版。这充分反映出俄国对外来词的研究极为重视。

　　马猛、贾俟萌（2006）指出："韩国语在外来语的引入过程中呈现出语种多样性、语言的结合性、南北的差异性及古今的演变性等特点。2003年改版的韩国语大辞典中以科学科技为中心的各个领域已经收录了约9000 个外来语。"⑤

　　15 世纪末西班牙完全统一前后，卡斯蒂利亚语改称为"西班牙语"。西班牙语中的外来词名称是 extranjerismo，虽受阿拉伯语影响比较多，但没有引进阿语的任何音素，而是按照自身的语音系统对阿语词语进行了改

①　顾江禾、黄克琴：《德语外来词刍议》，《四川外国语学院学报》1995 年第 3 期。
②　何涛：《德语中的外来词：流变与规范》，《北京第二外国语学院学报》1998 年第 1 期。
③　尚学图书编：《国语大辞典》，日本：株式会社小学馆，昭和 56 年，12 月 10 日第 1 版。
④　郭定泰：《俄语外来语词典述评》，《辞书研究》1993 年第 4 期。
⑤　马猛、贾俟萌：《韩国语外来语的特点》，《长春师范学院学报》（人文社会科学版）2006 年第 9 期。

造，使其西语化。西语中的阿语成分主要表现在词汇方面。陆经生（1988）指出："西语中源于阿语的词有 4000 多个，约占西语词汇总数的 8%，其数量仅次于拉丁语。"① 西班牙语的外来词还有来自法语的 "merengue"，意大利语的 "aria" 和来自英语的 "golf" "jazz" 等大量词汇。陆经生（1989）、毕井凌（2011）研究认为，"西班牙语对外来词有四种引进方式：转写、音译、按西语发音习惯和书写规则全面改写、意译组合"②。

综上可见，世界各国语言学界都非常重视外来词研究，都从不同角度关注并研究这一词汇现象，主要关注涉及的方面包括外来语语源、构词、语法、修辞特点、借用史、借用后的同化过程、释义、专科词典等，同时结合社会历史文化、政治经济因素、心理因素等的综合研究也是国外外来词研究的范围。③

第二节　汉语外来词的研究现状及进展

语言的发展变化的普遍特点之一在于引进外来词。史有为（2000）研究指出："'外来语'这个词也是'外来语'，它来自日语对'foreign word'的翻译。"④ 潘文国（2008）认为，"汉语吸收外来语的实质是用汉字对异质语言成分进行转写。"⑤

"外来词"在汉语史上首先被称作"外来语"。中国大百科全书（1988）中的观点是："早在先秦时代，汉语词汇里就有从邻近语言吸收的外来成分，但它们大都跟固有成分融为一体，难以辨别。西汉以后，由于民族关系的密切和国际交往的频繁，汉语里陆续加入了一些明显可辨的外来词；东汉后期开始的佛典翻译，汉语又从古印度语言（梵语、巴利语）和古中亚语言（如吐火罗语，即焉耆—龟兹语）吸收了跟佛教有关的大批外来词。"⑥ 因此，汉语外来语中包括少数民族语言词汇。在汉语

---

① 陆经生：《阿拉伯语对西班牙语的影响》，《阿拉伯世界》1988 年第 1 期。
② 陆经生：《西班牙语词汇的异体现象探讨》，《外国语》1989 年第 5 期；毕井凌：《浅谈西班牙语中的英语外来词》，《科教导刊》（中旬刊）2011 年第 4 期。
③ 韩淑红：《汉语外来词研究论略》，《宁夏社会科学》2014 年第 6 期。
④ 史有为：《汉语外来词》，商务印书馆 2000 年版。
⑤ 潘文国：《外来语新论·中国语言学·第一辑》，山东教育出版社 2008 年版。
⑥ 中国大百科全书总编辑委员会、《语言文字》编辑委员会：《中国大百科全书·语言文字》，中国大百科全书出版社 1988 年版；韩淑红：《两汉非佛典外来词研究》，吉林大学，博士学位论文，2013 年。

词汇发展过程中，外来词对汉语词汇的发展影响重大。对外来词的研究目前学界中仍存在对其术语名称和界定上的争议，另外对外来词的语源、规范化问题、专书研究、断代研究等日益增多，研究理论及研究方法上也不断创新。主要研究状况如下。

一　界定争议

对外来词的界定学界意见至今未达成一致。总体来看主要分为三种看法：广义观、狭义观以及折中观。其中广义视角下的外来词着重于词的来源，一般从语言、文化两个层面出发；狭义视角下的外来词着重于词的语音形式。二者的分歧主要在于对意译词及日源外来词存在不同的看法。

（一）广义观

广义外来词观着眼于词的来源，认为词语的音、形、义要素中有一个是从其他语言中借用来的，就看作是外来词。主要代表学者如：胡行之（1936）、罗常培（1950）、潘允中（1957）、陈原（1979）、许威汉（1992）、吴世雄（1995）、黄河清（1995）、郭伏良（2001）、杨锡彭（2007）等。各家对外来词的定义尽管表述方式不同，但基本认为音译词、意译词及借形词都属于外来词。广义外来词在某种程度上具有一定的不确定性和模糊性，其中意译词的归属一直是外来词研究的焦点。①

（二）狭义观

狭义外来词观一般着眼于词的音义结合，强调语音标志，音译词是严格意义上的外来词。主要代表学者如：陈法卫（1958）、高名凯、刘正埮（1958）、高子荣、张应德（1958）、陈忠（1963）、叶蜚声、徐通锵（1981）、武占坤、王勤（1983）、刘叔新（1990）、王力（1993）、俞忠鑫（1996）等。②他们主张从外语中把词连音带义搬到本族语言来的属外来词。狭义观注重外来音、义要素，忽略借义形式，排除意译词、借形词。外来词范围比较简单清晰。

（三）折中观

外来词折中观的界定一般持稳妥之论，取前两种定义中间，定义往往不固定。主要代表学者如：吕叔湘（1941）、孙常叙（1956）、张清源（1957）、孙延璋（1984）、梁晓虹（1994）等。陈忠（1963）认为1958年以前学界一般将意译词看作外来词。后《中国语文》开展了意译词归

① 韩淑红：《两汉非佛典外来词研究》，吉林大学，博士学位论文，2013年。
② 韩淑红：《两汉非佛典外来词研究》，吉林大学，博士学位论文，2013年。

属的论争，否定论占了上风。20 世纪 90 年代后意译词是外来词重又被提起。[①] 吴思聪（2003）认为："词义是词的本质，随着民族的接触交往而产生的新词应看作外来词。"[②] 主张以广阔视野看待借词，不管借进的是语音还是语义都应看作是外来词，意义层面是判断意译词归属的核心。

（四）借形词的归属

中日文化交流产生的词汇互借情况较为复杂。近现代日语词汇又受西方语言影响，汉语中的日源借形词变得更加特殊。20 世纪 80 年代以前，借形词指连形带义借入的词语。张永言（1982）称其为"形译词"；马西尼（1997）称为"词形借词"。

1958 年，《中国语文》对日源借词进行了热烈讨论。20 世纪 90 年代对借形词的归属有两种观点。其中认为借形词是外来词的主要代表者如高名凯、刘正埮（1958）、符淮清（1985）、罗聿言（2000）等，他们主要着眼于词的来源。另一种观点认为借形词不具备外来词身份，主要代表如：王力（1957）、俞忠鑫（1996）等。他们认为只借用日语中的汉字字形并未借用日语原读音的不属日源外来词。

另有一些学者如陈忠（1963）、马西尼（1997）、史有为（1991、2000）、曹炜（2004）等主张区别对待借形词不要一概而论。马西尼（1997）对借形词的研究较为深入，主张将其分为"原语借词"和"回归借词"。曹炜（2004）从历时角度进行研究认为需从借形的最早源头判断其外来词身份。

由上可见区别对待借形词的归属是正确的，一概而论会使问题纠缠在一起，难以深入研究。

二　术语争议

外来词的术语名称较多。主要包括：章太炎（1902）的"外来语"；胡以鲁（1914）的"借用语"；罗常培（1950、1957）的"借字、借词、外来词"；赵元任（1970、1993、1995）的"借语、外来影响词、外来概念词"；钟吉娅（2003）的"外源词"等。另如：香港中国语文学会词库工作组（1993）提出的"外来概念词"、史有为（1995）提出的"外来影响词"都比较重视意译词和日语借形词。陈建民（1993）、吴世雄（1997）等学者也支持这两个术语。而"外来语"发展出来的"外来词"

---

① 韩淑红：《两汉非佛典外来词研究》，吉林大学，博士学位论文，2013 年。
② 吴思聪：《汉语外来词对汉语词汇系统的影响》，《云南师范大学学报》2003 年第 1 期。

逐步成为较多使用的名称。外来词研究进入了自觉进行的新阶段，并一直受到关注。

三　语源研究

外来词考源是难度高综合性强的基础研究，也是主流方向之一。任何一个外来词都涉及源头、演变发展途径及源词原意等多方面的考察，一般包括历史文化和语言学角度。

（一）历史文化探源

20 世纪上半叶对古代外来专名进行探源的一般为历史文化学家。他们运用历史比较、译音对勘等方法从历史文化角度加以研究。陈垣（1928）梳理考证了伊斯兰教及教徒在中国的名称；冯承钧（1930）、岑仲勉（1948）等学者对西域地名及来源于匈奴语的匈奴单于名、匈奴皇后名号等外来词进行了考源；韩儒林（1940）考证了早期突厥官名词源。早期的这类研究多侧重于历史学、民族学视角。史有为（2000）总结认为国外诸多汉学家如美国劳费尔、法国沙畹、列维、日本白鸟库吉、织田得能等对中国典籍中的西域南海的物名、地名的考证以及对佛教原语的分析都是历史探源上的相关研究。

另外，一些学者从文化层面切入进行汉语外来词的语源研究。如：罗常培（1950）虽只对近代前 12 例汉语外来词的考察却开启了文化语言学研究的新篇章。张清常（1958）、张永言（1983、1988）、周振鹤、游汝杰（1986）、方龄贵（1991、2001）、梁晓虹（1994）等学者对源自蒙古语、满语及佛教的外来词进行了考源研究。2001 年出版的《近现代汉语新词词源词典》给出了 5275 条外来词的语源，所给出的早期及首见书证使汉语外来词词源研究开始走向系统化、科学化。

（二）语言学探源

汉语外来词的词源研究开始于 20 世纪 50 年代。一些学者对历代汉语外来词的来源加以系统考察，如：潘允中（1957、1989）探讨了上古汉语中来自匈奴语、西域语的外来词来源。史有为（1991、2004）对近 3000 条汉语外来词的渊源进行了梳理研究。刘正埮、高名凯等（1984）编纂的《汉语外来词词典》收录了古今万余条汉语外来词，他们参考众家词源考证成果，一是标明外来词的直接词源；二是列出间接词源。同时对外来词的初见形式进行了考订，正是鉴于这部工具书在汉语外来词语源研究上的里程碑意义，我们后文对两汉外来词的语源考察也主要参照该词典的信息。

面向日源外来词探源研究的主要代表如王立达（1958）、高名凯、刘正埮（1958）、谭汝谦、林启彦（1982）等；刘正埮、高名凯等（1984）的《汉语外来词典》至今仍是汉语外来词较为权威的专科词典，其中收了887条源于日语的汉字词。另外沈国威（1994）、朱京伟（1994）、马西尼（1997）、刘禾（2002）、冯天瑜（2004）等学者都从不同视角对源于日语的外来词做了语言探源研究。

四　规范化研究

汉语外来词的借用有利于发展丰富汉语词汇，但同时因吸收泛滥、使用混乱造成了语言不规范。1909年设立的编订名词馆标志着中国诞生了第一个审定学术名词的官方机构。之后设立的科学名词审定委员会、译名统一委员会、国立编译馆等机构以及制定的《国外人名地名汉译公约》、《化学命名原则》等规范都表明对外来词术语、各类专名的译借逐步走向规范化、统一化。

学界对外来词的规范研究主要侧重于以下方面的考察。

（一）规范原则探究

1955年"现代汉语规范问题学术会议"召开后外来词的规范研究开始扩大，对现代汉语的相关规范逐渐重视。高名凯、刘正埮（1958）分析现代汉语外来词研究存在的分歧后确立了外来词规范的"三一原则"与"二并原则"。"一词""一字""一音"和"异形并存""异格并用"是外来词规范原则研究的重要理论基础。周有光（1959）提出的"原文化""国际化"和"汉字化"① 三种标准对音译外来词的拼写也起到了规范作用。持平（1961）认为"名从主人"是翻译时的重要原则，"约定俗成"为例外。这些观点构建了外来词规范化研究的基本框架。

改革开放政策不仅带动了中国经济的发展，也为语言世界带来了大量外来词。随之出现了外来词的规范化深入研究，主要代表学者如李行健（1988）、史有为（2000）、雷浩泽（2006）等，他们主张外来词的规范化既需要立足于语言自身研究，同时也要对外部社会环境及语言主体的心理状态等各因素全面考量，应从社会整体、文化高度多维看待外来词的规范态势，研究理论趋向深刻。外来词的规范原则、规范标准的制定既需着眼语言内部规律，也要结合汉语构词自身特点，还需考虑历史文化和社会心理等因素，应综合各种因素遵循政策性与层次和谐性的统一，不能一

---

① 周有光：《地名译音工作的革新》，《文字改革》1959年第20期。

刀切。

（二）规范研究趋势

外来词规范化在关注理论研究的同时也趋向专门细致化研究。周定国（1994）、李慧玲（2006）等主要代表学者的相关研究涉及报刊中的外来词使用与规范、公司与商品的译名规范、外来词的用字、字母词的读音规范及非汉字用词规范等相关问题。

外来词规范研究 90 年代后开始重视大陆以外等地区的相关规范统一问题。李乐毅（1990）、姚荣松（1992）、竺家宁（1996）、苟芳琴（2004）等学者主张开展不同地区间的交流，提出了译名更替、音译意译的选择等相关原则，以求各地吸收外来词时使用的规范标准统一。香港中国语文学会（1993）的"外来概念词词库"整理研究了各地一词多形的译名及外来概念译名词，为汉语外来词的规范统一提供了丰富的数据资料。

五　专书外来词研究

一些学者如王东明（1995）、朱国祥（2005）、喻萍（2007）、孔祥珍（2008）、史大丰（2009）、李瑾（2010）等开始从专书角度研究外来词。主要研究的专书包括：《史记》《汉书》、鸠摩罗什版《金刚经》《官场现形记》《利玛窦中文著译集》等。对南北朝时期昙无谶译的《大般涅槃经》中的外来词，梁芳（2011）做了多角度的研究，涉及译借情形、语义范畴、词类描写和构词法分析等方面。从专书视角在一定封闭域对外来词进行的研究提高了量化效果。

六　断代外来词研究

蒋绍愚（2005）指出："随着科学的词汇史的建立，词汇史的研究任务已变为对各个时期的词汇现象和发展变化作系统的理论上的研究。"[①]可见，对不同时期共时词汇进行断代系统研究可较清晰地展示社会不同时期词汇的总体状况及断代特点，发现汉语共时词汇的基本面貌。对外来词进行断代研究的主要代表如原新梅、梁盟（2006）对五四时期、于朝兰（2009）对三国时期、宋丽华（2009）对晚清时期、俞理明、顾满林（2011）对东汉时期、韩淑红（2013）对两汉时期等对相关断代时期中的外来词进行了多角度研究，涉及断代外来词汇基本状况、引进特点、社会

---

① 蒋绍愚：《古汉语词汇纲要》，商务印书馆 2005 年版。

原因等多方面。

断代外来词研究的不断累积，有助于外来词词汇史研究的推进。已有的断代研究多为近现代时期，面向古汉语断代外来词的研究也逐渐引起学者们的关注。追根溯源，点面结合的研究利于该领域的不断发展。

七　新理论方法的借鉴

外来词研究的深入在借鉴新理论、新方法方面也取得了进展。史有为（1991）、李彦洁（2006）等运用了原型范畴论、模糊数学理论等新理论解释了外来词范围模糊的必然争论，主张采用柔性方法处理外来词的分类，切分中允许临界或过渡状态存在。

周荐（1991）、王铁琨（1993）、颜洽茂（2002）等运用了统计计量的科学研究方法，分别对《汉语外来词词典》、1979—1988年间的《杂宝藏经》《百喻经》《贤愚经》等的大量外来词进行了定量研究。这些研究不因循以往的个案分析突破了少量研究的局限性，大大提高了研究的系统性与可信度。相关研究考察了外来词的音节特点、译借方式、词形规范的语言特点以及相关的外来文化、社会心理等多方面内容，推动了该领域研究的进一步发展。

第三节　古汉语外来词研究的方向

季羡林（1991）研究认为与国外外来词的研究专家、外来语词典、外来词的熟知度等很多方面相比较，中国社会客观世界及汉语主体世界的差距较大。吕叔湘（1992）认为汉语史中的语汇研究最薄弱。可见尽管汉语词汇史研究取得了很大成绩，但总体仍处于起始阶段。一是历史上的各类语言材料虽有涉猎但深度远远不够，汉语词汇研究沿用传统训诂学方法的较多，偏重于词语考释。二是断代研究缺乏系统性及深入的历时性思考。另外汉语词汇史的断代研究偏少，通史研究较多。近年来佛经文献研究有了较大发展，汉译佛经的外来词研究成果渐丰。

纵观目前已有的外来词研究成果，随着研究视角和方法的不断更新拓展，从数量到质量都有了飞跃，但与现代汉语外来词的研究相比古汉语外来词的研究在以下方面需加强。

一　断代外来词研究不足

很多学者关注到了对现代汉语外来词进行大量研究的同时需加强古汉语外来词的研究。江蓝生（2000）认为汉语史研究包括两项基础性工作，即专书研究与断代研究。断代研究就是要全面考察描写断代的语言现象的全貌，这是汉语词汇史、汉语史研究的重要基础。

对汉语史不同断代时期的外来词研究目前学界逐渐重视，如贺玉华（1998）、原新梅、梁盟（2006）等对鸦片战争至辛亥革命时期、晚清近代时期中的外来词进行了研究。也有学者对元曲中的源自蒙、女真、匈奴、契丹等各民族语的外来词加以研究。总体而言，断代研究远远不足，特别是早期的外来词断代研究需不断深入。

二　非佛典语源研究不足

东汉末期佛经的传入极大地充实了中国传统文化。佛教的传播渗透影响到了中国社会的各个领域，对汉语词汇的影响极为深远。朱庆之（1992）、俞理明、顾满林（2011）等学者对东汉、魏晋时期的佛经外来词进行了研究，从译词外部特征、译借形式、音译词形和词义等进行了全面分析。[①] 佛教与中国儒道相融时，很多源于梵语的外来词也在汉语世界失去了外来词色彩而不断汉化，甚至成为汉语常用词。

汉语史上的不同时期语言的接触和引进涉及不同的语源。外来词语源上呈现出的多样性是各个社会时期汉民族对外交流的结果。汉语外来词语源主要包括西域各外族语言、满语、藏语、蒙古语、梵语、英语、日语、德语、法语等不同语言，在汉语词汇历时系统中留下了不同程度的痕迹。其中源于西语的外来词主要产生于近代后，而古代汉语中源语其他语言的外来词，学界对佛典外来词的研究多力度大，而源于其他语源的外来词研究有待加强。已有的研究多以个案或少量词汇分析为主，尤其是上古外来词，除"骆驼""琥珀""葡萄""胡荽""苜蓿""猩猩"等常用词，非佛典的外来词需拓展研究空间。这种状况主要在于佛典资料较丰富，而其他语源资料相对零散，对源自其他语言的古汉语外来词研究难度更大。

---

① 第三章我们对学界在佛典词汇研究及两汉佛典外来词的研究成果进行整理分析，此处不展开。

三　专书研究偏零散性

与汉语词汇系统中的其他小系统相比，对历史上专书进行外来词系统研究的数量明显不足，针对专书进行的封闭域内研究数量相对零散。如王东明（1995）等、梁芳（2011）等学者对《史记》《汉书》《大般涅槃经》中的外来词研究数量不足，偏于个案研究，少见大量整体考察。面上看对专书中的外来词仍以零散式的举例分析为主，现有的研究与汉语史上的专书数量相比相差较大，对外来词较多的典籍进行大范围调查有待加强。

四　汉语外来词历时发展研究不足

汉语外来词研究现状表明学界关注此领域广度加大，成果颇丰。胡明扬（2004）认为汉语学界的研究重语法，词汇研究较薄弱。因此，汉语外来词的研究还有很长的路要走，特别是外来词的历时研究是未来需加大力度的方向之一。现已有的研究中潘允中（1957、1989）、史存直（1989）、史有为（2003）等学者对外来词进行了不同时期的历时研究，但他们的分期标准和数量各有不同。这一问题我们在后文将专门研究。

外来词的历时研究总体状况包括：因标准不同对外来词的历史分期观点不一；整体研究外来词历时发展的较少，历时考察少量词的较多。因此需大力进行汉语外来词系统历时研究，加大高频常用外来词的深度历时研究。这些研究都是构建汉语外来词词汇史的重要基础。

综上所述，学界对历史各时期各类语料做了不少研究，汉语词汇史研究已取得了不少成果，但古汉语不同时期的外来词系统研究仍存在很多需加强研究的问题。韩淑红（2014）认为在这几方面仍要加强研究，如：少数民族语源的外来词研究；外来词的合理断代系统研究；早期外来词词频调查分析；高频外来词历时演变研究；古汉语外来词断代研究基础上的汉语外来词词汇史研究等。

第四节　成果研究意义

王力（1986）、周祖谟（1989）、蒋绍愚（1998）等学者研究认为词汇的系统研究可以以专书和断代为基础，而专书、专题研究是断代研究的基础。因此通过对重要古籍中的词汇进行深入细致的研究可为汉语词汇史积累丰富的语言材料。对历史不同时期汉语词汇的发展进行考察才能搞清楚各时期汉语词汇的基本状况及特点。大量深入的专书词汇和断代词汇研究可为汉语词汇整体发展历时研究奠定必备的基础。[①]

汉语词汇史研究旨在发现不同时期汉语词汇的产生、更替变化特点。主要涉及汉语基本词汇、复音词、词义、同义词、反义词、构词法、借词和译词、成语典故等相关问题。所有研究既要综览古今，指出各个时期词汇产生、发展、变化的特点及共性，又要厘清汉语词汇系统中各组成部分的发展全貌。随着王力（1984）《汉语词汇史》、史存直（1989）《汉语词汇史纲要》、潘允中（1989）《汉语词汇史概要》等著作相继问世，很多内容已逐渐清晰。

外来词作为词汇史研究中的一部分，在代表性著作中都有独立章节。王力（《汉语词汇史》，1984）分别用第八章"鸦片战争以前汉语的借词和译词"、第九章"鸦片战争以后汉语的借词和译词"进行了阐述；史存直（《汉语词汇史概要》，1989）第五章"汉语中的借词和译词"分别对古代来自匈奴和西域的借词和译词、来自梵语的借词和译词、来自蒙古语、满洲语的借词、鸦片战争前来自西洋的借词和译词及鸦片战争后来自西洋的借词和译词进行了细致描述；潘允中（《汉语词汇史概要》，1989）第六章、第七章对"汉语古今借词和译词的来源"做了总体研究。总体来看，词汇史中对汉语的借词和译词研究描写虽比较充分，但在系统性、理论上仍有待加强与提升。除了从历史语源角度进行研究，还需从断代层面进行系统全面研究。并且对汉语历时期外来词的断代标准仍需在大量外来词研究基础上深化梳理，为汉语外来词词汇史研究提供资料及数据参考。

因此，如何对两汉时期合理断代是外来词词汇史研究的关键，在此基础上的深入系统研究可具有如下研究意义。

一 利于外来词断代系统研究

立足于汉语词汇发展史角度考察两汉时期的外来词，一方面可展现汉语外来词的共时分布特点，有利于研究异族文明进入中土后对汉语词汇产生的影响，为汉语词汇史的断代研究提供新的视角和实证；另一方面通过对两汉外来词语料的充分描写，从语音、语义及词法层面对其进行系统量化考察，可发现两汉外来词的引进特点并利于进一步探寻发展规律，为汉

---

① 韩淑红：《两汉非佛典外来词研究》，吉林大学，博士学位论文，2013 年。

语的外来词词汇史研究提供相关数据，为汉语断代词汇史研究提供必要的参考资料。

二　利于外来词历时发展研究

在做好两汉时期外来词断代共时研究基础上进行的系统历时发展考察，是外来词词汇史研究的基础。用汉语词汇史的方法研究两汉高频外来词的发展演变，是两汉外来词长期历时研究的基础。对魏晋时期汉语外来词的系统描写分析有助于推动外来词词汇史的进一步研究。

三　利于外来词专科词典修订

1984 年出版的《汉语外来词词典》是汉语专科词典中的先驱典范，推动了汉语外来词的研究与规范化进程，在汉语词典史上具有重要意义。但词典在语言发展和研究的进程中，难免会出现需修订的问题。

据我们对该词典中两汉时期外来词词条的考察，仅收录了 38 条。这与两汉共时外来词状况相差较大。本成果研究可对《汉语外来词词典》收录古汉语外来词，特别是两汉时期的词条提供补录参考。对两汉外来词的综合研究可为外来词专科词典提供释义、用例及规范等方面的借鉴，对未来外来词专科词典的编纂、修订具有较高的资料参考价值。本成果可为汉语外来词研究在吸收引进、词语规范、词典实践应用等方面贡献绵薄之力。

第五节　研究方法

词汇作为语言中最具时代性变化最快的单位，记录着社会变迁的方方面面。而外来词作为词汇系统中的异质成员反映着一个民族对外交往的历史。

文中对两汉外来词进行的多维研究语料主要基于汉文全籍检索系统这一古汉语电子语料库，利于现代计量统计手段及人工干预整理建设研究数据库。既深入细致描写两汉外来词本体又兼顾历时演变考察，力求做到共时与历时相结合，描写与解释相映照，定性与定量相统一，对相关研究领域具有一定的指导和借鉴作用，对外来词词汇史、术语规范、外来词专科词典编纂等相关学科领域有较大的参考价值。为展现两汉外来词的共时面貌及历时动态发展特点，既反映共性又揭示个性，本项目主要采用的研究方法包括：文献描写法、定性分析法、定量统计法、对比法和归纳演绎法。

第六节　成果创新性

人类不同民族之间交流的主要途径之一是语言接触，其必然结果之一是新质外来词的产生。对这一文化交流的见证者和体现者如何进行深入研究是词汇学、社会学等相关学科关注的热点。本研究的创新性主要体现在对两汉时期的合理断代并进行了封闭域内的系统研究揭示汉语外来词的共时特点，同时对两汉外来词的历时研究既包括在魏晋南北朝时期的整体发展研究，也包括部分高频词的全程发展研究。

另外，本项目在研究方法上突破传统，对两汉外来词进行的定量系统研究，提高了以往对此领域零散性个案研究的科学性。用现代词汇学、语义学、词典学等相关新理论系统研究古汉语外来词也是一种创新，提升了相关研究的理论性及实践指导性。

第二章　两汉外来词断代合理性研究

汉语作为目前世界上使用人数最多的语言，悠久的汉语史上外来词出现得也很早。为了论证两汉时期作为汉语外来词研究的断代合理性，有必要对世界上其他语言的外来词历史分期有所认知。

第一节　外语外来词历史分期概况

据德国出版的《语言学及语言交际工具问题手册》，世界上共有5651种语言，其中1400种以上的语言还没有被公认为独立的语言。而丹麦语言学家叶斯帕森（1938）认为任何一种语言都会吸收外来词。这说明外来词是世界各语言中普遍存在的词汇现象。在众多语言中，汉语、英语、俄语、西班牙语、印地语、日语、德语、阿拉伯语、葡萄牙语和法语是用得最广的10种。我们对现有研究成果中几种代表性语言的外来词历史分期加以梳理，以探寻汉语外来词历史的分期标准。

一　英语外来词的历史分期

英语语言史专家M. S. Serjeantson（1997）认为："一个国家外来语的历史，同时也是这个国家同其他国家相互交往的历史。"[1] 英语作为目前世界上使用最广的语言，语言史学者一般将其外来词的历史分为如下四个时期。

第一个时期是盎格鲁—撒克逊人在不列颠定居前的大陆时期。因其部落在欧洲大陆与罗马人发生往来贸易，因此早期英语中的借用词多为罗马人特有事物的拉丁词语如"pillow（枕头）、plum（梅）、wall（墙）、mule（骡子）"等。

---

① 转引自汪榕培、卢晓娟《英语词汇学教程》，上海外语教育出版社1997年版。

第二个时期为公元450年盎格鲁—撒克逊人入侵不列颠后的古英语时期。而公元597年牧师奥古斯丁（Augustine）从罗马来到英国传教，使基督教流行于英国之后，大批与宗教有关的拉丁语词也随之传入英语，如"creed（教义）、pope（主教）、priest（牧师）、altar（祭坛）"等。早期英语吸收的外来语较少，仍以本族语词为主。

第三个时期为中古英语时期。1066年英国被日耳曼人入侵并征服后，法语一度成为英国上流家庭中的日常用语，法语也是对英语词汇影响最大的借词。中古时期英语的大量新词是直接来自拉丁语，如"abject（可怜的）、conspiracy（阴谋）、contempt（轻蔑）、gesture（姿势）、juniper（桧属植物）、lunatic（精神错乱的）"等，其中包括很多专门术语。

第四个时期为16世纪到18世纪文艺复兴时期。欧洲学者大多致力于研究古典文化，主要的教育内容包括古典语言和古典文学，拉丁语和希腊语是当时的书面语言。据《牛津大词典》的统计，此时期进入英语的外来词超过12000个，大部分是拉丁语学术性词汇，主要包括抽象概念词和科技语词。

二　日语外来词的历史分期

汉语于公元3世纪后大量传入日本并给日语带来巨大影响。与汉语有着近亲关系的日语，其外来语主要是指16世纪日本人同葡萄牙的接触后欧洲各种语言进入日语的词汇。刘宗和（1999）认为"日语外来语的历史大致可以分为：切支丹（天主教）时代、江户时代、明治维新后三个阶段"[1]。他们认为日语中来自英语的外来语占80%以上，其次是法语，占5.6%，德的占3.3%，意语的占1.5%，荷兰语的占1.3%，俄语的占0.8%；葡语的占0.7%，西班牙语的占0.7%。而マージャン（麻将）等一类传入日本的汉语词只占0.7%。

三　法语外来词的历史分期

程依荣（2002）[2]认为法语历史上有三个借用外来词的高潮：15世纪和16世纪的文艺复兴时期为第一次，主要借自拉丁语、希腊语和意大利语；第二次为18世纪启蒙运动时期，由于英国资产阶级政治改革、产业革命以及英国君主立宪制度对法国产生的影响，大量词语借自英语；第

---

① 刘宗和等：《日语与日本文化》，湖南教育出版社1999年版。
② 程依荣：《法语词汇学导论》，外语教学与研究出版社2002年版。

三次是在第一次世界大战之后的整个 20 世纪，法语大量借用的主要是美国英语词语。

四　德语外来词的历史分期

陈晓春（2005）[①] 研究认为 12—16 世纪的宗教改革使德语方言得到了普及发展，《圣经》德译本的出现促进了德语的统一，19 世纪现代德语标准音形成。

德语外来词的历史可追溯到 5 世纪前，有关政治和宗教的拉丁语词汇进入德语领域，但词汇为数不多。在 19 世纪前，德语外来词主要来自拉丁语、希腊语、意大利语和法语，以大量军事、法律、饮食文化、艺术等领域的词汇为主。其中法国骑士风尚文化方面的法语词汇外来语的影响最大，一些意大利词汇的借入缘于德意贸易的往来。

英国工业革命带来科技发展的 19 世纪初，以及美国在经济和科技领域领先世界的 20 世纪上半叶，都是大量英语词汇进入德语的高峰期。同时德语中的外来语还有来自东方语言的词汇。

五　俄语外来词的历史分期

俄语是欧洲诸种语言中相对较晚形成的语言，国内学者孙汉军（2002）、杨春虹（2007）等对其外来词的历史都有研究。他们认为俄语的外来词最早可以追溯到 6 世纪，其中最具代表性的时期包括：鞑靼—蒙古统治的时期、罗斯皈依基督教的时期、彼得大帝改革的时期以及革命频发的 20 世纪初。[②]

鞑靼—蒙古统治的时期，由于俄罗斯与讲突厥语的诸部落接触频繁，导致了大量突厥语最早的借入，大都为表示畜牧、生活方面的事物，数量约为 250 个。8 世纪后，在俄语形成初期，来自希腊语和拉丁语的外来词便开始进入古俄语[③]，其中大部分为抽象外来名词。后随着基辅罗斯与拜占庭之间的贸易往来，基督教的影响以及希腊语翻译成古俄语的祈祷书的普及，日常物品、科学文化及宗教用语如"музей（博物馆）、ангел（天使）、алтарь（祭坛）"等开始进入俄语。而社会政治、科技教育文化方面的词语如"юстиция（司法）、администратор（行政官员）"等成为借

①　陈晓春：《德语史概述》，上海外语教育出版社 2005 年版。
②　杨春虹：《俄语中的外来词与外来文化》，《沈阳师范大学学报》2007 年第 6 期。
③　唐彦：《谈俄语外来词的引进与规范》，《湖南文理学院学报》（社会科学版）2007 年第 1 期。

入主流的情形一直持续到18世纪。

18世纪末至19世纪初俄国出现崇拜法国的热潮，如"салон（沙龙）、авангард（前卫队、前锋）"等大量法语仿造词开始借入。

19世纪俄语借入更多的为德语词。这主要由于二战期间与德语接触频繁，因此借词数量增加，如"штаб（司令部）、кухня（厨房、饭菜）、бухгалтер（会计）"等涉及军事、贸易、工艺、生活方面的词语。

20世纪后俄罗斯的社会政治、经济体制不断变更，人们的思想文化观念和价值取向也随之改变，俄语外来词的借入也以"хот‐дог（热狗）、блейзер（一种运动上衣）"等与西方国家科技经贸、食品、服装美容、体育健身旅游等相关的英语词汇为主。

六　阿拉伯语外来词的历史分期

所有语言都是在与其他语言进行交流，进而相互吸收的过程中生存并发展的。外来词是丰富本民族语言的重要途径，一直处于东西方文化交汇处的阿拉伯世界历史复杂而丰富，同时具有东西方文化交流的纽带作用，因此阿拉伯语对外来词的借用更具开放性与包容性特征。徐枫（2008）[①]研究认为阿拉伯语吸收外来词的历史主要分为三个时期：贾希里亚时期和伊斯兰教初期、倭马亚朝和阿拔斯朝期间、近代阿拉伯文化复兴运动和当代阿拉伯科学复兴运动时期。

第一时期主要借用阿拉米语和波斯语词汇；第二时期以百年翻译运动为特色，大量借用波斯语和希腊语词汇；第三时期主要从英语、法语、意大利语等西方语言中借用外来词，数量大并且涉及现代生活的各个领域，尤其是科技方面。

语言学家萨丕尔说："语言像文化一样，很少自给自足。交际的需要使说一种语言的人和说邻近语言的或说文化上占优势的语言的人发生直接或间接的接触。语言的接触实质上是文化的接触，这种接触导致外来词的产生。"[②] 可见一种语言向另一种语言借用大量词语，不仅是语言现象，而且是社会、文化、历史现象的反映。世界主要语言的外来词历史分期因各个国家的历史进程不同而呈现出各自的特点，但却共同表明所有语言中的外来词都是一个时代社会心态在语言词汇系统中的投射，是后人审视历史的镜子。同时，各语言的外来词引进历史早期各异，到了20世纪后都

---

① 徐枫：《外国语言文学与文化研究》，云南大学出版社2008年版。
② ［美］萨丕尔：《语言论》，陆卓元译，商务印书馆1985年版。

显示出以英语词汇为主要借词的共性，这正与世界地球村的大环境相一致，也预示着世界语言外来词的研究也因英语的强势性而将成为一个全球性的问题。

第二节　汉语外来词历史分期考察①

关于外来词的界定，汉语与其他语言不同的一点在于汉语中把源自其他少数民族的词语也作为外来词的一部分。因为汉语外来词的历史同民族交流史密切相关，汉语外来词至少已有两千多年的历史。

一　汉语外来词的历史分期观点

关于汉语史分期学者以往以语法特点为主要参数，近年来逐渐提出应参照词汇特征进行分期。目前学界对汉语史分期仍有争议，分期问题多派观点并存，此处不赘述。这种争议也影响了汉语词汇史的断代，而外来词作为一般词汇，近些年的研究日益增多，但多关注近现代，尤其是新时期的外来词现象。对外来词做深入断代、历时研究的尚在初始阶段，所以汉语外来词的历史分期也是众说林立。主要包括以下分法。

（一）二分说

对汉语外来词的引进一分为二的说法，一般重在研究现代汉语的相关问题，对历史上古代汉语中的外来词一视同仁。李行健、余志鸿（2005）提出："汉语外来词的历史可以从远古时期说起，只要有不同民族间的文化交流，就可能把有关的词语借过来，历史上也曾称外来词为'胡语'。"② 袁彩云（2006）③ 认为汉语吸收外来词的时间开始于汉代，19 世纪末 20 世纪初是大量外来概念和词语进入汉语的第一个高潮时期。王汉生（2009）④ 认为汉语吸收外来词的历史在汉朝和魏晋时期开始，更多的外来词是近代和现代吸收进来的，到 20 世纪 80 年代中国实行改革开放以后，外来词大量涌现。二分说多认为古代外来词始于汉或汉魏，对中古和近代不细分研究，古今一分为二的做法过于笼统。

---

① 韩淑红：《汉语外来词的历史分期研究》，《哈尔滨师范大学学报》2012 年第 3 期。
② 李行健、余志鸿：《现代汉语异形词研究》，上海辞书出版社 2005 年版。
③ 袁彩云：《实用现代汉语》，高等教育出版社 2006 年版，第 206 页。
④ 王汉生：《现代汉语实用教程》，中国科学技术大学出版社 2009 年版。

（二）三分说

对汉语外来词历史明确进行三分的学者为王力（1983）①。他认为第一时期是汉代，受北方民族与西域的影响；第二时期是东汉以后至鸦片战争以前，以印度的影响为主；第三时期是鸦片战争以后，以西洋文化、科学、技术的影响为主。周国光（1986）②认为汉语外来词最早在西汉时期；后是印度佛教输入带来的大量古印度语（梵语）外来词时期；近现代社会为第三时期。

张德鑫（1993）③提出三次浪潮。第一次浪潮是古代佛教传入引起的；第二次浪潮是西学东渐引起的明末清初到新中国成立；第三次浪潮为改革开放后带来的大量外来词引进。梁晓虹（1994）也认为汉语词汇史上大规模吸收外来词有三次：一是战国秦汉时期来源于匈奴、西域；二是魏晋至隋唐时期来源于梵语；三是明清时期源于西语。其中来自梵语的数量远超过前两次。

还有一些学者也属"三分说"。马景仑（2002）④主张一时期为自东汉到魏晋隋唐佛教传入时期；第二时期是鸦片战争至五四时期；第三时期是20世纪80年代改革开放后。刘叔新（2004）⑤认为一是汉唐时期；二是19世纪后期至五四时期；三是当今社会。张庆翔、刘焱（2005）⑥认为梵语佛经大量进入中古汉语为第一时期；第二时期为大量吸收日语词的近现代时期；第三时期是改革开放后。赵爱武（2005）⑦主张一是汉唐时期；二是晚清至五四时期；三是20世纪80年代以来。张良军、王庆华、王蕾（2006）⑧提出一是汉代；二是魏晋南北朝时期；三是唐代和清末。辛红娟、唐丽婷（2008）⑨认为一为汉唐时期；二为明末清初到五四时期；三为改革开放后至今。黎昌友、彭金祥（2009）⑩和王汉生（2009）⑪都认为第一时期是汉朝和魏晋；第二时期为近代社会；第三时

① 王力：《王力论学新著》，广西人民出版社1983年版，第6—7页。
② 周国光：《汉语外来词词典编纂刍议/词典研究丛刊（7）》，四川辞书出版社1986年版。
③ 张德鑫：《第三次浪潮——外来词引进和规范刍议》，《语言文字应用》1993年第3期。
④ 马景仑：《汉语通论》，江苏古籍出版社2002年版。
⑤ 刘叔新：《语言学和文学的牵手刘叔新自选集》，南开大学出版社2004年版。
⑥ 张庆翔、刘焱：《现代汉语概论》，上海大学出版社2005年版。
⑦ 赵爱武：《从外来词引进之三大高峰看其特征》，《语言与翻译》2005年第1期。
⑧ 张良军、王庆华、王蕾：《实用英汉语言对比教程》，黑龙江人民出版社2006年版。
⑨ 辛红娟、唐丽婷：《汉语音译外来词的文化分析》，屠国元主编《外语·翻译·文化第七辑》，湖南人民出版社2008年版。
⑩ 黎昌友、彭金祥：《现代普通语言学理论研究》，电子科技大学出版社2009年版。
⑪ 王汉生：《现代汉语实用教程》，中国科学技术大学出版社2009年版。

期是 20 世纪 80 年代改革开放后。宋培杰（2009）①认为第一阶段为受西域和佛教影响时期；第二阶段为受近现代西方文化影响时期；第三阶段为改革开放以来。

各家的"三分"观点大多依循王力的标准。存在的不同一是现代汉语时期是否置于历史分期中，如梁晓虹的三期只到明清；再是一期开端界定不同，有的只是在汉代，有的汉至魏晋或至唐为第一时期。持"三分"的学者较多，但各家并不统一，各有差异。

（三）四分说

由于汉语外来词引进历史久远，分期各执一说的问题随着"四分"观点的出现更加令人思考。苏新春（1994）②提出四次浪潮：一是古代佛教传入时期（东汉—鸦片战争）；二是近代西学东渐（鸦片战争—五四运动）；三是五四运动—新中国成立时期；四是改革开放时期（新中国成立至今）。魏志成（2003）③认为一是魏晋至唐时期；二是明末清初时期；三是鸦片战争后；四是改革开放后。汤志祥（2004）④认为第一次是汉唐时期；第二次是鸦片战争到五四运动阶段；第三次是 20 世纪初至三四十年代阶段；第四次是改革开放以来阶段。斯维特兰娜·卡尔玛耶娃（2011）⑤认为一是受少数民族语言影响的汉代；二是佛教盛行的唐代；三是受西方思想影响的清末民初；四是 20 世纪 80 年代改革开放之后。

"四分"基本是在王力分期上增加了现当代汉语外来词引进时期，对古汉语阶段并没有新的界分。

（四）五分说

高名凯、刘正埮（1958）⑥作为汉语外来词研究的领路人对分期持"五分"说。他们认为包括五个阶段：一是西汉以来各族交流引进时期；二是梵语大规模影响时期；三是 13 世纪蒙古语影响较多时期；四是 1644 年至 1911 年满语影响时期；五是近代欧美科学影响时期。史存直（1989）⑦主要分为：一是来自匈奴和西域时期；二是来自梵语时期；三

①　宋培杰：《现代汉语》，河南大学出版社 2009 年版。
②　苏新春：《文化的结晶：词义》，吉林教育出版社 1994 年版。
③　魏志成：《英汉语比较导论》，上海外语教育出版社 2003 年版。
④　汤志祥：《汉语词汇的"借用"和"移用"及其深层社会意义》，《语言教学与研究》2004 年第 5 期。
⑤　斯维特兰娜·卡尔玛耶娃：《汉俄外来词对比研究》，吉林大学，硕士学位论文，2011 年。
⑥　高名凯、刘正埮：《现代汉语外来词研究》，文字改革出版社 1958 年版。
⑦　史存直：《汉语词汇史纲要》，华东师范大学出版社 1989 年版。

是来自蒙语和满语时期；四是鸦片战争前时期；五是鸦片战争后时期。潘允中（1989）① 认为一是指上古时期；二是指中古汉语时期；三是近代时期；四是鸦片战争后；五是五四运动后。维基百科② 也采用"五分"划定：一是公元 2 世纪引进西域龟兹语时期；二是隋唐引进梵文时期；三是宋朝借进阿拉伯语时期；四是明朝西方来华传教时期；五是晚清至今。

可见五分划界更专注于词汇史的整体研究，对外来词的历史分期更加细致了，特别是对古代汉语吸收外来词的状况研究增强了系统性。

（五）六分说

汉语外来词的引进历史漫长，因此在不同历史时期会体现不同特征。吾三省（1989）③ 认为汉语中外来词历史包括六个时期：一是西汉时期；二是东汉至隋唐时期；三是明朝末年；四是戊戌变革前后；五是五四运动前后；六是第二次世界大战以来。胡开宝（2005）④ 认为外来词历史分为六个时期：一是汉朝时期；二是魏晋南北朝至盛唐时期；三是明末清初时期；四是鸦片战争至民国建立时期；五是民国至抗战爆发时期；六是 20世纪 70 年代末至今。

"六分说"表明这些学者对汉语外来词引进历史分期进一步深化，一是对汉代提出细分观点；二是对鸦片战争后又进行细分。学界对六个时期的划分仍存在不同见解。

二 汉语外来词分期新说

语言和文化的历史相辅并互相影响。一个民族与外族进行交流的过程，通过外来词将外族的历史、文化、信仰或偏见在借方语言中加以传递反映，因此一种语言与其他语言接触的结果一方面表现在外来词词汇层面，同时进入借方语言后既可以丰富词汇系统，又增强语言词汇表达能力，传递外族语言文化信息，填补借方语言词汇空缺，并对借入语产生一些影响。

纵观汉语外来词已有的历史分期，从"二分"到"六分"反映了学界对此现象的认识逐渐走向细化。这种二元向多元发展的认识论是思维发展的必然，但并不是按照由少到多依次发展的，不同时期观点都有交叉。对汉语外来词历史分期的梳理及界定是断代研究必不可少的条件，恰当分

---

① 潘允中：《汉语词汇史概要》，上海古籍出版社 1989 年版。
② http：//zh. wikipedia. org.
③ 吾三省：《语文小札》，学林出版社 1989 年版。
④ 胡开宝：《英汉词典历史文本与汉语现代化进程》，上海译文出版社 2005 年版。

期有利于理顺外来词的历时发展及系统深入研究。已有的外来词历史分期研究成果立足于通史研究的划分一般较模糊，而汉语词汇史的专门研究则较为精细。

立足于外来词词汇史的长远研究，我们认为外来词分期应在尊重历史事实基础上客观展现历时面貌，真实描写词汇演变轨迹。因此首先确立好分期的开端是断代及历时研究的基础，进而可对汉语外来词历史分期进一步作细化考察。

第三节　汉语外来词引进的两汉发端[①]

由于研究者的目标及标准不同，汉语外来词的史分期呈多样态分布。但从外来词词汇史长远研究上看，历史分期不应简单等同于语法为核心的汉语史分期，也不应依照历史朝代更替顺序，并且汉语外来词历史分期不能只重视高峰时期的研究，而应在尊重历时真实状况基础上客观展现外来词面貌及演变轨迹，两汉时期整体性的确立是历史分期研究的关键。

一　外来词历史中的两汉已有分期

外来词的历史分期观点众多，但不论如何分期，汉语在先秦已出现外来词现象已得到学界认可。汉语大量引进外来词的第一个时期一般认为开始于汉代，但两汉时期是否作为整体性断代各家意见不一。主要有以下五种分期方式。

（一）忽略两汉

魏志成（2003）的历史分期中没有两汉时期，他认为汉语外来词引进的第一个时期是魏晋至唐。我们认为这种处理两汉时期的做法欠妥。

（二）非独立整体对待

一些学者如汤志祥（2004）、刘叔新（2004）、赵爱武（2005）、宋培杰（2009）等把两汉作为整体来对待，认为汉语大量引进外来词始于两汉。但他们一般把两汉与其他时期合并对待，主张外来词第一历史分期为汉唐时期。没有独立整体对待两汉时期。另有黎昌友、彭金祥（2009）也整体对待两汉，但他们认为汉语引进外来词的第一时期为汉朝和魏晋。而史有为（2000）认为应将先秦和两汉划为一个整体分期。

[①]　韩淑红：《汉语外来词历史分期研究综述》，《哈尔滨师范大学学报》2012 年第 5 期。

（三）不作整体，始于西汉

一些学者认为汉语与少数民族语言接触并受影响的西汉为大量引进外来词的第一时期，东汉是第二时期。主要代表学者如：高名凯、刘正埮（1958）、王力（1983）、吾三省（1989）、史存直（1989）、斯维特兰娜·卡尔玛耶娃（2011）等。他们不把两汉作为整体对待。

（四）不作整体，始于东汉

另有学者如苏新春（1994）、马景仑（2002）等在外来词历史的分期上也不把两汉作为整体对待。他们忽视了西汉时期外族、外国语言对汉语的影响，认为汉语引进外来词自东汉开始。

（五）两汉整体独立

在已有的汉语外来词历史分期中，认为两汉时期作为一个断代是第一时期的学者有潘允中（1989）、梁晓虹（1994）、胡开宝（2005）、张良军、王庆华、王蕾（2006）等，他们认为汉语吸收外来语的第一次高峰是在汉代。

二　确立两汉整体性

各家对汉语外来词历史分期上两汉的处理观点不一。其中把两汉分开的学者侧重外来词引进在语源上的差异。西汉引进西域及少数民族语言词汇为主，东汉开始至唐代以引进佛经词汇为主。确立两汉在汉语外来词历史分期上的整体性，从外来词引进的外部动因上两汉具有一致性：语言间的接触主要由于处理复杂对外关系，而且西汉、东汉的对外政策具有连续性，贸易往来及与西域的交流等也有继承关系。虽然东汉末期外来词引进的语源不同于西汉，但此时译经的规模不大，引进的译经数量也不太多，确立两汉时期的整体性有利于汉语外来词早期历时的研究。

第四节　两汉外来词引进动因考察[①]

外来词作为词汇系统的新质，是不同民族间由于社会文化相互接触在语言上的结果。两汉跨越 426 年时间，除了佛教传播引发的译经传入之外，汉语词汇系统中也引进了大量异域及其他民族的词汇，这些在两汉词汇系统中都属于异质成员。以下我们对其背后的历史动因进行的考察有利

---

① 韩淑红：《两汉词汇新质引进动因考察》，《北方论丛》2013 年第 5 期。

于更深入地认识两汉外来词的社会背景。

一　两汉时期的"外国""外族"

本书的外来词为广义视角下自外国与外族借进的相关概念。但两汉时期"中国"或"汉民族"以及外族、外国的界定与现代范畴意义不同。本书的研究语料是记录或反映两汉的历史文献，国家民族概念都立足于所选文献中的共时观念，不等同于现代意义上的相关范畴。因此对"外国""外族"的判定与共时文献中的概念一致，下文的相关内容同，后文不再注释。

中国历代王朝版图多有伸缩。秦汉以前，"中国"与"四方"相对，指黄河流域的华夏族居住地，相当于今河南一带的中原地区。秦汉统一后"中国"领域扩大，古代中原人因"居天下之中"而称"中国"。

汉代以后，与匈奴、乌孙等外族、外国相区别时，"汉"为汉王朝国号或国家名称。如"今单于变俗好汉物，汉物不过什二，则匈奴尽归于汉矣"中的"汉""大汉""中土""汉家"也是对汉代人的称呼。如：

> 且以大汉方制万里，岂其与水争咫尺之地哉？《汉书·沟洫志》
> 正中冀州曰中土。《淮南子·地形》
> 汉家边吏，职在距寇。《汉书·毋将隆传》

而与异域相对称的"中国"为非正式国名。如：

> 夫中国一端之缦，得匈奴累金之物，而损敌国之用。《盐铁论·力耕》
> 天子既闻大宛及大夏、安息之属，……颇与中国同业。《史记·大宛列传》

可见"中国"在两汉时期所指区域与现今概念所指范围差别很大。汉王朝统辖以外的国家地区即"外国""外夷"，华夏汉族以外的其他民族为"外族"。如：

> 外夷稽首称藩，中国让而不臣。《汉书·萧望之传》
> 其吏士争上书言外国奇怪利害，求使……外国亦厌汉使人人有言

轻重。《汉书·张骞传》

二　两汉引进外来词的动因

不同语言引进外来词都有各民族的社会历史原因。汉语史的不同时期受外部客观世界影响都涉及外来词问题，外来词汇的引进与各时期语言的动态发展及外部因素密切相关。两汉外来词的引进动因主要包括以下方面。

（一）秦代对外政策的延续

柳诒徵（2001）认为："凡秦之政，皆待汉行之。秦人启其端，汉人竟其绪。"① 汉承秦制秦策已是学界共识。如《史记》记载的徐福东渡是始于秦始皇为寻长生不老药而遣徐福出海的传说。《史记》中未明确说明东渡目的地是日本，五代后周时僧人义楚所撰《六帖》中，明确了徐福东渡的是日本，子孙皆称"秦氏"。朝鲜半岛东汉时"三韩"并立，辰韩当权者自称是秦亡人，其政治制度、风俗习惯等与秦朝相似，也称作"秦韩"。可见随着秦的大一统，秦制的政策法规、规章典范等延续至今，包括对外交流政策、语言文字的统一约定等，而两汉是最先受其影响的时期。

武安隆（1993）研究认为日本的第一部史书舍人亲王（676—735）的《日本书纪》中记载："应神天皇十四年（约公元前 2 世纪）融通王弓月君率秦人来归。"② 日本大和朝廷将弓月君后裔称为"秦人"，将应神天皇二十年第二次渡日的阿知使主后裔称为"汉人"③。这些资料说明两汉之前的秦代，汉族与外国交流已经开始，其对外交流方式影响延至两汉，包括对北方匈奴及周边各外族采取的措施。

（二）社会政治大环境影响

语言的发展演变与社会因素紧密相关，不同历史时期的政治背景、制度变迁等带来的社会变化会在语言词汇系统中展现。而政治大环境是社会因素中的关键部分。两汉社会的政治举措对语言词汇系统产生了较大影响，主要包括以下方面。

---

① 柳诒徵：《中国文化史》，上海古籍出版社 2001 年版，第 329 页。
② 武安隆：《文化的抉择与发展——日本吸收外来文化史说》，天津人民出版社 1993 年版。
③ 武安隆：《文化的抉择与发展——日本吸收外来文化史说》，天津人民出版社 1993 年版，第 83 页。

1. 大规模移民

汉代开始的大规模移民活动包括内迁和外迁。内迁主要指北方民族大量迁入中原，而中原部分人向外迁移为外迁。两汉时期的移民活动有政策强制性的，也包括自发性的或因战争引起被迫迁移的。不论是哪种形式，不同民族间的内外迁移都会造成语言间的大量接触交融，从而产生外来词。

2. 处理复杂的民族关系

两汉时期汉王朝位居中原，与四方外族的交往频繁，如何处理好复杂的民族关系是当时的要事。综合来看，两汉主要采取了以下方式。

方式一：战争接触

战争是汉族与其他周边民族解决问题的一种重要手段。刘向《说苑·尊贤》中记载："春秋之时……众暴寡，强劫弱，南夷与北狄交侵。"① 可见春秋战国以来在中原与北方因战争不断接触的过程中，农业文化与游牧文化在交流时发生着语言接触与借入。

秦至文景帝近百年间，因匈奴一直威胁着中原，汉匈之间战争时发。为了开疆拓土，汉武帝时期与东夷、西南夷、南越等战争不断。可见，两汉时期匈奴、蒙古、鲜卑、突厥等民族与汉族的交往主要因为频繁的战争。尽管与各民族间的军事冲突产生了各种破坏，但异质文化也因战争传入中原，在汉语言词汇系统中产生了大量外来词。

方式二：贸易交往

除了战争，两汉时期汉民族与其他各族也进行了贸易交往。其中"凿空之举"与"设置译长"对民族间的语言文化交流起到了重要作用。

（1）凿空之举

为了处理好与外族特别是匈奴的关系，尽管张骞出使西域实现军事目的未果，却因此达到了通商的凿空效果。公元前 3 世纪时因张骞"凿空"西域，中国有"赛里斯国""丝国"的名称。近代的"丝绸之路"也源于汉代开通的通道。在中西亚与中国进行各种土特产物品交流的过程中，相关物质名称语言词汇随之传入汉语，并形成汉语吸收外来词的第一次高潮。

（2）设置译长

中西经济文化的大规模交流互通始于"丝绸之路"，中国汉民族的各

---

① （西汉）刘向：《说苑》，上海古籍出版社 1990 年版。

种影响也因此传入西域各国，外国使臣陆续往来，汉与西域诸国互遣使者交往密切。为统辖西域三十六国汉设立了西域都护，在其中的二十四国设置了译长从事往来接待及语言翻译工作。西汉与西域的交往虽因王莽夺权后中断但东汉后又逐渐恢复。如《史记·大宛列传》中记载："自大宛以西至安息，国虽颇异言，然大同俗，相知言。"可见在与西域"三通三绝"的贸易交往及语言相互接触中译长发挥了重要作用，解决了贸易交流中的语言障碍，在语言的相互翻译过程中外国外族词汇异质成员随之进入汉语。

方式三：和亲交好

游牧民族好战善骑射，有较强的流徙能力。借助战争来解决民族关系问题两汉一度未达到交好目的。而"和亲"政策成为当时一种有效的办法。据韩淑红（2013）研究西汉时与匈奴和亲达13次；东汉时与匈奴和亲1次。并且两汉时期的和亲政策除了用于匈奴之外，还用于西域地区的乌孙、莎车、于阗等各民族政权。

"和亲政策"有效地处理了两汉与周边民族的关系。历史文献中记载"宁胡阏氏"王昭君、乌孙国王昆莫的细君公主和解忧公主都是参与和亲政策的人物。

由上可见，汉代处理对外关系除了"战争"，"和亲"也是重要手段之一，其目的都在于缓解汉王朝统治的政治危机。在民族间和亲的过程中也极大地促进了民族文化的交流和不同语言的接触借用。

方式四：互市交流

在有关两汉的文献中有如下记载：

毋予蛮夷外粤金、铁、田器、马、牛、羊；即予，予牡毋予牝。《汉书·两粤传》

开营府，……岁时互市焉。《后汉书·卷九〇·列传第八〇》

鲜卑隔在漠北，……且无宁岁。唯至互市，乃来靡服。《后汉书·卷四八·列传第三八》

安帝永初中，……令止乌桓校尉所居宁城下，通胡市。《后汉书·卷九〇·列传第八〇》

以上记载反映出汉与蛮夷少数民族普遍存在的互市交往。两汉时期的"互市""胡市"是平定边塞纷争、加强贸易交流的有效稳定手段，既促进了各民族间的经济交流往来，同时也促使各民族将特产、风俗习惯等带至中原。贸易往来的相互渗透过程中语言文化接触必然频繁。

（三）佛经的传译

东汉末年，随着来自西域天竺、大月氏、安息等地的僧人到洛阳译经，佛教文化开始传入中国。据《开元录》记载东汉的译经者有安世高、支谶等12人，译佛经多达192部395卷。主要代表如：安世高译的《安般守意经》《明度五十校计经》等30余部佛经。早期的佛经翻译主要形式为外国佛僧口授经文，译员口译成汉语，再由另一人笔录书写成汉文。在佛经翻译历史中东汉时期虽是草创，但佛经译者及其译经既开启了中国佛教思想史，也在语言词汇史上开创了外来词引进的先河。如朱庆之（1993）对东汉译经《中本起经》的开卷第一段话进行了定量分析，认为在约85个词中有35个新词8个新义，而外来成分占去一半多。①

可见汉译佛经在汉语词汇系统中影响很大，但是由于佛经传译在东汉还未得到政府重视，组织规划、译场规模等缺乏规范，不够严密，译经主要为民间自发行为，因此其影响主要存在于共时层面的口语。

（四）主体世界的推动

两汉社会的大背景中以上方面都是外来词引进的客观世界因素。但大规模移民活动、处理各民族间关系的各种手段、边界贸易往来与佛典译经的传播，都离不开语言间的中介主体人，即"译"。如：《汉官六种·汉官仪卷上》记载："秦置典客，掌诸侯及归义蛮夷。汉因之。景帝更名大行令，武帝改曰大鸿胪。"② 这里记载的"典客""大行令""大鸿胪"都是当时处理对外关系的重要官职，在各种对外交往活动中发挥着语言互译作用。

韩淑红（2013）梳理两汉文献发现"重译、译官、九译、累译、九译令、译长、译令、寄、象胥、舌人、重舌之人、狄鞮"等大量与"译"相关名称。这反映了当时各种交往活动中异域语言间的接触都离不开译者。"译"是汉朝从事四方语言传译工作官员的总称。"西域译长"也是张骞通西域后语言频繁接触的需要。东汉末佛经的传译活动因多是民间自发行为，所以译经语言贴近底层群众口语而被接受并传播。

综上可见，两汉时期外来词的大量产生具备了外部与内部动因，社会大环境因素和主体世界作用都为各民族异域语言的接触创造了条件。两汉语言作为文化交际的工具载体，与社会同步发展变化的同时用敏感活跃的

---

① 韩淑红：《两汉非佛典外来词研究》，吉林大学，博士学位论文，2013年。

② （清）孙星衍等辑：《汉官六种》，周天游点校，中华书局1990年版，第74页。

外来词记录了当时的社会文化心态、价值取向及思维意识等内容，为后人留下了重要的语言资料。

第五节　汉语外来词分期"七分"说

从前文汉语外来词历史分期的已有研究成果来看，分期问题并不系统深入。为全面反映汉语外来词历史的整体面貌，应以各时期外来词总体特征为参考进行断代分期，同时还应考虑社会不同时期发展过程的外部因素、外来词引进语源、语义类型特征、引进词类特点和主体引进方式的区别。我们结合各家分期标准及已有成果提出外来词历史划分为先秦时期、两汉时期、魏晋至唐时期、宋元时期、明至晚清时期、清末至改革开放前时期、改革开放后至全球一体化新时期的七个分期。这种"七分"说需要对各个断代时期进一步研究外来词的共时特点后综合验证其合理性科学性，目前是一种假说，随着后续研究的推动，可进行不断验证更新补充。

任何语言外来词引进的根本动因都是引进语言与被引进语言相互接触的需要。为了行文叙述简便，下文中我们用一至七期代表"七分"划分的阶段。

一　先秦时期

据历史学家和考古学家的研究，甲骨文中已有了外来语踪迹。杜建慧（1998）认为最早的翻译时期从公元前11世纪开始。《礼记》中记载："中国、夷、蛮、戎、狄……五方之民，言语不通，嗜欲不同。达其志，通其欲，东方曰寄，南方曰象，西方曰狄鞮，北方曰译。"① "寄""象""狄鞮""译"都是西周设置的与各方外族交流的翻译官员名称。《国语》中记载："夫戎、狄，冒没轻儳，贪而不让……其适来班贡，不俟馨香佳味，故坐诸门外，而使舌人体委与之。"② 韦昭注曰："舌人，能达异方之志，象胥之官也。"可见早在先秦时期，因语言接触译员进行翻译的行为已是常事。秦代改周制，设"典客"处理有关蛮夷之国的事务。因此一期是上古汉语引进外来词的历史最早期，其主要动因是华夏民族重视与其

---

① 《礼记·王制》。
② 《国语·周语中》。

他民族间关系而发生的各种交流。

先秦时期的外来词主要源于东夷、西戎、南蛮、北狄等民族语言，主要因其习俗、服饰、经济文化等地域差异而借进的词。其中如"荤粥""猃狁"等非华夏民族名称为一期外来词的主流。① 如：

> 匈奴、开题之国、列人之国并在西北。《山海经·海经新释·卷五》

《史记·匈奴传索隐》引应劭《风俗通》云："殷时曰獯粥，改曰匈奴。"晋灼云："尧时曰荤粥，周曰猃狁，秦曰匈奴。"可见"匈奴"作为外来词在早期已有多种译借方式。但是由于早期异族语言已无法查考，所以早期外来词研究尚属难题之一，其数量和语源等方面的研究需依赖于考古和其他少数民族语言的历史研究。

二　魏晋至唐时期

佛经翻译佛教传播始于东汉，其带来的中印文明交流的成熟硕果则在盛唐。有学者把汉至隋唐时期作为外来词历史的第一次高峰，主要立足于佛教传播的过程。我们认为两汉划为外来词引进的第二时期比较合理，因为佛教在东汉开始，与三期相比在数量规模上都相差较多，而两汉与西域及少数民族交流引进的外来词是其主流。魏晋至唐是第三时期。

三期中外陆上交通不如东南海上交通发达，这一时期以佛教为主的外来文化大量涌入中国。而五胡乱华加速了这种发展，吸收外来民族文化在隋唐达到顶峰。佛教的传入不仅为中国文化注入了异域新血液，而且在与本土宗教融合中有所提升，促进了译经事业的大发展。

东汉时译经受各种条件限制缺乏系统规范性，所译经书很少是全本，多为其中几个章节。到了魏晋，佛经翻译日趋发展，译经的组织、质量也大大提高。

西晋灭亡后，中国北部以匈奴、鲜卑、羯、氐、羌为主的少数民族建立的十六国，处于连年混战中。佛教却因此迅速蔓延，特别是在后赵、前秦、后秦、北凉等国家统治地区更为兴盛。到东晋十六国时出现了由国家组织的译场，佛经翻译规模空前发展。据《开元释教录》记载，东晋有译经者16人，译出大小乘佛经168部468卷。佛经译者中佛陀跋陀罗、

---

① 此类外来词因社会民族往来在两汉时期仍是当时高频词，我们将其纳入研究范围。

僧迦提婆、帛尸梨密多罗和法显等人最负盛名。5—6 世纪大量翻译的佛经，加快了佛教流行及佛学研究。南北朝时的佛学研究已具有相当规模。

据《开元录》记载：宋、齐、梁、陈四代有译经僧 40 人，所译佛经 563 部 1084 卷。北朝时从事译经的昙摩流支、菩提流支、那连提黎耶舍等人共译出佛经 83 部 274 卷。

到隋唐时期，佛教经历了 500 多年的传播后呈现一派繁荣景象，中国佛教走上了发展鼎盛时期。据法琳《辨正论》记载：隋朝译经僧有 26 人，共译佛典 82 部。唐代基本由国家主持设译场译经，译出佛经 372 部 2159 卷，其中最著名的译者有玄奘、义净等人。佛经翻译在唐朝达到巅峰。

蓬勃发展的佛教事业带动了中外文化的历时交流，给汉语的语音、语法造成很大影响，而影响最快、变化最多的则是词汇。三期外来词不但数量上大幅增加，语义涉及的方面也更广泛，包括丧俗用语、恶魔名称、神佛名称、时间用语、抽象概念词语、日常用语等。引进的主要方式是意译，也并不排斥音译，还有音意兼译的外来词。其中如"魔、法、心、善"等一批借词已发展成为具有词根性质的基础词，具有较强的构词能力，组合产生许多新的词语、成语或谚语。

三　宋元时期

宋元时期是中国封建社会经济继续发展的时期，与 10 世纪时欧洲中部的神圣罗马帝国、亚洲朝鲜半岛的高丽王朝、日本的幕府政治时期相比，中国的宋、元王朝的中央集权比较稳固，经济文化发展水平比较高，为宋元时期的对外交通、开展海外贸易提供了有利条件。

当时南洋群岛、印度支那半岛、阿拉伯半岛以及北宋周围国家都与北宋进行贸易往来。南宋海外贸易最兴盛时，通商的国家和地区有 60 多个。宋朝时候，同日本和高丽的经济文化交流比以前更加频繁。元朝对外贸易也很兴盛。当时和中国进行贸易的国家和地区，东起朝鲜（高丽）、日本，西达非洲海岸。特别是将亚欧大陆的大部分置于一个政权之下控制，有史以来第一次使亚欧大陆的交通畅行无阻。元建立起的完整驿站系统，使从元大都或中国其他城市到中亚、西亚、东欧都有驿道相通，交通渠道便捷。

两宋时期几个政权并存，引进的外来词主要与契丹、女真等民族相关。元代汉语的外来词主要与蒙古、波斯、阿拉伯民族的文化交流相关。蒙古族统治中原 88 年，因此元代的外来词以源自蒙古语的最多，如"阿都兀赤、阿堵兀赤、阿兰、阿剌罢、阿剌忽中、把都儿"等，语义与蒙古族生活的方方面面相关，主要以音译为主。但此时期的蒙古等少数民族语源的外来词历经了几百年的筛选，大多数留存在元代的通俗文学典籍中，只有极少数词语还在使用。

四　明至晚清时期

汉语外来词引进的第五时期历史背景中，引发促进对外交流进而带来词汇大量进入汉语的主要动因概括而言包括：西方人介绍中国的第一部著作《马可·波罗游记》的问世；明朝 15 世纪下半叶郑和下西洋；以意大利人利玛窦为代表的耶稣会教士来华传教引起的西学东渐；明末清初宗教书籍和西方科技著作的翻译出版；从鸦片战争以前的闭关锁国到晚清由走向开放。这些外部因素都造成相当数量的外来词被吸收到汉语中，在词汇语义上涉及近代科学的政治、经济、数学、天文、测量、水利、农业、哲学等术语。在清代 200 多年的时间里，汉语的外来词汇中引进了如"阿思罕尼、哈番、巴图鲁、贝勒、笔帖式、格格"等具有浓厚满语色彩的成员。此时期尤其是明末清初科技翻译带来的外来词，主要通过采用音译方式使中国人了解西方学问的本原。但发展到今天大部分音译词被意译词取代或音译、意译词二者并存。

五　清末至改革开放前时期

清末后西方资本主义文明的入侵使中国人懂得了落后必挨打。为寻求救国之路中国历经了洋务运动、戊戌变法、辛亥革命、五四新文化等社会运动，并致力于推尊西学，进行各种西方语言著作的翻译，提倡吸收西方语言成分改良白话文，翻译事业开创了一个新的历史时期，涌现出一大批翻译家，如鲁迅、郭沫若、林语堂、朱生豪等，出版发行了众多双语词典。这一切都在语言词汇上带来了大量源自英语的外来词。晚清至五四时期吸收的外来词，其来源语言涉及英语、葡萄牙语、日语、俄语、法语、西班牙语等，语义上包括政治经济、科技军事、医药、文化体育及日用生活等方面，如"托拉斯、法西斯、来复枪、声纳、阿斯匹林、卡通、蒙太奇"等。其中专有名词最多，包括度量衡、币制名、药品名、特产名、科学专用词等，如"病理解剖学、妇科学、杀虫剂、长号、唱机、马术、跳高、一打、气象学、语音学"等。还有相当一部分以日语为桥梁间接进入汉语的日源外来词，如"公诉、殖民、形而上学"等。高名凯、刘正埮（1958）《现代汉语外来词研究》①　中收录了此时期引进的日源词436个。

20世纪上半叶中国由"向西方求真理"转向"以俄为师"，因此50、60年代出现了一批源于俄语的汉语外来词。如"苏维埃、布尔什维克、拖拉机、卢布、杜马、马克思列宁主义"等。此期的翻译方法绝大多数为意译，少数为直译或音译。

六　改革开放后至全球一体化新时期

综观前期历史，汉语外来词的引进都与每一次翻译高潮共起共落，而这种语言现象的背后又与社会变革、时代需要密切相关。新时期的改革开放政策更是中国历代社会中开放性最大的一次，随之而来的科学发展、文化交流以及翻译事业的成就等方面超过了以往任何时期，而且全球一体化进程引发的信息爆炸在语言接触过程中表现出外来词引进速度快、数量大的特点，外来词的语义涉及科技、工业、经济、文化、日常生活等众多领域。由其引申的新概念、新词语在构词、新义等方面具有更新快、数量多的特点。外来词的语源比以往更加多样，所以新时期用最省力的音译手段翻译外语中的新概念是适应时代的引进方式，甚至大批出现直接借其原形或者缩略字母词，这是现代汉语外来词引进的新特色。如："GRE、MTV、CD、WTO"等。尤其在网络语言中，字母词使用的高频率、普及性显示出汉语吸收外来词具有更大的开放性和包容性趋向。

外来词是语言词汇系统中的子系统，在语言词汇系统内部的研究是一种方式，但从历时角度纵向全面考察离不开与之关系密切的社会历史。不同语言的外来词引进历史都是一个国家民族的政治、经济、军事、国力、外交等多方面的综合反映。我们提出的"七分"说可为后续汉语外来词词汇史的研究奠定基础。

---

①　高名凯、刘正埮：《现代汉语外来词研究》，文字改革出版社1958年版。

第三章 佛典外来词研究概况

　　佛教传入中国始于东汉末并绵延至唐宋基本已达成共识。历史学界对于佛典的研究成果丰硕，主要涉及佛教的历史、社会传播、演变发展及对政治社会产生的影响等多个视角。另如松本文三郎等日本学者也对诸多佛经进行了宗教学方面的研究，我们在此不展开陈述。以下我们主要面向语言研究概述佛典词汇研究的发展及佛典外来词研究成果现状，特别是两汉时期的佛典外来词研究成果的表现。本章内容是后文我们着力于两汉非佛典外来词内部系统研究的重要基础，也是对两汉时期两个外来词子系统进行多维对比研究的关键。

第一节 佛典词汇研究状况

　　汉语词汇研究相对于语法研究较为薄弱，但是佛典语料的整理与研究极大推进了汉语词汇学、汉语词汇史的发展。吕叔湘、王力、季羡林、蒋礼鸿等学者早期在语言研究中已关注佛经语料的使用，虽不是专门研究佛典语言但为此领域奠定了重要基础，开启了后继学者研究佛典语言的思路和视角。20世纪80年代起，佛典语言研究成果渐增，其中关注佛典词汇研究的主要代表学者如俞理明（1987、1993）、蔡镜浩（1990）、王云路、方一新（1992）、梁晓虹（1992、2001）、辛岛静志（1997、2007）、王绍峰（2004）等对中古时期汉语佛经中的词汇阐释日益深入。董志翘（1999）、陈文杰（2000、2005）、朱庆之（1992、2000、2009）等对早期汉译佛经词汇进行了相关研究。学界现有的佛典相关研究总体表现出在佛典语料覆盖面上越来越广的趋势，由早期的零散语句、个案词例释到佛经专书、断代佛经及目前的大型佛经语料的全域调查，研究视角逐渐扩大，成果类型分布多样。限于本书篇幅及研究重点，我们不全部展开评述，重点对近些年佛典语言、词汇方面的相关研究考察，梳理佛典此类研究主要包括以下方面。

一　佛典语言综合综述研究

吴光正等（2009）指出佛典语言研究可推进汉语历史语言学的研究进程，对考古历史、文学文化、哲学等影响深远。对于佛典词汇相关研究成果的综述丰富，其中曾昭聪、刘玉红（2010）研究梳理了学界对佛典文献词汇近二十年的研究状况。方一新、郭晓妮（2010）对2000年开始的近十年的中古汉语词汇研究进行了回顾，对未来研究进行了展望，对涉及佛典语言研究加以评述，指出前期研究在词汇的系统性、语料的规模上及理论方法的现代化上需加强。董志翘（2011）、王冰（2011）、彭杨莉（2011）三位学者都对佛经词汇的相关研究进行了述评，发现已有的研究成果在推进佛典词汇研究进展的同时主要存在语料选择的断代偏前，对南北朝以后的语料研究较少；研究方法个案分析较多，系统性不足；词汇研究的专门化及理论性等有待加强。张延成、童健（2013）对汉文佛典文献词汇研究进行了综述，认为前期的相关研究可分为综论、词汇学、训诂与文献整理三种模式。

这些综述成果对于佛典词汇研究的梳理较全面，角度及内容分类明晰翔实，涉及的相关研究成果可详见相关文献。

二　佛典词汇学相关研究

除现已有佛典语言相关的综论研究，佛典相关的词汇学研究成果主要包括对不同类型的佛典词汇语义进行了系统的及词汇个案的研究，主要包括以下几方面内容。

一是面向佛典中的常用词与词义演变进行研究，主要有梁晓虹（1984、2007）、聂志军（2004）、杨继光（2008）、鲍金华（2010）等学者；二是对佛典文献中的同义词、语义场进行了研究，主要有谭代龙（2008）、吴碧云（2009）、康振栋（2011）、姜兴鲁（2011）等；三是对佛典中的成语、俗词等的研究，主要包括阮文程（2006）、雷汉卿（2010）、薛春华（2011）等对佛典成语、俗语的字形、构词、转化、演变及发展等进行了多角度研究；四是对佛典中的称谓词进行的研究，主要包括徐琳等（2010）、许卫东（2011）等对不同专书中的称谓词进行了描写，总结了佛典中此类词语的特点；五是对佛典文献进行专人、专书词汇研究，主要包括辛岛静志（1998、2001、2010）、邱冰（2008）、赖明辉（2011）、李明龙（2011）等考察了竺法护、鸠摩罗什等译者和《佛所行赞》《续高僧传》等专书中的词汇特点及发展变化；六是佛典文献之间的对比研究，主要包括同经异译、佛典与中土文献、佛典与道典、不同代佛典、不同译者佛典等研究，如陈秀兰（2004、2008）、邹伟林（2011）、程晓朝（2012）等；七是佛典词汇词典研究，主要包括辛岛静志（1998、2001、2010）对《正法华经词典》《妙法莲华经词典》《道行般若经词典》，徐文堪（2006）等对不同的佛典词汇词典进行了词典学方面的研究。张鑫媛（2010）、于淑健（2017）等也研究了佛典词语并对《汉语大词典》进行了补证。

三　佛典词汇训诂及文献疑伪考证

对佛典文献进行词汇训诂与文献整理、疑伪考证的研究是佛典语言词汇研究的重点内容之一，主要包括对佛典难词的考释、佛典语言的考辨、佛经句读、校注、译注校勘及佛典年代、译者等的疑伪考证。主要相关成果包括：朱庆之（1989、1992）、李维琦（1994、2012）、颜洽茂（1994、1996）、董志翘（2002）、曾良（2011）、史光辉（2006、2011）、郑贤章、姚瑶（2011）、孙秀青（2012）等对佛典中的词语进行了个案考证训诂研究；曹广顺、遇笑容（2000）、方一新（2003）、吴超（2011）、方一新、高列过（2011）、辛岛静志（2011）、王毅力（2011）、方一新、高列过（2012）、季琴（2012）、赵家栋（2017）等对佛典语言进行了词汇训诂研究，并进行了相关文献校勘整理、疑伪辨别考证方面的研究。

四　佛典词汇及词典学研究

正如方一新（2010）指出"在词汇史的研究中应进一步注重理论的探索和方法的更新，要根据汉语的实际情况，合理吸收、借鉴当代语言学理论，既要善于运用业经证明行之有效的理论来指导研究工作，更要善于对已发掘到的重要的语言事实或已得出的有价值的结论进行理论的概括。"① 佛典词汇研究的系统深入推动了词典学的发展及词典编纂修订研究。相关研究成果主要包括：钱群英（1999）、方一新（2000、2001）、辛岛静志（2001）、胡敕瑞（2002、2004、2005）、季琴（2004）、汪祎（2005）、罗智丰（2006）、卢巧琴（2008）、陈文杰（2008）、冯延举（2008）、李缅艳（2010）、杨会永（2011）、王毅力（2011）、戴军平

---

① 方一新、郭晓妮：《近十年中古汉语词汇研究的回顾与展望》，《古汉语研究》2010 年第 3 期。

（2012）等在对佛典词汇的多角度研究基础上对《汉语大辞典》指出了收词、例证等方面的不足并给出了相关修订建议。任继愈（2002）《佛教大辞典》、孙维张（2007）《佛源语词词典》、丁福保（2011）《佛学大辞典》等是佛典词汇研究方面的重要词典工具成果。

综上可见，佛典相关的词汇研究成果丰硕，但张延成、童健（2013）认为自 20 世纪 90 年代后期以来的佛典文献研究尽管取得了很大成绩，但在词汇学研究方面仍缺乏系统性，断代词汇、历时词汇演变的研究依然不够，佛典词汇研究涉及的语料性质及语言现象的规律性还需加强研究。既要对语言词汇现象充分描写，还要在个案词语大面积深度考察的基础上加强词汇现象的整体特点分析，研究词汇系统的全貌。

总体而言，现已有的关于佛典词汇研究成果中的相关综述研究对 2013 年前的研究成果梳理较为完备翔实，因篇幅所限我们不全部描写。关于佛典词汇中的新质成员外来词的相关研究也取得了一系列成果，包括两汉时期的佛典外来词的研究，以下我们概述这方面的情况。

第二节　两汉佛典外来词研究状况

史有为（1991、2000）研究认为在 19 世纪以前佛教文化的传入深入到汉语言社会生活的各个领域，大量佛典外来词的吸收既丰富了汉语词汇系统也对中国文化产生了重要影响。佛经最早于汉末进入中国，对于早期佛典的不同研究成果也百花齐放。其中外来佛教文化的直接传递者——外来词研究一直是汉语词汇研究的重点内容之一，总体情况如下。

一　佛典外来词的主要研究成果

现代汉语外来词是学界研究热点之一。对佛典外来词的研究成果考察后可见对这一语料宝藏的研究角度颇多。主要代表如：梁晓虹（1982、1987、1990、1991、1992、1993、1994、2001）、史有为（1991）、胡湘荣等（1992）、朱庆之（2000）、梁芳（2011）、吉晶（2014）、佟颖（2015）、李仕忠（2020）等对不同时期不同译经的佛典外来词进行了词形、词意、译借、构词、发展及对汉语词汇的影响等多方面研究。张治三（2007）、石利华（2008）、张治三、张福通（2013）对佛源外来词进行了汉化研究。顾满林（2008）对《现代汉语词典》中的佛源外来词进行了构词语素的考察。亓恒娜（2011）对《现代汉语词典》五版中的 210 个佛源外来词进行了整体描写和外来词个案溯源、语义语用分析。康振栋（2011）对《正法华经》中的 300 余条疑难词语进行了考证研究，论证了"词义灌注"现象的双重理据性和汉译佛经外来词资格的不平等性，认为把佛经意译词归为外来词有一定的现实和理论依据。冠秀杰（2014）对《现代汉语词典》六版中的 36 个、《辞海》中的 156 个及未注明语源的 29 个源于印度语的外来词进行了词汇学及对外汉语教学方面的研究。朱明（2014）对佛教外来词的翻译方法进行了研究。蒋琼（2015）对《汉语外来词词典》中有注释的 782 例佛源外来词进行了词汇及词典方面的研究。孙丽丽（2016）对《维摩诘所说经》中 1063 个佛经外来词进行了全面描写研究。杨扬（2017）对《菩萨地持经》中的 180 个佛教词语进行了梵汉对勘及词汇层面的研究。孙慧（2019）对《慧琳音义》中的佛源外来词进行了多角度研究。孙世娟（2020）对《贤愚经》中的 283 个佛教术语进行了研究。颜洽茂（1997、2019）对中古词汇系统变化进行了动因考察，并面向佛典词汇将个别词语考释、断代词汇面貌清理与汉语历史词汇系统理论研究有机结合，认为佛经语词的音节变化受翻译行为的影响并且与俗语相互渗透，推动了汉语造词法的演变。从语言史、文献学角度对佛经语料的全面研究推动了汉语词汇史研究及《汉语大词典》的补订。

另外，方一新（2003、2004）研究认为从汉代到中古的译经佛典词汇演变发展特点是汉语史分期、译经考证的重要参数之一。这类从词汇角度考证佛典译经的年代进而研究汉语史分期的方法推进了汉语词汇史的发展。

总体而言，佛典外来词前期研究成果以个案分析为主，后期成果则加强了佛典外来词研究的新方法，在量化研究基础上对共时层面中的佛典外来词或某专书译经中的外来词进行了系统研究，并结合《汉语大词典》进行了词典编纂修订方面的应用研究。且近些年的诸多学者倾向于将意译词纳入外来词研究范围，特别是对汉语史早期阶段的借词，大部分外来词除了采用借音形式，大量采用意译引进的外来概念词是汉语外来词词汇系统的新质成员。因此本书在选取非佛典外来词时采用广义外来词概念观，全部及部分运用汉语语素译借的外来概念词为我们研究的对象，而不宜用现代词汇语义的视角考察定义早期共时词汇系统的外来词现象。

二　两汉佛典外来词研究现状

学界在关注佛典进行语言词汇等多角度研究过程中，面向两汉时期佛典的语言词汇研究也取得了诸多成果。主要代表如：许理和（1977、

1987、2001)、朱庆之（1992、2009）、方一新（1996）、顾满林（2000）、葛佳才（2000）、陈文杰（2000）、史光辉（2001、2003）、胡敕瑞（2002、2004、2005）、高列过（2003、2005）、龙国富（2004）、张春秀（2005）等对东汉译经进行了语料、语法句式、虚词、词汇等方面的研究。史光辉（2006）对东汉的汉译佛经译词进行了例释与梳理考证。荻原云来（1979）、丁福保（1984）、辛岛静志（1998、2001）、朱庆之、梅维恒（2004）等对两汉时期佛典词汇进行了词典学方面的研究。

随着对两汉佛典进行词汇学研究的日益重视，对其中的佛典外来词的研究成果也不断丰富深入。早期代表学者如：季羡林（1947）对"佛"的语源进行了考察；季羡林（1956）研究了佛经中"恒伽"与"恒"的译借问题；季羡林（1990）对"佛"的多种译名进行了研究，从佛经传入中土的不同路线考察了"浮图"与"佛"两个不同形式的源流。史有为（1991、2004）、梁晓虹（1994、2001）、孙维张（2007）等学者都对早期佛典外来词进行了大量描写分析。其中对两汉时期佛典外来词进行较为系统全面研究的代表性成果主要包括以下情况：

顾满林（2000）、陈文杰（2000）对东汉及早期译经中的佛典外来词进行了较为全面的研究。顾满林（2000）《东汉译经外来词初探》对450个梵汉对照词从字面判断、音意译对照、经文注解等参考历代的音义类著作及工具书进行了细致描写研究，揭示了佛典外来词词汇特征。

刘长庆、王桂琴（2006）对东汉到西晋的佛教外来词从翻译主体、翻译行为、翻译方法、译文特点等方面进行了分析。顾满林（2006）对《大正藏》及《中华大藏经》中的汉文文献用语进行了全面深入的描写分析，对早期译经中的音译词"塔""魔"等进行了外来词视角的研究，从同词异形、译借形式、书写用字等方面进行了大量考察研究，并对东汉时期的安世高、支谶、安玄、支曜、康孟详等的34部译经中的"阿那含""阿罗汉""比丘"等外来词进行了词频、译经分布统计考察，对佛典外来词进行了词形、译借、旧语新语上的用语变化等方面的研究。顾氏研究认为："东汉佛经的音译词大多数是一词一译一形，即佛典源头语中一个词在汉译佛经作为音译词书写形式只有一种，这类音译词约400个。"[1]同时对东汉佛典84个音译词的211个异形分布[2]、语音音节分布[3]进行了描

---

① 顾满林：《汉文佛典用语专题研究》，四川大学，博士学位论文，2006年。
② 顾满林：《汉文佛典用语专题研究》，四川大学，博士学位论文，2006年。
③ 顾满林：《汉文佛典用语专题研究》，四川大学，博士学位论文，2006年。

写，对不同译者的用词进行了对比，分析了东汉译经音译词产生的原因及不同译经文本的特点，认为东汉佛典外来词的多种译名并存主要在于佛经译借过程中的"讹"与"略"。

关于佛典外来词的研究顾文不仅对汉代早期佛典中的外来词进行了大量的词汇描写、分类统计、译借考察，而且对不同译经的用词进行了对比研究。顾满林（2007）对汉文佛典中"Kapila – vastu"的音译形式进行了考察，分析了释迦牟尼降生地名的64种不同译名，通过个案深入探讨了佛典外来词的音译形式及译借原则问题。

俞理明、顾满林（2011）采用了现代词汇学的计量方法对通过词汇计量等方法论对东汉佛教文献词汇中的外来新质成分进行了量化描写及理论研究。该成果在其已有佛典词汇研究的基础上对汉代佛典外来词进行了充分全面的研究，数据翔实，为本书后文章节的相关研究提供了参考资料，也是我们在描写研究两汉外来词时着力于非佛典外来词多维研究的主要原因，后文我们不再一一说明。但在研究两汉外来词历时发展进程中魏晋南北朝时期外来词的断代特征时，我们将一并考察佛典及非佛典外来词的词汇面貌，进而可发现汉语外来词从两汉到魏晋南北朝后的演变全貌。对于两汉时期的外来词在南北朝后期的发展状况限于项目研究时间要求，目前我们不易做全程研究，我们将在后文对部分高频词做全程发展考察分析，后续将继续做系统全面研究。

第四章　两汉非佛典外来词词价研究

"词价"（法语 Valence Lexicale，英语 lexical value）是 20 世纪 60 年代的一种理论与方法。1971 年加拿大学者琼—盖伊·萨瓦尔德（Jean - Guy Savard）提出"词价"新的四维标准"定义能力（puissance de définition）、包涵能力（puissance de inclusion）、组合能力（puissance de combination）、扩展能力（puissance de extension）。"① 苏向丽、李如龙（2011）通过研究汉语的基本词汇提出了"认知价、结构价、语义价、兼通价、自由价、使用价、释义价、丰度价、聚合价、组合价"② 的词价多维说。我们认为用词价的多指标综合考察词的价值不仅可用于现代汉语，在古汉语词汇系统中科学使用有助于多视角、多维度观察一个词汇子系统或者一个词在整个词汇系统中的价值。

下文我们对两汉时期的非佛典与佛典外来词分别聚焦，并对非佛典外来词词价与佛典外来词词价进行多维对比，以深度认识两汉外来词的不同价值。

第一节　两汉非佛典外来词的选取

为了更清晰认识世界，人们将本来处于运动和联系中的事物分割成静态、离散的状态，以便进行分类和定性。两汉外来词断代的合理性以及汉语外来词历史分期的论述表明作为外来词引进历史的早期，两汉受主客观及语言世界因素的影响，非佛典外来词是共时词汇的重要成员。③

---

① Savard. J. G. La Valence Lexicale. Paris：Didier，1970.
② 苏向丽、李如龙：《词价研究与汉语词汇知识的深度习得》，《语言文字应用》2011 年第 2 期。
③ 我们选取的非佛典外来词以存在于两汉文献为标准，部分词条为先秦已出现且在两汉时期使用较多的，如"猃狁"等。

　　如何将语言中庞杂纷繁的词汇进行系统化研究，关键之一在于运用科学的方法，从众多的历史文献中锁定研究范围进而确定非佛典外来词聚合。外来词词条的界选是研究的基础，以下是选取词条的方法及相关说明。

　　尽管两汉时期的传世文献比较丰富，但记录两汉异域及异族语言的相关专门资料相对缺乏，并且关于古代汉语的早期外来词研究的成果资料多为个案零散研究，因此在进行了大量文本阅读语料基础上整理选取两汉外来词是项目的工作重点及难点，但受时间精力所限在对汉代主要文献通览基础上，外来词词条的选取主要依据现代技术下的电子语料库汉文全籍检索系统。我们先全面阅读《史记》《汉书》《后汉书》中关于外族、外国的文献后，参考各家注疏注解及外来词专科词典选取广义外来词，在此基础上利用古汉语电子语料库进行量化考察，并对外来词的相关语料参阅文献进行人工干预筛选，排除无关词条后界选出外来词1105条，包括专名词条741条，普通词词条364条。所有整理研究的词条、释义及在文献中的例句参见正文后的附录一。另外，文中论证涉及并引用的外来词相关语言事实例句均出自语料库的文献文本，其中涉及《史记》《汉书》的主要例句标注了参阅的纸质文本页码，后文有相关注释。所有的参阅书目见本书附录，不再一一注释。

第二节　聚焦非佛典外来词词价特征

　　语源学致力于词语的历史研究，揭示一种语言词汇产生、变化到消亡的各个过程。外来词语源指的是借入词汇最早引进时的源头语言。广义视角下探求外来词的语源包括所借入词的语音来源和意义起源，即所有译借方式借入的词语之源。

一　非佛典外来词的语源价考察

　　基于词价理论，词汇在词汇系统中的价值是多元的，不同词汇在具有共性价值的同时还有各自的个体价值。外来词就具备了其他词汇所没有的语源价。非佛典外来词的划分是立足于两汉时期佛典外来词大量出现的视角，而在众多的非佛典外来词聚合中，其语源的分布也是多样复杂的。

　　两汉是古汉语外来词第一次大量借入的高峰期，探求外来词语源是汉语外来词研究的基础工作，对外来词词汇史的研究意义重大。但两汉距今较远，已有资料和成果对当时外国外族源语言的考证也是说法不一。如：杨志玖（1947）①、波兰人亚努士·赫迈莱夫斯基、高名凯②、张玉忠（1984）③、李树辉（2002）④ 等学者对"葡萄"的语源看法不尽相同，各有观点，总体上大多观点认为"葡萄"来源于伊兰语。因此《汉语外来词词典》中"葡萄"标注的语源包括"大宛 badaga""大宛语 budaw""伊兰语 Bataka""伊兰语 budawa""大夏语 Bactria""希腊语 botrus"。

可见，考察古汉语外来词的语源任务艰巨，主要原因在于古代早期的异域异族语言有的消亡有的不易找到源词。受客观条件所限，我们对两汉外来词语源的考察主要利用较权威的外来词专科词典及已有成果做总体分布研究，标注有源词词条。另外基于文献语言资料认定为意译外来词但无法找到源词的语源考据需持续研究。

（一）语源多元分布

不同民族不同时期对外交流状况可从外来词的语源分布上得到印证。两汉时期汉民族与外国外族的接触交流包括两大区域。一是延续交往西北方的外族戎狄，也称"獯鬻""俨狁""鬼方""混夷"，汉代时"匈奴""胡"的名称较普遍。二是与四方其他外族蛮夷交流联系。参考专科词典对无记载且暂不易考据词源的外来词我们根据其在文献中的意义来源，将其分为匈奴语、波斯、突厥、古伊兰语、少数民族语言⑤（包括东夷、西南夷、南蛮、戎、羌）。经考察两汉时期的非佛典外来词的语源分布包括以下情形：

（1）源自匈奴语⑥

有源语的词条包括：骨都侯 gudu；师比、胥纰、犀毗、犀比、鲜卑 serbi；骆驼、馲驼、白骆、封牛、封橐驼、橐驼、橐它、橐佗 dada；谷蠡、鹿蠡 tura。

---

①　杨志玖：《葡萄语源试探》，《中兴周刊》1947 年第 6 期。

②　亚努士·赫迈莱夫斯基、高名凯：《以"葡萄"一词为例论古代汉语的借词问题》，《北京大学学报》1957 年第 1 期。

③　张玉忠：《葡萄及葡萄酒的东传》，《农业考古》1984 年第 2 期。

④　李树辉：《吐鲁番地名 Bujluq（葡萄沟）探源——兼谈葡萄种植技术的东传》，《西域研究》2002 年第 3 期。

⑤　书中的少数民族划分以历时共时概念为标准，不宜与现代社会的内涵对照。其中"匈奴"单独为一类主要基于学界对其的广义划分，不单指某一部族。

⑥　本书借鉴历史学相关研究，匈奴的概念采用广义内涵，而非当时的少数民族。

无源语词条包括：猩猩；祁连、祁连山、天山、白山；温吾、温禺鞮、温禺；且居、且渠；日逐、奥鞬、奠鞬；尸逐、阏氏、焉提；左贤王、屠耆王、右贤王；吾斯、吾西、牙斯；比余、比疏；重酪、刀鋋、瓯脱、穹庐、蹛林、襜褕、毡裘、輂辎、服匿、庐帐、胡服、胡帐、胡床、胡坐、青顿、庐落、爤蠢、班罽、胡饼、胡麻、胡笳、羊羧、留犁、鸣镝、麾幢、批把、筑、吹鞭、駃马、骡驴、駒騄、騨騱、駃騠、文马、荡肠、舞天。

（2）源自波斯语

毾䯫、氍毹、毰毹、罽毹、毭䯫　tāptān，tāpetān

白叠布、白叠、帛叠、都布、答布、荅布、榻布 pambak dip

（3）源自突厥语

有源语的词条：坎侯、箜篌、空侯、胡空侯 qobuz，qūpūz；翕侯、叶护、歙侯 yabγu；若鞮、鞮 yaqci，zaqci；琅玕、真珠、狼干 incu；居次 kyz；径路 Uyngyrar

（4）源自伊兰语

胡荽、荽；安石榴 arsak 源伊兰 koswi，koswi，goswi

目宿、首蓿、怀风、光风、连枝草、牧宿 源伊兰或大宛语 buxùsux，kūksùk，bùxsuk

（5）源自阿拉伯语　鹁鸽、鹋鸽 babgha，babbagha

（6）源于爪哇语的外来词　梽榔 jambi

（7）源于乌桓语的外来词　无源语词条：句决、貊兽、毛毳、原羊

（8）源语说法不一的外来词

源语不一的词条指现有考证对词语来源看法不一。如：

琥珀、虎魄、琥魄　源突厥语 xubix，一说来自中古波斯语 kahrupai［倍利维语］；一说来自叙利亚的 harpax［希腊语］。

蒲萄、葡萄、蒲陶、浦桃、蒲桃、扑桃　源大宛语 badaga 伊兰语 Bataka，一说来自大宛语 budaw，与伊兰语 budawa 相对应；一说来自大夏语 Bactria；一说来自希腊语 botrus。

狮子、师子 源东伊兰 se，si. 一说来自伊兰语 sarγ；一说来自栗特语 srγw，sarγθ；一说来自波斯语 sei（shir）；一说即"狻麑"，来自梵语 simha，一说即"酋耳"，来自巴比伦语 UR。

撑犁　源突厥语 Tangri；蒙古语 Tangri、Tangere

径路　源匈奴语 kingluk；一说来自突厥语 qīliě；kilidji。

诃黎勒　源阿拉伯语 halieh；一说来自波斯语 halila。

比余　源高丽语 Psi、pit；马札语 Fesu

（9）源于少数民族语言[①]

源于少数民族语言的词条包括：

僰僮、筰马、旄牛、蜀布、枸酱、邛竹杖、邛笼、椎结、箄船、水牛、鐻鍝、象、大狗、金鐻、沐猴、白鷴、石蜜、黑鷴、蜜烛、白瑁、胜、白玉瑁、白环、玉瑁、白玉管、玳瑁、文甲、光珠、蚌珠、江珠、青玉、白珠、珠玑、生翠、璧珠玑、水精、垂棘、轲虫、犀角、翡翠、象齿、玫瑰、賨布、賨嫁、嫁布、绵布、蜀布、白越、紫贝、贯头衣、俅、楛矢、肃慎矢、石砮、服刀、魁头、铜鼓、竹矢、檀弓、果下马、文豹、羌笛、班鱼、桄桹木、邕草、畅草、貊弓、豻、野马、觭驋、濮竹、荔枝、龙眼、橄榄、荅遝、千岁子、离支、巨栗、大栗、孔雀、竹篁、能言鸟、旄牛、鹦鹉、童牛、牦牛、髦牛、同穴、角端牛、生鲜、生犀、白犀、生犀牛、封狐、白雉、五角羊、灵羊、零羊、麝香、牲牲、轻毛毦鸡、长尾鸡、白菟、碧鸡、金马、麎麖、夜光壁、颠歌、无弋、侏离、兜离、责祸

（10）源于西域语言[②]

源于西域语言的词条如：

桃拔、犀牛、师子、珊瑚、琪琉、璧流离、琉璃、瑠璃、朱丹、琅玕、青碧、黄金涂、火毳、火浣布、细布、水羊毳、苏合香、苏合、火精、骇鸡犀、通犀、香罽、犀布、蒲陶酒、连环罽、胡椒、黑盐、白草、独白草、胡桐、胡车、胡桃、罽衣、裘褐、桢松、竹漆、扶拔、符拔、符枝、飍貂、熊子、狐貉、大马爵、大雀、大爵、条支大雀、大鸟、孔爵、安息雀、宛雏、鹓鶵、鹓雏、贰师马、宛马、天马、大宛马、汗血马、西极马、西极天马、西北极马、乌孙马、龙文、蒲梢、鱼目、小步马、汗血、狄鞮、眩人、樗蒲

（二）非佛典外来词的语源价特点

两汉非佛典外来词中的普通词语源分布情况显示音译词一般有语源可

[①]　因早期汉语外来词包括共时层面的少数民族语言，少数民族的界定以共时层面的区域划分及文献记录情况为参考，与现代社会的少数民族概念及范围有差异。下文同。

[②]　西域语言参照文献记载以两汉时期的区域为广义划分，因语言源头的材料难以考据，其词条均基于文献材料的筛选及借鉴工具书，包括后期失去外来词身份但在两汉时期为广义外来词的词条。

考，并收录在汉语外来词的专科词典中。其中源于少数民族语言、匈奴、西域语言的外来词数量居多。其次是突厥语、伊兰语和波斯语。较少的是阿拉伯语、爪哇语和乌桓语。

两汉外来词语源的分布情况一方面反映出两汉时期处理民族关系特别是四方各族的往来尤为重要，而与匈奴的关系不论战争、互市还是和亲方式，双方的接触也比较多；凿空之举后与西域地区交往增多，大量语言接触带来了语源数量较多的词语借入。由于资料来源不同、原有语言消亡、研究角度不同等诸多因素语源说法不一的词条各家结论不同，汉语外来词专科词典如实记录了已有的研究成果面貌，这也是古汉语外来词在语源研究上存在的难点。

二　非佛典外来词的词长价考察

词长即词汇音节的长度，是词汇外部特征之一。汉语词汇在早期古文字时代以单音节为主，后向双音节、多音节方向发展，而外来词的引进加速了词汇外部发展。王力（1980）、潘允中（1989）、史存直（1989）等学者对此均有研究，他们认为汉语在复音化的进程中吸收外语语言要素具有推进作用。另有马西尼（1993）、梁晓虹（1994）、钟吉娅（2003）等学者也主张西方语言、佛教输入加速了汉语音节双音化的发展速度。

以下对两汉非佛典外来词的词长价考察包括各类词的全面描写，以展现非佛典外来词词长变化及特点。

（一）非佛典外来词词长价分布

（1）普通词词长价分布

非佛典外来词中普通词的词长分布情况如下：

单音节词价包括"犴、筑、鞬、幕、驼、傼、犀、象"8条。双音节词价包括"白草、白叠、帛叠、僰僮、胡笛、胡坐、师比、师子、迎鼓、鹦鹉"等301条①。三音节词价包括"安息雀、安石榴、大宛马、大马爵、苏合香、肃慎矢"等49条。四音节词价包括"贰师天马、轻毛毦鸡、条支大雀"等6条。

两汉非佛典外来词中普通词的词长分布如下表4-1。

---

① 所有词条详情参见正文后附录。同类情况不再一一注释。

表 4-1   普通词词长价分布表

音节分布	单音节	双音节	三音节	四音节	合计
数量	8	301	49	6	364
比例（%）	2.20	82.69	13.46	1.65	平均词长价 2.15

表 4-1 数据显示普通词外来词双音节词价分布最多，其次为三音节词价，单音节与四音节数量相当。无超过四音节以上的多音节词条。

（2）专有名词词长价分布

以下我们对外来词中的专有名词进行词长价分布考察，其中封号、称号、人名单独描写，这几类外来词的词长特点与其他类区别较大。

单音节词价包括"僰、滇、貊、邛"等 13 条；双音节词价包括"安息、岑陬、当户、高骊、荤允、昆莫、犁鞬、千长、尉头、乌员、扜弥、猰㺄、翖侯、焉提"等 341 条；三音节词价包括"白龙堆、葱岭山、贰师城、谷蠡王、蒲犁谷、孙胡国、余吾水"等 151 条；四音节词价包括"卑陆后国、东蒲类王、狼居胥山、去胡来王、右千骑将"等 32 条；五音节词价包括"击车师都尉、私渠比鞮海"等 5 条；六音节词价有"车师后城长国"1 条。

外来词中除人名、称号的专有名词词长分布数据见下表 4-2。

表 4-2   非人名、称号的专有名词词长价分布表

音节分布	单音节	双音节	三音节	四音节	五音节	六音节	合计
数量	13	341	151	32	5	1	543
比例（%）	2.39	62.79	27.81	5.89	0.92	0.18	平均词长价 2.6

表 4-2 数据表明非人名称号的专有名词的词价双音节占绝对优势，其次为三音节，四音节次之，出现了五、六音节的词条。单音节数量不多。

（3）姓名、封号、称号词条词长价

两汉外来词的专有名词主要包括外国外族的姓名、称号、封号等相关词，这类词的词长与共时汉语词汇系统的词长有明显差别，与其他专名词相比特点也较突出。以下为这类词词长价的分布情况：

单音节词价包括"拔、比、檀、苏"等10条；双音节词价包括"阿坚、车利、单于、弟史、滇良、军就、且种、若零、乌维、身毒"等78条；三音节词价包括"安犁靡、呼厨泉、军须靡、屠耆堂、翁归靡、知牙斯、须卜当"等56条；四音节词价包括"车牙单于、句龙吾斯、乌鞮牙斯、须卜居次"等23条；五音节词价包括"复株累若鞮、呼韩邪单于、伊屠知牙师"等11条；六音节词价包括"车牙若鞮单于、撑犁孤涂单于"等6条；七音节词价包括"丘除车林鞮单于、乌珠留若鞮单于"等7条；八音节词价包括"呼兰若尸逐就单于、亭独尸逐侯鞮单于"等7条。此类专有名词的词长分布数据见下表4-3。

表4-3　　　　　姓名、称号、封号外来词词长价分布表

音节分布	单音节	双音节	三音节	四音节	五音节	六音节	七音节	八音节	合计
数量	10	78	56	23	11	6	7	7	198
比例（%）	5.5	39.39	28.28	11.61	5.56	3.03	3.54	3.54	平均词长价3.14

表4-3数据显示外来词词的姓名、称号、封号类词条多音节数量明显居多，平均词长超过3音节，可见这类外来词的源语音节普遍较长。

（二）非佛典外来词词长价特点

以上对非佛典外来词词长价的考察有助于发现早期汉语外来词的外部特点，下面表4-4是对上文非佛典外来词词长价不同类数据分布情况的统计。

表4-4　　　　　两汉非佛典外来词词长价分布表

非佛典外来词	单音节	双音节	三音节	四音节	五音节	六音节	七音节	八音节	平均词长价
普通词	2.13	82.62	13.10	2.13	0	0	0	0	2.15
非人名专有名词	2.43	62.69	27.80	5.97	0.93	0.19	0	0	2.6
姓名、封号、称号词	5.05	39.39	28.28	11.61	5.56	3.03	3.54	3.54	3.14

表4－4中的数据分布显示非佛典外来词中的普通词和专名词在词长价上均以双音节为主。普通词的双音节词价分布绝对优势突显；而姓名、封号、称号这类词中虽然数量居首，但与三音节词长的数量相差并不悬殊，并且三音节及以上多音节的总数量已超过双音节及单音节词条的总数量。

普通词的词价分布中音节最长的为四音节，平均词长值最小。与专名词相比普通词词长价特点相当于两汉共时词汇系统的平均词长，但专名词中的三音节词的增量也是影响共时词汇复音化进程的重要因素。非人名专有名词的平均词长价2.60，而姓名、封号、称号词词长价最大。表中数据表明两汉非佛典外来词的词长价分布特点对汉语词长的变化具有较大的影响力。

三　非佛典外来词语义价

词汇空缺（lexical gap）是不同语言普遍存在的现象。陈安定（1998）认为这种现象主要是由于各民族之间的文化差异。两种语言间存在文化差异在相互借贷时就会出现词汇空缺。因自然地理、社会宗教及习俗文化等差异易造成不同民族间的交流障碍，从而造成语言相互存在词汇空缺。

外来词是语言文化接触的必然产物。其产生原因主要是借方语言缺乏其他语言世界里事物概念的所指，通过翻译部分或全部借进所空缺词汇的音义。语言间的相互空缺可借助翻译引进缺失概念，无论翻译采用哪种手段借入另一种语言的词汇，语义都是借方语言关注的重点。以下是对非佛典外来词语义价的考察。

（一）语义价的分布

两汉是早期对外交流的高峰，通过各种不同方式进入汉语的非佛典外来词在语义上的分布情况如下。

（1）普通词语义分布

我们参照梅家驹（1985）的《同义词词林》分类体系对外来词普通词的语义加以考察，其分布情况如下：

动物类语义的词包括如"安息雀、班鱼、碧鸡、大宛马、封牛、孔爵、邛邛、狑狑、橐佗、西极马"等120条；植物类语义的词包括如"安石榴、畅草、光风、胡麻、苜蓿、蒲萄"等38条；珠宝饰品类语义的词包括如"比疏、璧珠玑、琥珀、玛瑙"等51条；生活用品类语义的词包括如"白叠布、服匿、火浣布、罽氍、毾布、脅纸"等63条；宗教风俗习惯语义的词包括如"持衰、雕题、髡头、魋结、苏涂、书革、迎鼓、责祸"等49条；军事用品类语义的词包括如"刀鋋、服刀、径路、鸣镝、肃慎矢、檀弓"等15条；乐器类语义的词包括如"吹鞭、胡空侯、枇杷"等11条；人物类语义的词包括如"僰僮、幻人"等7条；交通用具语义的词包括"箪船、辒辌、胡车"3条；食品类语义的词包括"湩酪、胡饼、蒲陶酒"等8条；娱乐行为语义的词包括"颠歌、樗蒲、胡舞"3条；居所类语义的词包括"逗落、区脱、庐帐"等7条；自然物语义的词包括"沙漠"1条；性质特点语义的词包括"兜离、若鞮、屠耆、侏离"4条。

　　以上364个外来词普通词占非佛典外来词的33.15%，语义类分布、比例见下表4–5。

表4–5　　　　　　　　　　非佛典外来词普通词语义分布表

语义分布	植物类	动物类	生活用品类	珠宝饰品类	宗教风俗习惯	军事用品类	乐器类	交通用具	人物	食品类	娱乐行为	自然物	居所类	性质特点
数量	38	120	63	51	49	15	11	3	7	8	3	1	7	4
比例（%）	10.44	32.97	17.31	14.01	13.46	4.12	3.02	0.82	1.92	2.19	0.82	0.27	1.92	1.10

　　表4–5数据表明普通词语义分布动物类词最多，其次为生活用品类，珠宝类、宗教风俗习惯、植物类语义词数量也较多。较少的为自然物、交通用具、娱乐行为词。

　　（2）专有名词语义分布

　　两汉时期非佛典外来词中741条为专有名词。其中包括198条人名称号词语，占专有名词的26.72%。人名专有名词包括"且麋胥、且莫车、且种、若零、少夫、军须靡、雕陶莫皋、师子"等153条；称号专有名词包括"乎韩邪、壶衍鞮单于、狐鹿姑单于、老上单于、且鞮侯单于、宁胡阏氏、伊屠于闾鞮单于、伊陵尸逐就单于"等45条。

　　其他类专有名词543条，占73.27%。如外国外族专有名词包括"安息、条枝、白马羌、车师前国、湟中月氏胡"等322条；山名包括"葱岭山、狼居胥山、沐楼山、卢山、祁连、祁连山、身热"等32条；水名包括"姑且水、妫水、蒲昌海、交河、和渠北鞮海"等16条；城地名专有名词包括"番渠类谷、贵山城、速邪乌、笼城、河云、蓝氏城、监氏蓝市城"等59条。官名专有名词包括"奥鞬、安国侯、百长、裨小王、谷蠡王、骨都侯、帛衣先人、小昆弥、乌桓大人"等 114 条。

专有名词的语义分布情况见下表 4 - 6。

表 4 - 6　　　　　　　　　　专有名词语义分布

语义分布	外国外族名	山名	水名	城地名	官名	人名	称号
数量	322	32	16	59	114	156	42
比例（%）	43.45	4.32	2.16	7.96	15.38	21.05	5.67
占非人专名比例（%）	59.3	5.89	2.95	10.87	20.99		

（二）非佛典外来词语义特点

两汉引进的非佛典外来词专有名词的数量远多于普通词。根据表 4 - 5、表 4 - 6 的词汇语义分布统计数据来看，专有名词语义分布由多到少为：外族、外国名 > 人名 > 官名 > 城地名 > 称号 > 山名 > 水名；普通词语义类由多到少依次为：动物类 > 生活用品类 > 珠宝饰品类 > 宗教风俗习惯 > 植物类 > 军事用品类 > 乐器类 > 食品类 > 人物、居所类 > 性质特点 > 交通用具、娱乐行为 > 自然物。

表 4 - 5 中语义分布的数据表明两汉引进异域的非佛典普通词更倾向于表意具体的实体名词，其中动物类名词最多，其次是生活用品类。珠宝饰品类及宗教习俗类词的高比例也表明外来新奇事物是外来词引进的主要成员。专名外来词的语义价序列分布同时也显示出汉民族语言世界在与外族外国的接触中以主体间的各种交流为主，因此族名、国名、人名、官名的语义分布数量多，密度大。总体来看，两汉的非佛典外来词的语义类具有趋向以社会人为中心的分布特点。

四　两汉非佛典外来词的功能价

对词在语法上进行分类主要是根据词汇意义和语法特点划分的。确定外来词的词类有助于认识其语法特点，确立句法功能，除了一些沿用至今的词语，大部分两汉外来词的功能价需在文献语境中识别。以下词类功能区分主要根据上文词汇语义分类及文献文本中的语用情况，对外来词的语法功能加以全面描写，以利于认识两汉外来词的语法特点。

不同民族间在接触融合的过程中，外来的新概念新事物会随着语言的翻译转换进入借方语言并首先在词汇层面上呈现为外来词。同时外来词中名词居多是各个时期外来词词类分布的一个共性，因为语言接触中名物词在语言交换时借入最快最多。两汉时期的外来词也不例外，专有名词共计747条，占67.06％较大比例；普通词中也是名词占绝对多数。以下为外来词词类分布的进一步研究。

（一）词类划分

（1）非名词词类

外来词普通词中绝大多数是名词词类。非名词词类主要有4个表性质特点的形容词"兜离""屠耆""若鞮""侏离"。

其中"兜离""侏离"用来描写形容匈奴及蛮夷言语的声音特点。如下语例：

> 人似禽兮食臭腥，言兜离兮状窈停。《后汉书·卷八四·列传第七四》
>
> 四夷间奏，德广所及，《伶》《侏》《兜离》，罔不具集。《后汉书·卷四〇下·列传第三〇下·班彪》
>
> 衣裳斑兰，语言侏离。《风俗通义·佚文·声音》

另外《白虎通义·卷二》中记载的"故南夷之乐曰《兜》""东夷之乐曰《离》"表明"兜"和"离"原都是少数民族的一种音乐名。汉代学者郑玄注《周礼》："四夷之乐，乐方曰《韎》，南方曰《任》，西方曰《株离》，北方曰《禁》。"其中"兜"与"株"相通。

以上文献中的"兜离""侏离"例句可见这两个词早期是表乐名的名词，其形容词功能是发展而来的。因异族语言的语音与汉语差异较大，汉族借词时认为其语音仿佛音乐的声音，逐渐演变为形容词描写声音的感觉。

形容词"若鞮"和"屠耆"源于匈奴语。匈奴语"若鞮"的意义为"孝"。其中"若鞮"在文献语料中词频较高，据考察使用了15次，主要用在匈奴的首领单于名字之后。如"车牙若鞮单于、乌珠留若鞮单于、搜谐若鞮单于、复株累若鞮单于"等。在《汉书》和《史记》中都记载了"匈奴谓贤曰'屠耆'，故常以太子为左屠耆王"。因此形容词"屠耆"的意义为"贤"，后又出现异形词"诸耆"。晋代徐广注释曰："屠，一作'诸'。"

（2）名词小类

两汉非佛典外来词中除了4个形容词和专有名词外，其他364条名的具体小类分布如下：

表行为事件名词包括"被发、黥面、髡头、兽居、书记、书革、责祸、椎髻"等47条；表人和事物名词中表人物名词的包括"狄鞮、无弋、眩人"等6条；表事物名词包括"安石榴、邕草、胡椒、胡桃、苜蓿、蒲萄、杖邛竹、苏合、瑇瑁、贰师天马、封牛、鹮鸰、猩猩、都布、贯头衣、连环羁、瑠璃、逗落、句决"等307条。

非佛典普通词的功能分布如下表4－7。

表4－7　　　　　　　　　　普通词词类分布表

名词小类 分布	行为事件	人物名词	事物名词	非名词	合　计
数量	47	6	307	4	364
比例（%）	12.91	1.65	84.34	1.10	平均词长2.15

（二）功能价分布特点

韩淑红（2013）研究两汉非佛经外来词中专有名词734条，占总量的66.25%；其他普通词的词类分布主要是名词，共360条，占普通词的98.9%，占所有外来词的32.79%。从表4－7中的分布数据可见具体名词以表人或事物类名词为主，共313条，占名词总数的86.94%；表事件名词47条，占名词总量的12.91%。非名词类只有形容词4条，占1.1%。

以上的统计数据显示两汉非佛典外来词在功能价上主要为具体名词，表事件名词在非佛典外来词中虽占一定比例，但事物类名词占主流。可见，两汉非佛典外来词的功能价以名词为主。

第三节　聚焦非佛典与佛典外来词的词价对比

两汉时期的外来词除了大量来自异域的非佛典词，到了东汉时期还出现了佛典译词进入汉语词汇系统。虽数量规模与后世比尚为初期，但也在词汇上显示出了明显的异质特征。目前对此时期佛典词研究较深入充分的属俞理明、顾满林（2011）的成果，但他们只对佛典词做了相关研究，并未与同时期的非佛典词进行全面的外来词词价特征对比。我们参照借鉴其中的相关数据加以对比分析，以揭示两汉外来词两个子系统的整体特点及二者存在的差异。

一　词长价对比

词长是外来词与其他汉语词汇外在形式的主要差别。表 4 - 8 是已有研究成果对佛经译词的数据，见脚注。

表 4 - 8　　　　　　　　　　东汉佛经译词词长①

音节 分布	单音节	双音节	三音节	四音节	五音节	六音节	七音节	八音节	九音节	合计
数量	21	133	132	58	16	2	0	1	2	365
比例（%）	5.75	36.44	36.16	15.89	4.38	0.55	0	0.27	0.55	平均词长 2.83

表 4 - 8 数据显示东汉时期的佛经译词词长总体特征与非佛典外来词中的姓名、称号类专有名词特点接近，但双音节词与三音节词的数量几乎相同，四、五音节词语的数量增加，从平均词长的数值上可知多音节词长的影响比较明显。

俞理明、顾满林（2011）研究认为汉语词汇一般为 1—2 个音节，三音节以上词语很少，平均词长度不超过 1.5 个音节。表 4 - 8 数据与上文非佛典外来词词长的分布数据（表 4 - 4）对比后可见，两汉外来词的平均词长已超出汉语词汇长度 1.5 个音节的数值，并且单音节词数量在各类分布中都较少，可见外来词进入汉语后其词长极大地推动了两汉词汇的复音化进程。

二　语义价对比

据俞理明、顾满林（2011）已有研究成果东汉佛经译词的语义类分布情况如下表 4 - 9 所示。

表 4 - 9 中的数据显示东汉佛经译词的语义分布由多到少依次为：人名、天界神鬼、国土地名、佛教概念、人物、动植物、行为性状、处所器物。除了佛教概念、天界神鬼的语义与佛教译经关系密切，其他语义类在非佛典外来词的语义分布上共性较大，但数量分布差别明显。其中人名类

---

① 俞理明、顾满林：《东汉佛教文献词汇新质中的外来成分》，《江苏大学学报》2011 年第 5 期。

词的数量在佛典译词中居首位，而在非佛典外来词专名中数量位居第二位，数量最多的是外国外族名词。

表4-9　　　　　　　　　东汉佛经译词语义类分布①

语义分布	人名	天界神鬼	国土地名	佛教概念	动植物	行为性状	人物	处所器物
数量	101	95	42	39	26	21	36	9
比例（%）	27.37	25.75	11.38	10.57	7.05	5.69	9.76	2.44

对比非佛典外来词与佛典译词的语义类可见，前者的语义分布较后者更广，包括21个语义小类。专有名词的语义类比较集中，普通词各个语义类下又包含多个下层义类。②

韩淑红（2013）认为语言间的语义概念空缺是词汇借贷的根源。不同语言在接触交流后首先借进的是空缺词汇，因为词是语言概念的直接载体。汉代各民族在地理位置上相距遥远，相互间交通与交流手段较少；并且各民族的社会习俗、民族文化及生活方式等很多方面存在较多差异，在相互接触后首先会在语言上引进因各种差异形成的空缺词汇。两汉汉语外来词的语义分布情况也表明汉语从其他语言主要借进的是概念空缺词，所以语义类数量分布也存在不平衡。

三　功能价对比

据俞理明、顾满林（2011）的研究，东汉佛经译词中佛教抽象概念名词39条，占10.57%；行为性状词有19条，占佛典译词的0.4%；其他为具体事物类名词。专有名词有238条，占64.50%；非专有名词类的76条，占20.60%。

我们考察的非佛典外来词中专有名词741条，占67.18%；其他普通词词类分布中共有360条名词，占所有普通词的98.9%，占外来词的32.78%。其中具体名词以表事物名词为主，共有313条，占名词量的86.94%；表事件名词有47条，占名词总量的13.06%。非名词类只有4条形容词，占1.1%。

---

① 俞理明、顾满林：《东汉佛教文献词汇新质中的外来成分》，《江苏大学学报》2011年第5期。
② 韩淑红：《两汉非佛典外来词研究》，吉林大学，博士学位论文，2013年。

　　以上的数据表明两汉非佛典外来词主要为表具体人和事物的名词。佛典外来词中表概念的抽象名词和表行为性状类的词很少，而在非佛典外来词中表事件类名词则占一定比例。以上考察结果表明两汉时期的外来词大量引进的是名词，多以新事物为主，具有明显的共时性及民族性特征。

第五章　两汉外来词的变体研究

关于汉语异形词的研究从 20 世纪 60 年代开始，纵览已有成果，绝大部分研究的对象是现代汉语的相关问题，其中殷焕先（1962）、高更生（1966、1993）、侯敏（1992）、周荐（1993）、杨春（2004）、李行健、余志鸿（2005）等成果较有代表性。而长召其、张志毅（2003）对词位的变体进行研究后提出语音变体、词形变体、构词变体、语法变体、语义变体和语用变体是词位的六种变体，认为异形词是其中的无值变体，分布具有梯度。周建民（2013）将异形词的外延扩大到网络语言，对概念、语法意义相同而色彩意义不同及语音相同或相近而书写形式不同的异形词从符号形式、产生的原因进行了研究并提出应采取的态度。曾昭聪（2013）从文字和语音角度研究了近代汉语中的异形词，认为异形词具有不同的来源，外来词也是其中之一，但文中并未对近代汉语外来词来源的异形词进行深入分析。

罗常培（1989）认为在中国古书里出现的有许多异文的同义复词一定是外来词不是地道的土产。可见异文形体是鉴定外来词的标准之一，尤其是对于早期进入汉语词汇系统的新质成员，由于译者主观因素缺乏统一规范意识，词汇借进后在外部特征上呈现词形多样性特点。但目前关于外来词异形变体的研究多是现代汉语方面的成果，主要有马永利（2008）、李连伟（2009）等对现代汉语外来词语异形词的分布、出现的主要原因及规范原则进行了探讨。因此，对古汉语外来词的异形变体研究有待加强。

第一节　外来词变体考察

两汉作为汉语史上广泛接触异域语言初期，一种语言借入其他语言时因翻译方式不同产生了多个形式，这些对译同一个来源词的不同的词形是外来词的异形变体。两汉共时词汇系统中的异质成员非佛典外来词是重要组成部分，通过考察发现两汉在引进同一外来事物指称或概念时存在大量异形变体，对其深入研究可有效揭示两汉外来词的共时特点。

一　异形变体元考察

进入汉语的外来词在源语中有其相应的事物或概念名称语词。异族语言在接触过程中借方引进其他语言时，需用新的自身语言形式来指称外来事物或表达外来概念和意义，但不论采用哪种译借方式，借方语言二次命名时都会与源语语言内部命名形式产生冲突，并产生不同语言系统和概念系统之间的摩擦。① 因此在借贷语言相互协调融合的过程中，受译者的主体性差异影响外来词的外部词形不可避免会存在不同形式。

（一）变体元的数量分布

两汉时期的外来词在借进语源上除了东汉后期的佛典梵语外，其他还有匈奴语、突厥、古伊兰语、波斯及少数民族语言（包括东夷、西南夷、南蛮）。汉语面对复杂多样的异域语言，在共时借进及相对的历时融合过程中，其异形变体的数量呈一元到十三元的不均衡分布。据我们统计，在调查的外来词中共计 162 个外来词具有异形变体。其中变体数为一元的外来词 92 条，占 56.79%②，如：谷蠡［鹿蠡］③、畅草［鬯草］等；变体数为二元的 33 条，占 20.37%，如：虎魄［琥珀、琥魄］、金缕［罽绣、金缕罽］等；变体数为三元的 19 条，占 11.73%，如：浑邪［混邪、昆邪、浑耶］等；变体数为四元的 6 条，占 3.7%，如：濊貊［秽貊、濊貉、濊州、薉貊］；变体数为五元的 6 条，占 3.64%，如：大鸟［大雀、大爵、安息雀、条支大雀、大马爵］；变体数为六元的 2 条，占 1.23%，如：白叠［答布、都布、榻布、苔布、白叠布、帛叠］等；变体数为八元的 2 条，占 1.23%，如：驼［橐驼、骆驼、封牛、橐它、橐佗、馲驼、白骆、封橐驼］等；变体数为十一元、十三元的各 1 条，各占 0.61%，如：大秦［条支、条枝、海西、秦海、黎轩、移支、犛轩、犁鞬、犁靬、骊靬、犁鞬鞬］等。

两汉非佛典外来词的变体元分布情况如下表 5－1。

---

① 韩淑红：《两汉非佛典外来词研究》，吉林大学，博士学位论文，2013 年。
② 书中数据均基于我们创建的两汉外来词数据库。
③ 变体分布见附录。［ ］中的词条为［ ］前词条的异形变体，文中同。

表5-1　　　　　　　　　　　外来词变体分布表

分布 ＼ 变体元	一元	二元	三元	四元	五元	六元	八元	十一元	十三元	合计
数量	92	33	19	6	6	2	2	1	1	162
比例（%）	56.79	20.37	11.73	3.7	3.64	1.23	1.23	0.61	0.61	100

（二）异形变体的语义考察

据俞理明、顾满林（2011）调查研究东汉佛经译词语义分布的数量由多到少依次为：人名、天界神鬼名、国土地名、佛教概念、人物、动植物、行为性状、处所器物。韩淑红（2013）研究表明两汉时期非佛典外来词与佛典译词的语义类别相比，前者涉及语义21小类，普通词的各个语义类下又包含下层小义类。除专有名词的语义类较集中，其他词语义类分布较广。普通词语义类分布数量由多到少依次为：动物类、生活用品类、珠宝饰品类、宗教风俗习惯、植物类、军事用品类、人物、乐器类、食品类、居所类、性质特点、交通用具、娱乐行为、自然物。专有名词语义类分布数量由多到少为：外国外族名、人名、官名、城地名、山名、称号。①

我们对外来词异形变体的语义分布进行了深入考察，据统计结果不同变体元词的语义分布如下：

（1）一元变体的语义分布

属专名的词条59条，占一元变体总量的64.13%。其中外族名、国名36个，占一元外来词的61.02%。如：郁立师［隋立师］、西且弥［西沮弥］、东鞮［东鳀］等；人名8个，如：詹师庐［乌师庐］等；地名6个，如：龙城［笼城］、鱳得［鱳得］等；官名7个，如：谷蠡［鹿蠡］等。非专名的普通外来词33条，占一元外来词的35.87%。其中动物名8个，如：驴骡［骡驴］、贰师马［贰师天马］等；饰品名9个，如：玳瑁［文甲］、珠玑［璧珠玑］等；植物名5个，如：枸酱［蜀枸酱］、畅草［鬯草］等；日用品3个，如：火浣布［火毳］等；兵器、战争用品3个，如：楛矢［肃慎矢］、鸣镝［髇箭］等；建筑/处所2个，如：瓯脱［区脱］等；乐器和职业类人各1个：枇杷［批把］和幻人［眩人］。

外来词中有一个变体的专名词比例高于普通词。专名词中以外族、外

① 韩淑红：《两汉非佛典外来词研究》，吉林大学，博士学位论文，2013年。

国名词变体最多；普通词中饰品类和动物类词变体数量较多。

（2）二元变体的语义分布

有两个变体的外来词中，专名词 17 条，占二元变体总量的 52.52%。其中外族名、国名 8 个，如：卑陆［旱陆、卑陵］、呼揭［乌揭、呼偈］等；人名 4 个，如：吾斯［牙斯、吾西］、知牙师［伊屠知牙师、伊屠智牙师］等；地名 4 个，如：蒲类海［蒲类、蒲类泽］等；官名 1 个，翕侯［翎侯、歙侯］。非专名的普通外来词 16 条，占二元外来词的 48.48%。其中动物名 6 个，如：鹦鹉［能言鸟、驯禽］等；日用品 4 个，如：竹杖［邛竹杖、杖邛竹］等；饰品名 2 个，如：光珠［江珠、蚌珠］、虎魄［琥珀、琥魄］；植物名 2 个，如：独白草［独自草、白草］等；兵器 1 个，拍髀［服刀、短刀］；食品名 1 个，湩［重酪、湩酪］。

外来词中有两个变体的专名词比例与普通词比例一致。专名词中以外族、外国名词变体最多；普通词中动物类和日用品类词变体数量较多。

（3）三元变体的语义分布

有三个变体的外来词中，专名词 11 条，占三元变体总量的 57.89%。其中外族名、国名 7 个，如：符拔［扶拔、桃拔、符枝］等；人名 2 个，如：浑邪［昆邪、混邪、浑耶］等；地名 3 个，如：葱岭［葱岭山、葱极、总极］等。非专名的普通外来词 8 条，占三元外来词的 42.11%。其中动物名 4 个，如：天马［宛马、汗血马、大宛马］等；饰品名 2 个，如：琉璃［璧流离、琪琉、瑠璃］等；宗教风俗习惯 2 个，如：椎结［魋结、椎头结、椎髻］等；乐器名 1 个，箜篌［坎侯、空侯、胡空侯］。

外来词中有三个变体的专名词比例高于普通词比例。专名词中以外族、外国名词变体最多；普通词中动物类词变体数量较多。

（4）四元变体的语义分布

有四个变体的外来词中族名 3 个，如：拘弥［宁弥、扜弥、扜罙、捍弥］等；官名 1 个，单于［撑犁孤涂单于、樬黎孤涂单于、樬黎、撑犁孤屠］；乐器名 1 个，箛［箛、胡箛、胡乐、吹鞭］；饰品名词 1 个，白玉琯［白环、白琯、玉琯、白玉管］。除两个为普通词，其他为专名词。

（5）五元变体语义分布

有五个词形变体的外来词中，专名词为 2 个外族名，如族名：高句骊［高句丽、句骊、下句骊、高骊、貊耳］、身毒［天竺、捐毒、天督、天笃、乾毒］；植物名词 2 个，如：苜蓿［目宿、怀风、光风、牧宿、连枝草〕等；动物名词 2 个，如：生犀〔生鲜、生犀牛、白雍、白犀、犀〕等。

（6）六元变体的语义分布

有六个异形变体的外来词为普通词 2 个。如：鲜卑〔金犀、师比、犀毗、胥纰、黄金犀毗、犀比〕、白叠〔答布、苔布、都布、白叠布、榻布、帛叠〕。这两个外来词都是日用品名词。变体元的多样性也反映出这两个词语在语言世界中的高频性特点。

（7）八元变体的语义分布

有八个词形变体的外来词 2 个。如：罽〔氀、毛布、氍毹、氍䮕、䮕、毦毲、罽䮕、㲨〕、驼〔封牛、橐驼、骆驼、橐它、橐佗、白骆、駞驼、封橐驼〕。这两个外来词一个是日用品名词，另一个是动物名词。

（8）十一元变体的语义分布

有十一个词形变体的外来词 1 个，为外国专名词。如：大秦〔条支、条枝、海西、黎轩、移支、秦海、犁鞬、犁靬、犛轩、骊靬、犁鞬鞬〕。

（9）十三元变体的语义分布

有十三个词形变体的外来词 1 个，为外国专名词。如：匈奴〔东胡、乌桓、山戎、猃狁、乌丸、荤粥、玁狁、猃允、淳维、獯粥、熏鬻、薰粥、荤允〕。

根据我们对两汉时期异形变体的语义分布考察，具有不同数量变体元的语义分布如下表 5－2。

表 5－2　　　　　　　非佛典外来词变体语义分布表

变体＼语义	外族、外国名	人名	地名	官名	动物名	植物名	饰品名	乐器	兵器	食品	日用品	建筑	宗教风俗习惯
一元	36	8	6	7	8	5	9	1	3		3	2	3
二元	8	4	4	1	6	2	2		1	1	4		
三元	7	2	3		4		2	1					2
四元	3			1			1	1					
五元	2				2	2							
六元											2		
八元					1						1		
十一元	1												

语义＼变体	外族、外国名	人名	地名	官名	动物名	植物名	饰品名	乐器	兵器	食品	日用品	建筑	宗教风俗习惯
十三元	1												
合计	58	14	13	9	21	9	14	3	4	1	10	2	5

由表 5-2 中数据可见，包含不同数量变体元在语义上分布上专名词多于普通词。多元变体语义涉及 13 种，专名中外国、外族名最多，其他依次为人名＞地名＞官名；非专名数量由多至少依次为动物名＞饰品名＞日用品名＞植物名＞宗教风俗习惯＞兵器名＞乐器名＞建筑名＞食品名。

从包含一元至十三元不同变体元的语义分布上来看，从一元到五元变体数量居多的都是外族、外国名；除了六元、八元的变体无此语义的词条，其他都包括外族外国名。这种现象反映出异域的国名、族名在两汉文献中不但是外来词的重要组成部分，同时其变体形式、数量也很多样；其中北方少数民族名"匈奴"的变体多达 13 个，西域国名"大秦"的变体有 11 个，来自西域的"橐驼、罽"变体为 8 个，这显示出两汉社会中汉民族的对外关系是共时层面的要事，与"匈奴"和"大秦"的往来更是重中之重。

因此，不同主体在用汉语记载时受各种因素影响难免造成外来词异形变体的广泛分布。非专名变体词的语义分布则显示出动物、饰品、植物和日用品是两汉时期汉民族与域外交往交流引进的主要外来事物。两汉语言中的外来词记录并反映出了客体世界事物的差异，正是由于汉语词汇系统中存在相对应的概念空缺能指，进而借进时产生了各种变体。

二　异形变体类型考察

不论是专名还是普通词外来词的引进主体的参与是必不可少的。主体在借进异质成员时采用的不同方法是造成词形不同的主要原因之一，同时词语在历时的使用过程中也会发生一些演变。两汉外来词异形变体内部存在不同的类型及一定的规律，多形并存具有以下共时特点。

（一）专名变体类型分布

任何一种语言的外来词在不同历史时期都会有词形变体存在，这是词汇异质成员的本质特点之一。一种语言从其他语言借入新的词汇，不论借的是音还是义或者二者同借，因受译者进行转换时的主体性干扰，必然产生不同的借方语言形式。经考察研究两汉的专名外来词的变体类型主要包括语音变体、字形讹变变体、词长变体、译借方式变体和异序变体五种情况。

1. 语音变体

变体词形中的不同语素在共时语音系统中为音同或音近词，这种变体为语音变体。为便于考察外来词的变体情况，我们以变体的词频数据作为区分参数，词频低的词形视作词频高的词形变体，下文相同情况处理方式一致。

外来词语音变体的产生在于用汉字最大限度地接近源语地记录其他语言的语音过程中出现的各种情形，我们主要参考了两汉文献的各家注疏和上古音手册①加以判定，语音变体分布如下：

（1）系联近同音

乌师庐1②［詹师庐1］中"乌"＝"詹"，呼揭12［呼偈2、乌揭3］中"呼"＝"乌"，安犁靡2［乌犁靡1］中"安"＝"乌"。由此可判断两汉时期"詹、乌、安、呼"为同音字。吾斯19［吾西1、牙斯15］中"吾"＝"牙"，温禺16［温吾1］中"禺"与"吾"属借于源语同语素，由此可判断语素"吾、牙、禺"的语音在两汉时期属于近同音。

（2）声母古今差异

"车师［姑师］；掸国［檀国］；浑邪［昆邪］；谷蠡［鹿蠡］；焉支［焉提］；乌桓［乌丸］；拘弥［宁弥、扜弥］；身毒［天竺、捐毒］；坚昆［高昆、隔昆、鬲昆］"等词条中的用字差异显示出两汉汉语声母的共时状况。

（3）韵母古今差异

"昆弥［昆莫］"对比词条中的变体可见两汉汉语韵母与现今汉语的差异。

（4）用字异文

专名外来词中存在大量同音异文字形的变体。如"猃狁［猃允］；条支［条枝］；濊貉［薉貉］；卢朐［庐朐］；高句骊［高句丽］；丁令［丁零］；僬侥［焦侥］；呼揭［呼偈］；伊屠知牙师［伊屠智牙师］；呼韩邪

---

① 唐作藩：《上古音手册》，江苏人民出版社1982年版。
② 词后数字为本书作者在古汉语电子语料库的词频数据，已经过人工干预，文中同。

［乎韩邪、呼韩耶］；熏鬻［獯粥、薰粥］"等的不同语素用字均为用字变体。此类变体现象显示出两汉外来词在借入时对于同音词使用的汉字较灵活。这种现象一方面表明外来词受主体因素的影响，同时也反映出两汉时的汉字偏旁还处于表意功能动态发展的阶段。在外来词变体中，异文用字情况表现出了偏旁的增减和变换多样态的不同特点。

2. 字形讹变变体

外来词词形变体中的部分语素在语音上无相关联特征的一般属字形讹变。主要包括的专名外来词如：东且弥［车且弥］；郁立师［隋立师］；月氏［月氐］；莎车［莎东国］；难兜国［难完国］；满饰［蒲饰］；翕侯［翖侯］；危须［危项］；三木楼山［沐楼山］；右苴王［若苴王］；孙胡［狐胡］；私渠比鞮海［和渠北鞮海］；蓝氏城［蓝市城］；卑陆［旱陆、卑陵］；扜弥［扞罙、捍弥］等。这些变体包括如下几种情形：

（1）独体字的讹变。如：莎车［莎东国］、东且弥［车且弥］中的"东"与"车"；月氏［月氐］中的"氏"与"氐"；难氏［难支］中的"氏"与"支"等。

（2）合体字中的部分讹变。如：羊柯［羊牁］中的"柯"与"牁"；危须［危项］中的"须"与"项"；耽耳［耼耳］中的"耽"与"耼"等。

（3）增符讹变。如：且末［沮沫］中的"且"与"沮"、"末"与"沫"都增加了"氵"部；右苴王［若苴王］中的"右"与"若"等。

（4）减符讹变。如：僬侥［焦侥］中的"僬"与"焦"；奠鞬［奥鞬］中的"奠"与"奥"等。

（5）模糊相似。如：乌秅［乌耗］中的"秅"与"耗"；鳞得［鳞得］中的"鳞"与"鳞"；独白草［独自草］中的"白"与"自"；蒲类海［婆悉海］中的"类"与"悉"；卑陆［旱陆］中的"卑"与"旱"等。

（6）二字符合并。如：三木楼山［沐楼山］中的"三木"与"沐"，因把"三"讹为"氵"紧随后面的"木"合并成了一个字"沐"。

（7）字符组合变化。如：翕侯［翖侯］中的"翕"与"翖"，由原来部件的上下结构讹变为左右结构。

外来词专名的字形讹变与汉语系统的字形历时讹变具有类似产生原因。主要是在汉字发展过程中，人为的传抄错误和汉字字体的变迁等原因容易产生错别字，加上后人累积沿用也会造成汉字以讹传讹的延续。

3. 词长变体

变体在词长上存在加长或减缩变化的词形，不存在上面变体类型，这类专名外来词如：邛［邛都］；駹［冉駹］；劫国［劫日国］；车牙单于［车牙若鞮单于］；搜谐单于［搜谐若鞮单于］；乌贪国［乌贪訾离］；乌珠留单于［乌珠留若鞮单于］；囊知牙斯［知、知牙斯］；知牙师［伊屠智牙师、伊屠知牙师］；私渠海［私渠比鞮海］；白马［白马国、白马羌、白马氏］；倭［倭人、倭国、倭人国、倭奴国］；樠黎［撑犁孤涂单于、樠黎孤涂单于］；单于［撑犁孤涂单于、撑犁孤屠、樠黎孤涂单于］等。

专名外来词的词长变体在两汉共时状态下词形简繁或者繁简不代表时间的线性，变体多样并存的词形变化具有以下特点：

（1）增加上位类名

增加"山"表山名。如：祁连［祁连山］；葱岭［葱岭山］；焉耆［鄢耆山、焉耆山］等；表族名、国名增加"氏、人、国"：肃慎［肃慎氏］；义渠［义渠氏］；倭［倭人、倭国、倭奴国、倭人国］等；表水域名增加"海"：蒲类［蒲类海］等。

（2）增加泛称

增加"羌、胡、氏"等泛指族名。如：白马［白马羌、白马氏］。

（3）译借差异

词形的简繁由译借源语言方式的差异造成，部分译借词形较简，全称译借词形较长。如：私渠海［私渠比鞮海］；知［知牙斯、囊知牙斯］；单于［樠黎孤涂单于、撑犁孤涂单于、撑犁孤屠］；知牙师［伊屠智牙师、伊屠知牙师］等。意译词较音译长的如：鹦鹉［能言鸟］；安石［安石榴］等。

（4）异域文化增值

匈奴首领人名可传达外族文化信息。如"若鞮"，借入汉语词汇可有可无，不影响人名指称。但加上后可反映匈奴文化中人名的独特性，如"搜谐单于［搜谐若鞮单于］；车牙单于［车牙若鞮单于］；乌珠留单于［乌珠留若鞮单于］"等词形中的差异是一种异域文化的增值。

4. 译借方式变体

同一外来所指采用不同译借方式产生不同词形，这是一种广义的变体。这类专名外来词如：西夜［漂沙］；祁连［天山］；濊州［濊貊、蔑貊］；祁连［天山、白山］；白屋［肃慎、挹娄］；条支［大秦、海西、秦海］；匈奴［东胡、山戎、淳维］等。

词形变体中属音译与意译差异的如：祁连［天山、白山］；条支［大秦、海西、秦海］；鲜卑［北狄、山戎、北戎］；肃慎、挹娄［白屋］等。

同为意译的不同词形变体的如：能言鸟［驯禽］；葱岭［葱极、总极］；蒲类海［蒲类泽］；林胡［林人］等。

同为音译的不同词形变体的如：鄯善［楼湟、楼兰］；匈奴［山戎、东胡、淳维］等。

同为混合译的不同词形变体的如：犬戎［犬夷、畎夷］；穹庐［毡帐］等。

5. 异序变体

汉语借入同一外来概念、事物使用了相同语素但组合成不同排列顺序的词形，这一类词为异序变体。两汉外来词中主要包括：邛竹杖［杖邛竹］；驴骡［骡驴］；鄯善［善鄯］。这一词汇现象主要受两汉共时词汇系统异序现象影响较大，但在历时发展过程中，语素序走向固化正序成总趋势。

从以上专名外来词变体类型来看，语音变体数量最多，其次为字形讹变，异序变体的数量较少。可见词形变体是外来词引进过程中必然产生的结果之一，语音变体以近同音变体为主，词长的繁简形式共存较多，语素异序的变体数量虽少却反映出两汉断代词汇层面上的动态特点。另外，词形变体的发展演变与词频有较大关系，一般高频率词形的生命力较强，而低频词形随着语言社会的发展被淘汰的可能性较大。同时语言主体世界的规范措施也影响词形变体生命力消长的竞争。

（二）普通词变体考察

在我们考察的两汉非佛典外来词中，普通词的异形变体主要包括语音变体、语义变体、同义变体、词长变体、讹变变体、异序变体、译借变体和特征变体八种类型。

1. 语音变体

引进同一外来概念的外来词，选取不同汉字记音时造成了外来词的语音变体。因两汉语音系统与今音差异较大，部分同音、近音字可参考《上古音手册》[①]。外来词中完全同音的较少，近音、同音不同调的居多。普通词中的语音变体词如：龙城［笼城］；瓯脱［区脱］；驒騱［驒奚］；猩猩［狌狌、牲牲］；荔支［荔枝、离支］等。

---

① 唐作藩：《上古音手册》，江苏人民出版社 1982 年版。

2. 语义变体

汉语外来词的普通词一般以意译或混合译为主要引进方式，借入同一外来概念因译者使用汉语的不同语素意译的能指在语义核心上会产生不同焦点，这一情形的属语义变体。如"水牛""吴牛"的所指均是外族的一种动物，但借进时的不同词形传达了不同的语义重心。"水牛"的语义重心在于动物的生存环境；"吴牛"的语义焦点则是动物生存的所属地域。意译词为此类语义变体的还有：拍髀［服刀、短刀］；光珠［江珠、蚌珠］；貚貂［貚子］等。

3. 同义变体

在传递翻译同一外来事物、概念时产生的词形变体间的差异在于部分语素为共时同义语素。属这类词形变体的如：象牙［象齿］；大栗［巨栗］等。

4. 词长变体

词长变体表现为对同一外来概念引进时在词形长度上的变化。属此类变体的如：箛［胡箛］；箜篌［胡空侯］；安石［安石榴］；白草［独白草］；枸酱［蜀枸酱］；通犀［骇鸡犀］；苜蓿［连枝草］；竹杖［邛竹杖、杖邛竹］；细布［水羊毳、水羊毛］；西极马［西极天马、西北极马］等。

5. 讹变变体

受语言主体因素影响引进外来词时产生的文字变形为讹变变体。这类讹变字形与原来词形中的字符意义上一般没有共性，而是二者字形之间的相似度较大。这类词形变体的如：鳌［鳌］；独白草［独自草］；琉璃［琪琉］中的下划线字之间或多或少存在形体相似处，容易在传写过程中产生讹变。

6. 异序变体

外来词普通词的变体中因引进时汉语语素组合不同而形成同素异序变体。如：驴骡［骡驴］；邛竹杖［杖邛竹］。这种语素组合顺序不固定的状况是汉语词汇联合构词的灵活性体现。

7. 译借变体

外来词普通词的变体中因不同译借方式产生的词形为译借变体。如：穹庐［毡帐］；楛矢［肃慎矢］；龙堆［白龙堆］；潼［重酪、潼酪］；鹦鹉［能言鸟、驯禽］；苜蓿［光风、怀风、连枝草］；白叠［苔布、答布、榻布、都布、白叠布］等。其中高频词为音译方式，变体词形为意译或混合译方式的包括：潼［重酪、潼酪］；鹦鹉［能言鸟、驯禽］等。均为意译，译借传递信息焦点不同的词形如：楛矢［肃慎矢］等。

8. 特征变体

外来词引进概念时因需要突显事物的不同特征而产生了不同的词形变体。如：光珠［江珠、蚌珠］；贰师马［贰师天马］；封牛［橐驼、骆驼、橐它、橐佗、白骆、駃驼、封橐驼］等。

在所指相同的前提下对同一外来概念的引进译者关注的特征不同，这就为汉语主体世界带来了更多的语义信息。如："鸣镝"侧重传递箭射出时箭头能发出响声的功能。"通犀"的词形变体"骇鸡犀"传递表达出"用通犀盛米置群鸡中，鸡欲往啄米因其纹理受惊的效果"特征，表意更全面。"服刀"是一种来自西域婼羌国的兵器。《释名·释兵》中有记载："短刀曰拍髀，带时拍髀旁也。"汉语指这种来自西域兵器语词中"拍髀"是共时常用词，突显了兵器佩戴部位；"短刀"重点传递出兵器的长度；"服刀"则是新借进词。

第二节 佛典与非佛典外来词变体对比

两汉外来词中的佛典与非佛典都存在大量变体形式。据俞理明、顾满林（2011）对东汉译经的统计，佛典的 293 个译词中有 76 个变体词形，占总词数的 20.60%。

根据上文对两汉非佛典外来词中的异形变体元分布考察结果，非佛典外来词变体数量以二元为主，同一所指借进后有两个不同能指词形的占绝对优势。其次是三元变体。两汉非佛典外来词中 159 个词有变体形式，词形变体共计 323 个占外来词所有数量的 29.42%。其中词形最多的变体元 13 个，平均变体元数量 2.01 个。外来词有词形变体的 56 个词为普通词，93 个为专有名词，分别占 37.58% 和 62.42%。可见两汉时期汉语外来词的异形变体比较多见，非佛典外来词的变体比例高于佛典外来词。

同时俞理明、顾满林（2011）研究认为译经外来词的异形变体主要是用字变体，而在两汉非佛典外来词的变体中用字差异包括讹变或同音的有 142 个，占变体总量的 42.64%，其他情形占 57.36%。可见与佛典译词的变体相比，非佛典外来词的字形变体也是一种主要情形，但变体形式还有其他情况。

第三节　外来词变体特点及产生原因

两汉外来词的变体现象既是语言普遍现象之一，又具有一定的断代特点。通过对两汉外来词异形变体的多方面考察，可见此时期外来词变体的总体特点及产生动因具有以下共时特点。

一　变体特点

两汉非佛典外来词的专名词和普通词的变体分布在数量、类型上有所不同，但二者之间也反映出两汉时期外来词变体具有如下特点。

（1）变体分布是常态

两汉外来词主要源自佛典和非佛典两大语源，异形变体是共时外来词的主要特征之一。在变体数量分布上，非佛典外来词的变体比例高于佛典译词。并且非佛典外来词变体从一元到多元分布较广，其中二元变体占主体，其次为三元变体，多元变体最多可达 13 个。

（2）语义分布广泛

两汉非佛典外来词语义分布涉及 21 小类。一元至十三元不同变体的语义分布上，外族、外国名数量在一元到五元的变体中密度大，总体量也是最多，外族名"匈奴"的变体元最多；外来词中普通词语义分布居多的是动物、饰品、植物和日用品类，以与人类社会密切相关的语义为主。

（3）变体类型多样

两汉外来词的变体类型分布上普通词多于专名词，其中语音变体、词长变体、讹变变体、异序变体和译借方式变体是普遍存在的五种情况。这几种变体类型的广泛性是一种语言引进外来词时受主体世界和语言世界影响的共性特点。与佛典译词的变体分布相比，非佛典外来词的字形变体是一种主要类型，同时包括其他多种类型。

二　变体产生的原因

不同语言进入其他语言一方面受借贷两方语言差异的影响，不论音译还是意译都难以实现两方语言完全对等转换；另一方面两汉文献历时 400 余年，汉语自身内在的发展导致文字、语音的演变也是异形变体产生的原因。总体来看这种外来词的变体分布特点产生的原因包括以下方面：

（1）主体世界因素

秦朝历经春秋战国的混战完成了的大一统虽短暂，但其对后世的影响是极其长远的。其中在语言文字方面的"书同文字"政策在汉语历时发展过程中具有至关重要的作用。两汉承接一统后，秦的语言文字政策还处于实践过程之中，政策的执行在全社会难以产生一致的效果。另外对于引进其他异族语言的外来词，译者行为的主体选择差异既能影响外来词引进的翻译方式，同时受制于译者外来语言水平的程度，借进汉语词汇新质时难以避免不同词形变体的产生。

另外，由于两汉时期与外国外族的周边关系相对复杂，外来词的产生并非完全出于主体世界的主观愿望。东汉后期佛教的传播和译经的翻译也主要是民间行为，引进外来事物概念主要是自由自发状态，缺少秦朝文字统一上的强制规范措施，因此两汉语言共时词汇系统中的外来词异形变体也体现出主体世界的无规范意识。

（2）客体世界因素

出于当时社会政治、经济、军事等方面的考虑，两汉加强与周边诸国、外族部落的往来，使对外交往日趋频繁。《史记》中有记载"孝文皇帝临天下，通关梁，不异远方"①。可见两汉的这种政治外交举措，促进了经济上的互交有无，加强了政权稳固，但不论政治、军事、经济、文化的哪一方面都最终需要借助语言完成交际交流。

因此，两汉时期的客体世界为汉语引进外来词提供了有利社会大背景，形成了多民族交融、多语言交流的语言环境，从而形成了两汉各族语言接触融合后的外来词大量引进高潮。

（3）语言世界因素

从以上分析可见两汉外来词的引进具备了主客体世界必要的两种条件，而两汉外来词的词汇特征与共时语言世界的诸因素紧密共振。外来词的多形并存现象是各语言在借词过程中的必然结果，但两汉外来词异形变体中的同素异序类型与两汉语言的共时特点一致。尽管两汉外来词中这种特点的词汇并非大量，但从共时词汇系统中的同素异序词分布状况可见外来词引进过程中受到了词汇系统整体特点的影响。

学界认为同素异序词是古汉语词汇中一种产生较早的特殊且重要的现象。程湘清（2003）考察认为与东汉碑刻同期的《论衡》共有同素异序

---

① 《史记·孝文本纪》。

形容词 55 个。① 刘志生（2009）研究东汉碑刻的形容词发现有 171 个同素异序词。可见汉语史早期的两汉时期同素异序词处于普遍发展趋势。而外来词的异形变体分布从侧面印证了两汉共时词汇系统的特点，同时这也是词汇整体系统反作用于内部小系统的表现。

　　由上可见，两汉外来词异形变体分布受译者主体行为差异、社会客观因素与语言世界自身发展因素综合影响。对两汉外来词变体的研究既验证了无语源可考情况下确认古汉语外来词身份参照异形变体是一种有效方法，也表明外来词异形变体不仅仅是无值单纯变体，变体元、语义及类型分布特点是外来词汉化研究的重要参数。

---

① 程湘清：《汉语史专书复音词研究》，商务印书馆 2003 年版，第 132 页。

第六章 两汉非佛典外来词的理据研究

语言学之父索绪尔曾说："一个民族的风俗习惯常会在它的语言中有所反映，……构成民族的也正是语言。"① 所以语言的民族特征可反映在语词理据（motivation）上。理据有广义狭义的区分，狭义概念指语言内一种层面上的理据，包括文字、音位、词语、语义、句法、形态等方面。学界中张永言（1981）、陆国强（1983）、许余龙（1992）、刘哲（2000）、曹炜（2001）、王艾录、司富珍（2002）等学者都对词语理据进行了不同角度的研究。各家普遍认为词语的理据一般指事物或现象获得的使用名称内在依据，反映说明了词语与事物现象间存在的命名关系。

学界对理据的研究大多聚焦在复合词上，一般认为狭义外来词是无理据可考的。但针对广义视角下的意译外来词已有学者予以关注，如李春琳（2003）、杨延龙、曹勇（2009）、杨万梅、王显云（2011）等学者对汉语外来词的理据从汉化过程的理据赋予、构词的文化认知理据及外来词翻译过程中的理据性等方面进行了探讨，但在日渐增多的汉语外来词理据研究成果中，关注古汉语的相关研究仍较鲜见。

以下我们对两汉时期的非佛典外来词中的专名词条的理据进行研究，通过考察其理据的类型、探究其理据的特点，探讨分析古汉语外来词中的专名词语的汉化途径，探求两汉专名外来词的共时特点。

第一节 外来词理据类型考察

词语理据主要在于对既成词的造词动因进行内部挖掘。汉语的音译外来词是把来自外国外族的语词对译成相应的汉语音节，用相同或相近的汉

---

① ［瑞士］费尔迪南·德·索绪尔：《普通语言学教程》，高名凯译，商务印书馆1980年版，第43页。

语音素模拟替代外来词语音。这种翻译过程与摹声词的一般原理基本相同。两汉音译外来词也是采用这种方法借词，如人名、外族名、外国名的音译形式，主要是对源语词语音的最大化对译输入，一般难以识别其内在理据。因此我们下文重点考察的是专名外来词中的意译词，这类外来词是用汉语已有的语素译借后加合而成。经过考察分析我们发现其理据主要包括关联性理据、性状理据、方式理据、结果理据、颜色理据、产物理据、方位空间理据、祖先崇拜理据和类聚性合成理据九种类型。

一　关联性理据

关联性理据指的是词语 A 与词语 B 间存在得名的相关联系，因词语 A 的存在词语 B 而得名。专名外来词中包括关联性理据的有如下情形：

（1）由国名、族名得水名、山名：蒲类—蒲类海；赐支—赐支河；乌桓—乌桓山；白狼—白狼山；鲜卑—鲜卑山；焉耆—焉耆山

（2）因国名得城名：皮山—皮山城；精绝—精绝城；且末—且末城；蒲犁—蒲犁谷；宁弥—宁弥城；尉头—尉头谷；温宿—温宿城；危须—危须城；尉犁—尉犁城；乌秅—乌秅城

（3）因水名得族名：赤水—赤水羌；卢水—卢水羌；滇池—滇

（4）因地名得水名：武陵—武陵蛮夷；乌浒—乌浒蛮

（5）因人名得族名：彡姐—彡姐羌；牢姐—牢姐羌；累姐—累姐羌；烧何—烧何羌；勒姐—勒姐羌；当阗—当阗羌；烧当—烧当羌；哀牢—哀牢夷；当煎—当煎羌；乌吾—乌吾羌

（6）因姓名得国名、官名：由匈奴姓"折兰"得国名"折兰"；官名"骨都侯"由姓氏"骨都"而得；官名"呼衍王"由鲜卑姓"呼延"而得。

二　性状理据

词语的命名主要根据事物的性质、特点、状态等而得名的为性状理据。两汉外来词中属于此类理据的如：

乌孙王封号"肥王"因其肥胖的身体而得名；"狂王"因其人的性格狂傲而得名；"左右贤王"是"屠耆"的意译词，具有"贤"的意义。"魁头"因人留的发式形状而得名；山名"不周"因所指的山形状有缺损、不周匝的特点得名；"天山"是"祁连"山名的意译词，因"天"隐性含义具有"高"的特点而命名；"交河"由于河水分流绕城而得名；"白屋"因为东北夷国南部有白山并且草木鸟兽皆白而得此名；"倭国"

由于国人矮小的身材而得名；"羌"因西戎人从事牧羊生活得名；"大秦"由于类似秦时的中国而得名；"大月氏"和"小月氏"因所在部族分离时人员的多少得名；"跂踵""咙首""穿胸""儋耳"因各国人们形象的不同凸显特征而得名；"滇池"因池水深广且浅狭，好似倒流的特点得名。

三　方式理据

词语的名称因某行为事件的方式而得名的即方式理据。如：乌秅国西的石山名"县度"，位于皮山国西罽宾国东，因过山时需县绳而度的方式得名。

四　结果理据

词语命名的理据是因某事件造成的结果。如：因人经过山时会出现头痛、身热、无色等症状而得名的山名"小头痛山""大头痛山""身热"；"去胡来王"因婼羌国王离胡戎去依附汉而得名；"贰师"是大宛的城名，因李广利发兵是第二次进城而得名。

五　颜色理据

词语命名的理据在于相关事物的颜色。如："白山""白马""白龙堆""白屋""白羊""白狼山""白翟""白夷""赤水羌""赤夷""黄支国""黄夷""玄夷""玄菟"等专名都与其事物的颜色相关。其中"白山"是意译，"祁连"是音译，二者所指一致。其他专名命名都直接用颜色词表达事物概念。

六　产物理据

词语命名的理据是由于所产出之物而得名。如："陶涂"因国出駃騠马得名；西域的山"葱岭"因山岭上葱多而得名；"盐泽"因所指水域盐分含量高得名；"马韩"因其国产马而得名。

七　方位空间理据

词语命名重点在于突显词义的方位空间。如："山国"因国位于山下得名；"北女、北狄、北户、北戎、海西、卑陆后国、秦海、东鞮、东鳀、东胡、东屠、东瓯、东越、东沃沮、东离、东且弥、西且弥、西夜、西瓯、西沮弥、南羌、车师前王、车师前国、车师后王"都是根据各国的相对方向、地理所在等空间位置得名。

八 祖先崇拜理据

两汉专名外来词的命名是出于对民族祖先的相关认知，认为部族是某种自然物的后人而命名族名。如："犬夷、犬戎、狗轵"—狗种；"风夷"—风；"阳夷"—太阳；"白狼"—狼；"白马羌、白马氏"—白马；"玄夷"—玄鸟；"濊貊、貊耳、小水貊、秽貊、貊、濊貉、薉貉"—貊、貉；西南夷"越巂"—角马；匈奴国名"白羊"—白羊；"冉駹"—青马

九 类聚性合成理据

两汉专名外来词中类聚性合成理据一般表现出"语素义 + 种属类义"特征。词语构成突显了类义语素标记，语义具有类聚合成的特点。主要包括以下情形：

（1）外族部落类聚

"—夷"：方夷、风夷、玄夷、白夷、赤夷、黄夷、于夷、佻夷、戎夷、畎夷、犬夷、武陵蛮夷、阳夷

"—羌"：赤水羌、当阗羌、当煎羌、句就种羌、傅难种羌、湟中杂种羌、牢姐羌、广汉羌、卢水羌、罕羌、勒姐羌、累姐羌、南羌、耆羌、婼羌、烧何羌、烧当羌、武都羌、白马羌、乌吾羌、先零羌、彡姐羌、越巂羌

"—胡"：林胡、狐胡、东胡、卢水胡、湟中月氏胡、庐胡

"—氏/氐"：沈氐、白马氏、大月氏、乌氏、肃慎氏、义渠氏、月氏

"—戎"：犬戎、绳戎、畎戎、山戎

"—狄/翟"：北狄、伏狄、白翟

"—部"：桂娄部、顺奴部、绝奴部、灌奴部、消奴部

（2）国名类聚

"—国"：辰国、车师后城长国、车师山国、车师前国、车师都尉国、掸国、白马国、都元国、蒲类后国、渠类谷国、劫国、劫日国、难完国、三山国、黄支国、莎东国、山国、孙胡国、檀国、倭国、倭奴国、倭人国、乌耗国、乌贪国、已程不国、焉耆国、邑卢没国

"乌—"：乌孙、乌秅、乌弋、乌浒、乌揭、乌丸、乌氏、乌桓、乌吾羌、乌耗国、乌弋山离、乌贪国、乌贪訾离

（3）山名类聚

"—岭"：葱岭

"一山"：葱岭山、白狼山、白山、兜衔山、鸡秩山、弹汗山、卢山、沐楼山、天山、祁连山、涿邪山、稽落山、三木楼山、鲜卑山、乌桓山、狼居胥山、燕然山、焉耆山、焉支山、鄗耆山

（4）水名类聚

"一水"：卢水、妫水、诺水、姑且水、余吾水、弱水

"一海"：蒲类海、蒲昌海、和渠北鞮海、私渠比鞮海

"一河"：交河

"一渠"：鱍得渠

"一泽"：盐泽

（5）城名地名类聚

"一城"：贰师城、卑品城、贵山城、赤谷城、龙城、笼城、蓝氏城、蓝市城、宁弥城、南城、卢城、尉犁城、颓当城、危须城、循鲜城、温宿城、延城、乌秅城、员渠城

"一谷"：兑虚谷、车师柳谷、丹渠谷、鸟飞谷、番渠类谷、内咄谷、呼犍谷、蒲犁谷、疏榆谷、速邪乌、尉头谷、务涂谷、于娄谷、于大谷、伊和谷

"一堆"：白龙堆、龙堆

"一池"：氐池、滇池、乐越匿地

（6）官名类聚

"一长"：城长、什长、百长、千长、译长

"一王"：皋林王、肥王、夫渠王、股奴王、句林王、韩王、谷蠡王、汗鲁王、郝宿王、稽且王、呼衍王、狂王、裨小王、卢屠王、若苴王、蒲类王、峭王、酋涂王、东蒲类王、去胡来王、题王、西祁王、屠耆王、屯头王、速濮王、伊蠡王、右贤王、右苴王、于林阖顿王、于涂仇掸王、于骒仇掸王、致卢儿王、左贤王、子合王、祝都韩王

"一侯"：击胡侯、卢侯、辅国侯、辉渠侯、骨都侯

"一都尉"：击车师都尉、却胡都尉

"一者"：沛者、使者

"一大人"：乌桓大人

"一逐"：尸逐、日逐

（7）人名类聚

"mi"音类聚："一靡一"：且糜胥；"迷一、靡一"：迷吾、迷唐、靡忘；"一靡"：鸥靡、安犁靡、猎骄靡、雌栗靡、军须靡、翁归靡、难兜靡、伊秩靡、泥靡、星靡、元贵靡

"呼—"：呼征、呼毒尼、呼厨泉、呼完厨、呼屠吾斯、呼屠徵

"乌—"：乌延、乌维、乌禅幕、乌夷泠、乌夷当、乌师庐、乌就屠、乌鞮牙斯、乌达鞮侯

"滇—"：滇吾、滇良、滇岸

美好义意译名：成国、成、安国、安日、广德、丞德、大乐、万年、良儿、贤、兴、延

（8）封号类聚

"—若鞮"：搜谐若鞮、复株累若鞮、车牙若鞮、乌珠留若鞮

"—鞮"：壶衍鞮、且鞮侯、丘浮尤鞮、丘除车林鞮、握衍朐鞮、伊屠于闾鞮、伊伐于虑鞮

"—尸逐侯鞮"：湖邪尸逐侯鞮、胡邪尸逐侯鞮、亭独尸逐侯鞮、持至尸逐侯、万氏尸逐侯鞮、休兰尸逐侯鞮

"—尸逐就"：呼兰若尸逐就、屠特若尸逐就、伊陵尸逐就

"—尸逐鞮"：乌稽侯尸逐鞮、尸逐鞮、醯落尸逐鞮

"—居次"：当于居次、伊墨居次、须卜居次

"—阏氏"：氏宁胡阏氏、颛渠阏氏

根据我们的考察两汉非佛典专名外来词共计427条为有理据词语，占专名外来词总量的57.62%。这一数据表明两汉时期非佛典专名外来词的引进以理据性为主，反映出两汉时期的汉语词汇具备较高的理据性特征，这一词汇特点有利于汉语引进外来词时凸显汉语的表意优势。

每一种理据类型集合包含的成员数量不同，数量分布由多到少依次为：类聚性合成理据300条，占70.26%；关联性理据58条，占13.58%；方位空间理据27条，占6.32%；祖先崇拜理据19条，占4.45%；性状理据18条，占4.22%；颜色理据14条，占3.28%；结果理据5条，占1.17%；产物理据都是4条，各占0.94%；方式理据1条，占0.23%。

以上数据表明有理据专名外来词的类型分布中类聚性合成数量集中，表明汉语构词的组合规律比较明显，同类意义的词使用上位类名进行构词提高了汉语词汇引进的效率，符合语言的经济性原则。其他理据的数据分布表明两汉汉语世界的主体在引进外来词构词时符合人类认知的优先就近原则，空间域概念、外化性明显特征更易融于词汇的构词组合中，而需抽象提升的内在理据构词的数量相对较少，也反映出当时的语言主体的抽象思维相对较弱。具有祖先崇拜的理据特征词反映出社会的文化心理及自然物的神圣化特征。

第二节　专名理据特点分析

语言世界中的主体造词时可以选取事物的不同特征。既可以反映事物的内在本质特征，也可以显示事物的一般表象特征。虽然本质特征是事物的最重要内在，但造词时并不是唯一选择，所以词语理据挖掘出的命名规律既有事物的本质特征也包含一般特征。不同民族对所处的客观世界、生活环境的认识角度各有自身特点，所以词语理据具有一定的民族性。外来词的命名理据受民族性影响同样概念在不同语言中有不同的理据。

从上文分析可见两汉非佛典专名外来词以非音译词的理据为主，而专名外来词中的音译词理据为广义摹音理据，主要摹拟贷方词汇的源语音。外来词中的意译和混译词理据既表现出显性民族特征，也部分存在隐性特征。

一　显性民族特征

语言世界主体人的思想认识源于客观实际，所以有理据专名外来词以事物性状特征命名的为主，具有显性的汉语言民族特征。

（1）显性相关

两汉专名外来词关联理据中由已有名物名联想命名新质词语名称，并且其理据在于用既有名称关联新事物。这种类型下新质成员与关联理据一种可以构成概念的种属关系。如：由国名、族名得城名、山名、水名；由地名得水名等。一种可以构成词义的部分与整体关系，如：产物理据中"葱岭""陶涂""马韩""盐泽"等词中的产物语素是专名外来词整体中的部分。另外方位空间理据、颜色理据中根据地理方位、相对方向及事物外部色度得名的专名词条其显性特征也很明显。

两汉专名外来词理据的显性相关特点表明两汉先人由表及里的观察使得对客观事物和现象的认识在词语命名上表现出认知的直接感性，同时也显示出先民对客体世界切分的层次性和关联性。

（2）显性个体作用

两汉专名外来词的理据类型分布显示出汉民族先人个体在造词中的显性作用。如：由人名得族名类词条，因不同个体的突显作用进而以其命名所在族群；同时由姓名得官名、国名的理据类型也是个体显性作用的体现。

可见两汉专名外来词的理据既反映出汉语言引进外来词的断代特点，同时也有效地反映了共时层面上外来词的社会作用以及人们思维的理性发展。

二　隐性民族特征

两汉外来词专名词的理据分布类型在反映出显性民族性的同时，还有一定的隐性民族特征。

（1）思维抽象性

两汉时期汉民族与异域、异族语言的广泛多维接触，为汉语言词汇系统带来大量异质成员。韩淑红（2013）研究显示两汉词汇新质在语义分布上表现出明显的时代性。我们考察专名外来词理据后可发现其中的方式理据、形状理据以及类聚性合成理据反映出汉语言借进外来词时先民思维的抽象性特征。为了高效传递专名外来词的语义，单纯地借音不能满足汉语词汇系统对表意的要求。因此外来词的意译和混合译更符合汉语对语义深度理解以及思维抽象性的民族特点。

Lakoff 和 Johnson（1980）研究认为人类的概念系统基本是建立在本体隐喻基础上的。如"县度"本是描写"县绳而度"的行为，汉语则用其指一个外国专名。本体隐喻是通过联想将抽象概念投射到相关物质域中并具体化和明确化。两汉时期汉语中用这种抽象的意译思维方式既表达了词的所指，又传递了所指国的常态行为方式。另外专名外来词中的性状理据如"穿胸、跂踵、垓首、儋耳"等这一类都显示出汉语思维的抽象性民族特征，同时也体现出两汉汉语引进专名外来词遵循的经济求便原则。

（2）天人合一隐性文化观

语言与文化互融共生。不同民族不同时期的语言反映该民族相应时期的文化。对译异族语音的高频封号、人名语音透射出的外来异域文化信息具有明显的时代性和民族性，其中两汉专名外来词反映出了先民认知客观世界时具有天人合一的文化观。这种隐性的民族特点主要表现在具有祖先崇拜理据的词条中，如："犬戎""狗轵""玄鸟""白狼""风夷""阳夷"等一类的外族专名词用本族崇拜的自然物命名，将自然界客体、动物与族群名合为一体，传递出古人崇尚自然、信奉神灵的一种文化观。

在语言符号生成时符号的任意性和理据性共同发挥着作用。在语言符号能指与所指的结合时，任意性可以让组合具有无限可能及多种机会。在认知已完成的组合时，理据性可以解释语言事实的概念范畴及定型组合。所以任意性关注的是符号潜在的可能组合，理据性关注的是符号的现实生成具体方式。对两汉外来词理据的研究有利于发现共时语言词汇的深层组合特点，透过词汇表层发掘多维的深层意义，透视两汉时期先民的思维特征及隐性文化观。

第七章　两汉非佛典外来词的汉化研究

从古至今语言与社会发展关系密切。外来词在任何语言中都有时代性和民族性，其引入与政治经济、民族外交关系等社会不同方面密不可分。两汉时期因其历史客观因素影响，中原汉民族与西域诸国及周边民族往来频繁，因此为语言世界带来了大量异质词汇成员。我们对两汉外来词中的普通词进行了引进方式及其汉化途径的研究可发现断代汉语外来词词汇系统的相关特点。

第一节　外来词普通词引进方式考察

受历时因素影响及早期汉语共时语料的限制，两汉时期的非佛典外来词普通词一部分借鉴于已有研究成果查考于专科词典的源词，此部分已在前文完成语源考察，而另一部分则属于难以查证语源的。因此在参考源语词基础上，我们考察普通词外来词引进方式需根据词内的语素义隐显特征判定。词内所有语素义与词义基本无关联，语素组合后表示引进词义的一般为音译引进，可查到词语源词。外来词词内所有的语素本义或引申义完全或部分显现在词义内的一般为意译引进。词内部分语素义包含在外来词词义内的为混合译引进，即音译意译的混合。

以下为外来词普通词引进的主要方式情况。

一　音译引进方式

经考察两汉时期的外来词普通词中共有 159 条采用的是借音引进方式，包括对同一源词外来词语音的不同译借词形。其中一些外来词有源语词形式，但因外来词源语不断发展变化且古代外来语的资料基本无法查考，判断音译我们主要依据词内语素义的无理据性，这是研究古汉语无源语外来词引进方式的途径之一。

（一）音译方式的分布

两汉外来词采用音译方式引进的普通词如下：

安石　比余　比疏　帛叠　白叠　毕茇　寳嫁　搭檰　荅逻
玭瑠　毒冒　璹瑁　鞮　狄鞮　逗落　兜离　輴辒　服匿　符枝
符拔　扶拔　橄榄　诃黎勒　箛　琥珀　琥魄　虎魄　径路　駏驉
巨虚　距虚　岠虚　句决　鏤锡　駃騠　坎侯　箜篌　空侯　琅玕
荔支　荔枝　离支　留犁　瑠璃　琉璃　龙文　甂瓾　马瑙　玛瑙
玫瑰　苜蓿　目宿　区脱　瓯脱　批把　枇杷　蒲梢　蒲陶　蒲萄
葡萄　浦桃　蒲桃　濮竹　濮达　千岁子　青顿　琪琉　蛮蛮
邛邛　鸜鹆　鸲鹆　罴貓　若鞮　珊瑚　师子　狮子　牲牲　苏合
苏涂　毻毵　陶骎　騊駼　陶涂　桃拔　騠駼　倓　屠耆　橐佗
橐驼　橐它　驒騱　驒奚　无弋　犀毗　歙侯　翕侯　鲜卑　猩猩
胥纰　鹦鹉　羊羧　侏离　麈麠　觜觿　爒蠡

（二）音译方式的特点

在采用音译引进方式的普通词词条具有以下内部特点。

（1）双音节词占主流

采用音译方式词条的普通词占28.07%。从音译词词长上看，单音节音译词3条占2.86%；双音节音译词101条占96.19%；三音节1条音译词总数的0.95%。可见，音译外来普通词中双音节词长是主流，单音节及其他音节较少。

（2）同音异形特征突显

受语言时代性及汉语自身特点影响，两汉时期的音译外来词引进同一源语词时同音异形特征突显。其中同音指两汉共时的音同或音近，异形指借进的汉语外来词在词形上的多态化分布。这种特征主要表现为以下情况：

二形并存的28条，占40.58%。如："白叠、帛叠""荅逻、搭檰""玛瑙、马瑙""瓯脱、区脱""鸲鹆、鸜鹆""蛮蛮、邛邛""苜蓿、目宿""狮子、师子""批把、枇杷""騠駼、騊駼""驒奚、驒騱""兜离、侏离""翕侯、歙侯""猩猩、牲牲"。

三形并存的21条，占30.43%。如："虎魄、琥珀、琥魄""璹瑁、玭瑠、毒冒""空侯、箜篌、坎侯""荔枝、荔支、离支""陶骎、騊駼、陶涂""琉璃、瑠璃、琪琉""橐它、橐驼、橐佗"。

四形并存的 8 条，占 11.59%。如："駏驉、巨虚、距虚、岠虚""扶拔、符拔、符枝、桃拔"。

五形并存的 5 条，占 7.25%。如："比疏、比余、犀毗、鲜卑、胥纸"。

七形并存的 7 条，占 10.14%。如："蒲萄、蒲陶、葡萄、蒲桃、浦桃、濮达、濮竹"。

经考察统计，音译外来词中异形同音外来词共有 69 条，占音译普通词的 65.71%。其中同音两形数量最多，占同音异形词总量的 40.58%，同音最多的异形有 7 个。这种同音异形的分布情况，一方面反映出两汉引进异质词汇时受主体因素干扰较大，另一方面也反映出汉语同音字多的典型特点。音译引进的外来词所具有的词形多样态、语素异序并存及汉字构件表义的动态等都是外来词视角下的两汉词汇特征表现。

（3）叠音音译

两汉外来词借音引进的普通词中部分词采用了叠音译借方式，即用同一语素重叠组合后表达外来事物概念，如"蛩蛩、邛邛""牲牲、猩猩"。这类音译形式词用字不同，虽然数目不多但这是外来词普通词音译方式适应汉语双音化发展过程中的重要体现。

二　意译引进方式

意译引进方式的外来词主要侧重表意，从词的语音表层上一般难以找到译借痕迹。意译方式主要通过选用汉语已有语素翻译或其他民族外来语中的概念事物，达到弥补自身语言文化中的词汇空缺。所以我们判断意译外来词主要基于文献语料的梳理阅读，根据诸家注疏注释收集整理后进行分析考察。

（一）意译方式的分布

在所收两汉外来词普通词条中，采用意译引进方式的词条如下所示：

白草　白琯　白玉琯　白玉管　白环　白蠹　白蒬　白骆　白雉
白越　白犀　白鹏　白珠　班劙　班鱼　蚌珠　碧鸡　鼻饮
璧珠玑　编发　编结　长尾鸡　畅草　邑草　柽柳　垂棘　持衰
穿耳　翠鸟　翠羽　吹鞭　错臂　大狗　大栗　大雀　大鸟　大爵
刀鋋　雕题　雕脚　断发　独白草　贰师天马　贰师马　封牛
封狐　封橐驼　封兽　服刀　翡翠　共川　关头　贯头衣　贯头
果下马　光珠　汗血　汗血马　骇鸡犀　黑齿　黑鹏　黑盐

胡服　胡床　胡帐　胡笛　胡坐　胡马　胡麻　胡饼　胡椒　胡苽
胡桐　胡荽　胡桃　胡舞　怀风　光风　狐貉　缓耳　黄金涂　幻人
貙貂　貙子　火精　火毳　火浣布　罽褯　罽绣　罽㲲　罽毲
贾胡　缣布　㡀布　翦发　角端牛　江珠　金镂　金马　金缕　金人
金缕罽　轲虫　巨栗　孔雀　孔爵　魁头　楛矢　零羊　灵羊
流黄簟　镂体　龙眼　露紒　庐落　庐帐　骆驼　骡驴　驴骡
旄牛　旄毡　牦牛　髦牛　毛毳　连枝草　连环羁　蜜烛　鸣镝
绵布　明珠　明月珠　貃弓　貃兽　沐猴　木弓　木弓弩　髡发
髡头　能言鸟　被发　箄船　千里马　青玉　青碧　黥面　屈紒
石礜　石蜜　沙碛　麝香　生鲜　生犀　生翠　生犀牛　书革
兽居　蜀布　蜀枸酱　水牛　水精　水羊毛　水羊毳　袒跣　檀弓
同穴　天马　通犀　铜鼓　童牛　涂布　徒践　徒跣　魋结　駃騠
駼　文马　文甲　文身　文豹　五角羊　舞天　袰褐　犀　犀玉
犀牛　犀布　犀角　西极马　西极天马　西北极马　香罽　细布
象　象牙　象齿　小步马　项髻　熊子　眩人　夜光璧　驯象
驯禽　野马　迎鼓　鱼目　原羊　騟马　杂色绫　责祸　杖邛竹
毡裘　桢松　真珠　椎结　椎髻　椎头结　朱丹　珠玑　竹矢
竹漆　竹簟　竹杖　紫贝　诸香　劗发　左衽

（二）意译方式的特点

两汉非佛典外来词普通词中采用意译方式的 227 条，占普通词的 62.36%，是两汉时期外来词引进的主要手段。所考察的意译外来词具有以下内部特点。

1. **双音节分布优势突显**

意译普通词在音节分布上表现为：单音节词 3 条占 1.32%；双音节词 188 条占 82.82%；三音节词 33 条占 14.54%；四音节词 3 条占 1.32%。这些数据显示意译外来词的双音节分布优势明显，三音节词数量比音译词三音节增多。这也反映出两汉外来词的引进在音节层面上趋向汉语词汇的词长特点。

2. **表意方式多样性**

意译借进方式的外来词重在使用本民族原有的语言要素翻译外来词汇的概念。但翻译主体用自身语言的已有语素表达外来事物概念的手段会受语言断代共时特点即社会诸因素影响，在语言世界中最终得以保留在书面语言中的形式是研究外来词词汇系统共时特点的主要依据。通过考察，两汉时期的意译普通词表意方式具有多样性分布特点，主要包括以下几种情况：

（1）事物特征显化表意

意译词表意通过显示外国外族事物或外来概念的显著特征之一，意译其语义类义的事物名，二者组合为新的词位。属此类表意方式的普通词包括以下几种小类：

突显颜色特征的物名如："白玉琯、白草、白琯、白骆、白蜃、白犀、白鹇、白雉、白越、白珠""翠鸟、翠羽""黑鹇、黑齿、黑盐"等28条，占此类的 12.33%。

突显形状特征的物名如："班鱼、班鼠""椎髻、椎结、椎头结""文马、文豹、文甲、文身""孔雀、孔爵"等85条，占此类的 37.44%。

突显空间区域特征的物名如："西北极马、西极马、西极天马"。

突显原料或材料的物名如："竹矢、竹漆、竹簟、竹杖""石蜜、沙磺、石砮""绵布、蜜烛、楛矢""木弓弩、木弓"等。

突显产地的物名如："胡服、胡帐、胡笛、胡坐、胡麻、胡饼、胡筇、胡车、胡椒、胡桃、胡荽、胡舞""罽绣、罽毲、罽褥、罽衣、罽甤""水精、水牛、水羊毛、水羊氄、江珠""蜀枸酱、蜀布、貊弓"等34条，占此类的 14.98%。

突显功能特征的物名如："鸣镝、能言鸟、夜光壁、骇鸡犀"。

突显事物相关主体特征的物名如："贰师天马、贰师马"。

（2）部分意代指整体意

普通词中的意译词语素组合义并非是表层显性义。这类意译词在两汉文献语料中的实际所指是具有某特征的外族或某种外族文化。如"迎鼓、舞天、责祸""左衽、劗发、项髻、檀弓、袒跣、屈紒、黥面、被发、兽居、镂体、露紒、翦发、魁头、编结、共川、关头、贯头"等。

（3）异序语素组合表意

外来词普通词意译引进时，汉语语素的选择存在同素异序表意形式。如"骡驴"与"驴骡"。方一新（1996）认为这种构词特点先秦已经见到，但在汉代尤其是东汉文献中特别常见。[①] 所以两汉词汇中的"AB""BA"两式复音词的同素异序现象应该较为普遍，这种词汇共时特点影响外来意译词构词方式虽然数量较少，但是不可避免的。

---

① 方一新：《东汉语料与词汇史研究刍议》，《中国语文》1996 年第 2 期。

3. 表意方式的认知特点

以上意译外来词表意方式的分布情况表明汉语早期外来词的译借词倾向于选用汉语已有的语素材料传递外来事物概念。具有不同特征的意译表意方式反映出了两汉先民的认知思维民族性之一在于用意译语素组合传递概念特征，其中突显事物表象特征如"形状、颜色"的语素组合表意方式占比较大，其次是突显"原料、产地、功能"等显著度略低特征的表意方式。因此突显事物不同特征对外来词的引进方式有一定影响，汉语言世界的主体在意译时一般选择显著度大的特征表意。这反映出了语言世界主体更易注意到事物概念较突出、易理解的不同属性特征，思维认知中突显原则的体现。

意译词用部分代指整体其中的部分是某外族文化中的特征，但这类词的借进并不只是为引进某民族的独特文化，还包括通过局部特征指代外族整体。这种译借具有认知模式上的跨域特点。另外，异序表意方式则显示出了先民认知思维特征的模糊性。可见，语言具有一定的共时特点，而思维内在的认知方式受时代性影响则较小。

（三）混合译引进方式

外来词混合译的引进方式是音译和意译两种方式的结合。经考察两汉外来词普通词中，有 39 条采用的是混合译占普通词的 10.43%。包括如下：

安息雀　安石榴　璧流离　白叠布　㯡僮　摞蒱　罽衣　胡车　賨布
渾酪　重酪　荅布　苔布　大宛马　大马爵　儋耳　蹛林　都布
颠歌　胡空侯　柀桹木　枸酱　兰干细布　乾河马　蒲陶酒
轻毛氉鸡　羌笛　穹庐　邛竹杖　邛笼　肃慎矢　苏合香　乌孙马
榻布　髇箭　宛马　莋马　条支大雀　樏蒱

混合译外来词中的语素至少一个是汉语已有的，在构词中一般表达词义的核心义素，传递外来概念的必要信息。同时，混合译外来词也包含语音外来色彩语素，但由于两汉语音的演变，一些外来词的源语已难以查考。

对混合译借音的判断我们主要基于广义外来词标准，经考察混译词包括以下四种：

（1）音译外来地名、国名、族名 + 意译物名　　如：安石榴①、安息雀、<u>宛</u>马、大<u>宛</u>马、条支大雀、<u>乌孙</u>马、<u>肃慎</u>矢、<u>胡</u>空侯、<u>胡</u>车、邛竹杖、邛笼等。借音语素主要译借外来事物所在地域，明确某事物是某地域所有，传递表意事物的来源地。

（2）音译外来物名 + 汉语类语素　　如：<u>白叠</u>布、<u>寳</u>布、<u>湩</u>酪、<u>重</u>酪、<u>筓</u>布、<u>都</u>布、<u>荅</u>布、<u>苏合</u>香、<u>桃榔</u>木、<u>榻</u>布等。这类外来词并用音译意译来表达外来事物，传递事物的类义同时传递事物源语语音，受时代语音影响汉语语素变体较多。

（3）音译外来物名 + 相关物名：<u>枸</u>酱、<u>蒲陶</u>酒

（4）音译外来物名 + 事物特征：轻毛<u>氄</u>鸡、璧流离

采用音意兼备方式翻译引进外来概念的外来词在数量上不如只用一种手段引得多，但这一引进方式对两汉词汇系统的影响比较明显。首先表现在对词汇词长上。混合译外来词的词长三音节 14 条占 35.9%；四音节 3 条占 7.69%。在数量和比例上都超出了外来词普通词中音译和意译词相同词长的词。可见，混合译方式外来词具有推动汉语词汇系统复音化的作用。另外，混合译引进方式的外来词既在传递外来文化时体现了汉语言的自身特点，又用语言的已有材料表现了外来语言的异域色彩，丰富了汉语造词和构词的模式。

第二节　外来词的汉化途径

语流中两个不同的邻近音，一个受另一个影响而变成跟它相同或相近的音。在语言学中这种语流音变也称同化。吴丽坤（2009）研究指出借用的词汇在书写、语音、词汇语法上最大限度接近目标语言规范同化。可见语言接触的产物外来词是任何语言在借进时需关注的问题，即同化还是异化。其中在汉语上的外来词同化即外来词的汉化，是汉语引进其他语言中的外来概念本土化的过程和途径。

外来词汉化研究从历时角度可关注个体词本土化方式，从断代层面可研究外来词汇系统的共时汉化途径。以下我们兼顾专名以两汉外来词普通词为主对其汉化途径加以考察，探讨汉语引进异质成员的总体特点，揭示共时外来词汉化特点。

---

① 音译部分画线，下同。

据上文研究可见两汉外来词普通词主要有音译、意译和混合译三种引进方式。经考察进入汉语后的这类外来词表现出了语音汉化、语义汉化和词形汉化的三种途径。

一 语音汉化

音译译借方式的本土化即语音汉化。这种汉化主要在于用两汉语言的语音替代外族语言的语音。由于译者主体性干扰和异质语言语音的差异，语音无法实现完全对等同化，因此语音汉化以语音趋同或趋近为主，音节表现出双音节趋向。

（一）语音趋同或趋近

两汉的音译外来词的语音汉化情况分布如下：

serbi 音译为"胥纰、犀毗、师比、鲜卑"，其上古语音分别为①：

胥：鱼·心·平；纰：脂·滂·平；犀：脂·心·平；毗：脂·並·平；师：脂·生·平；比：脂·滂·上；鲜：元·心·平；卑：支·帮·平

dada 音译为"驼、橐驼、橐佗、橐它、駞驼"。

驼（无）；橐：铎·透·入；佗：歌·透·平

它：歌·透·平；駞（无）；骆：铎·来·入

qobuz，qūpūz 音译为"空侯、坎侯、箜篌"。

空、箜：东·溪·平；坎：谈·溪·上；侯、篌：侯·匣·平

Tura 音译为"鹿蠡、谷蠡"。鹿：屋·来·入；谷：屋·见·入；蠡：支·来·上

yaqci，zaqci 音译为"鞮若、鞮"。鞮：支·端·平；若：铎·日·入

yabɤu 音译为"翕侯、叶护、歙侯"。翕、歙：缉·晓·入；侯：侯·匣·平；护（无）；叶：叶·喻·入

incu 音译为"狼干、琅玕"。狼、琅：阳·来·平；干、玕：元·见·平

tāptān，tāpetān 音译为"甗甊、甀觙、甀甋、毕甊"。

甗甊：无；甊：侯·来·平；曷：月·匣·平

甀觙：无；瞿：鱼·群·平；甀甋：无；"甀"左部分字：叶·透·

---

① 汉字后顺序分别是：韵部·声纽·声调，下同；参考唐作藩《上古音手册》，江苏人民出版社1982年版。

入；登：蒸·端·平；毕甃：无；比：脂·滂·上；癸：月·端·入

pambak dip 音译为"白叠、榻布、帛叠、答布、苔布、都布"。

　　白、帛：铎·并·入；榻、叠：叶·定·入；答、苔：缉·端·入；

都：雨·端·平；布：雨·帮·去

babgha, babbagha 音译为"鹦鹩、鸱鹩"。鹦：无；鹩：屋·喻·平；

鸱：侯·群·平

　　arsak 音译为"安石榴"。榴：无；留：幽·来·平

koswi, koswi, goswi 音译为"胡荽"。荽：无；妥：歌·透·上

kūksùk, buxùsux, bùxsuk 音译为"目宿、苜蓿"。

　　苜、蓿：无；目：觉·明·入；宿：觉·心·入

　　径—耕·见·去；路—铎·来·入；轻—耕·溪·平；吕—鱼·
来·上

　　从这些音译词的上古音情况可见，两汉时期对同一个外来词的音译完全等音对译的较少，大多数音译的不同形式一般为声母、韵母的相同或相近为主，声调上的差异外来词引进几乎不影响。另外，在考察音译词的不同上古音时发现，一些译借词形用字在《上古音手册》中未收录。此类词我们在后文词形的表意方式中研究。

　　（二）双音节的主流化

　　随着两汉社会生活的丰富，主体世界认知思维的变化，语言世界中占统治地位的单音节词汇已难以满足生活发展的需要。大量已有研究表明，两汉汉语已向双音词发展。如《左传》中的复音词有 284 个[1]，而《论衡》中的复音词则有 2341 个。[2] 可见汉代词汇系统的双音化呈明显递增发展趋势，这种递进状态也反映在外来词系统上。

　　据我们的考察两汉采用音译方式的外来词普通词占 28.07%。从音译词词长的分布上看，单音节 3 条占 2.86%；双音节 101 条占 96.19%；三音节 1 条占 0.95%。可见，双音节词长的音译普通词占据绝对主流。从意译普通词音节分布上看，单音节 3 条占 1.27%；双音节 201 条占 85.17%；三音节 33 条占 13.98%；四音节 5 条占 2.12%。数据表明意译外来词在音节上仍是双音化占优势。叠音译借方式的外来词普通词，如"猩猩、牲牲、蛮蛮、邛邛"也是外来词适应汉语双音化发展的体现。

　　另外，外来词普通词的平均词长 2.15，既说明了汉语词汇音节复音

---

①　陈克炯：《〈左传〉复音词初探》，《华中师范学院学报》1978 年第 4 期。

②　程湘清：《〈论衡〉复音词研究》，《两汉汉语研究》，山东教育出版社 1985 年版。

化的趋向，也显示出双音节的主流地位。

（三）语义汉化趋势

任何一种语言在引进吸收异族语言时多以自身语言习惯改造外来词。汉语在借进外来语过程中同样按汉族心理、思维习惯及语言规范同化外来词。两汉外来词中的音译词是异域语言语音经过改造后的汉字记音形式，而意译、混合译外来词则是语义汉化后的外来语改造。

1. 广义历时语义汉化

杨振兰（1989）认为外来词的汉化涉及共时和历时两方面。既包括引入外来词时的加工改造，也包括语言长期运用中外来词与汉语系统的逐渐渗透融合。从历时层面看，两汉外来词中的普通词经汉语两千多年的汉化，大部分已失去原有的外来色彩，在现代汉语中不作外来词看待，有些已在语义上成为能产性强的构词语素。如："胡"，原是匈奴人 Huns 的自称，"东胡、狐胡、湟中月氏胡、林胡、卢水胡、庐胡"等为北方的外族名，借进汉语后还泛指非中原民族的东西方外族。"胡服、胡帐、胡床、胡笛、胡坐、胡麻、胡马、胡饼、胡笳、胡车、胡椒、胡桐、胡桃、胡荽"① 等则是借自匈奴的名物词。

现代汉语时期"胡"发展演变出新的语素义。不单纯指来自匈奴而用以泛指来自其他外族的事物，像"胡桃、胡琴、胡萝卜、胡椒、胡茄"等已不再有两汉时的外来身份，成为汉语常用词汇成员。同时，因汉族对少数民族存有的偏见"胡"引申出"随性而来、蛮不讲理"的新义位，从而产生出"胡闹、胡扯、胡说八道、胡言乱语、胡作非为、胡诌、胡搅蛮缠、胡思乱想"等语词。另外，"胡琴"简缩成的语素"胡"既可表实体义，也用来指代一类中国民族乐器，如"京胡、二胡、高胡、板胡、南胡"等。

可见，两汉外来词"胡"历经两千多年的汉化过程已逐步成为汉语的构词语素，语义逐步扩大的同时衍生出了新色彩义。

2. 广义共时语义汉化

从外来词词汇史角度上"胡"的历时汉化是个案词长期演变的结果。而共时层面上的语义汉化首先是引进同一外来概念时汉语选取的译借方式差异。

外来词普通词的译借方式中意译词 227 条，占 62.36%。混合译词 39

---

① 文中"胡—"类词我们基于共时层面广义外来词的特点界定为外来词，不宜与现代汉语的标准对照。

条，占 10.71%。二者共占 72.8%，数量是音译方式外来词的两倍多。可见两汉外来词呈广义上的语义汉化趋势，单纯借进异域语言语音形式不符合汉语构词表意为主的特点。

两汉外来词引进同一外来概念时因不同译借方式存在不同变体，但以表意为主。对引进的同一空缺概念进行词频对比可有效反映出两汉外来词汉化的选择方式。以下是外来词变体词频的考察情形①：

（1）音译意译并存的词频差异

引进同一外来概念时采用音译和意译两种方式的有 18 条，占普通词的 4.81%。可见两种译借并存的外来词数量不多，其中的词频差异一是意译词高于音译词。如：安石榴 3［安石 1］；二是音译词高于意译词。如：琉璃 29［璧流离 2］；苜蓿 13［连枝草 2］；玳瑁 42［文甲 4］；琅玕 24［真珠 17］；橐驼 25［封牛 13］；鹦鹉 26［能言鸟 4、驯禽 1］；湩 12［重酪 1、湩酪 1］。

（2）意译方式中的词频差异

引进同一外来概念时采用了不同的意译方式，这类普通词外来词多有变体。其词频差异如下：

一是表明上位概念义的意译词词频较高，如：细布 21［水羊毛 1、水羊毳 1］；火浣布 7［火毳 2］。二是表明核心义素的意译词词频高于表达其他义素的词频，如：能言鸟 4［驯禽 1］；汗血马 12［大宛马 4］；穹庐 26［毡帐 1］；水牛 12［吴牛 4］；光珠 5［江珠 2、蚌珠 1］；旄牛 33［童牛 5］；鸣镝 22［髇箭 3］；天马 75［宛马 18］。

（3）音译方式的词频差异

引进同一外来概念时采用了音译方式的普通词词频差异表现出词形的不同区分。一是传递词义的译借词形词频高于非完全显义词形词频，如：瑇瑁 13［毒冒 6］；玛瑙 3［马瑙 2］；荔枝 12［离支 7］；駒騟 25［陶涂 3］；侏离 6［兜离 4］。二是同形符字译借词形词频高于非同形词词频，如：琅玕 24［狼干 2］；琥珀 10［琥魄 1］；騼騟 7［騼騤 2、陶騄 1］。

（4）不同词长词频差异

引进同一外来概念时采用方式的词长词频差异，其中双音节词词频高于多音节词频的比较突显。如：枸酱 8［蜀枸酱 2］；金缕 8［金缕罽 1］；楛矢 15［肃慎矢 3］；竹簟 4［流黄簟 1］；木弓 11［木弓弩 3］；珠玑 42［璧珠玑 1］；明珠 48［明月珠 18］；竹杖 17［邛竹杖 7、杖邛竹 1］；细

_____

① 词后数字为词条在语料库中经人工干预后的词频数据。

布 21［水羊毳 1、水羊毛 1］；鹦鹉 26［能言鸟 4］；火齐 9［火齐珠 2］；白叠 7［白叠布 1］；琉璃 29［璧流离 2］；天马 75［汗血马 12、大宛马 4］；椎结 13［椎头结 2］；空侯 13［胡空侯 1］；生犀 13［生犀牛 2］；犀毗 8［黄金犀毗 3］；橐驼 25［封橐驼 1］；大雀 18［条支大雀 3、安息雀 3］；大爵 6［大马爵 1］。

同一外来词的不同译借形式的词频差异表明两汉时期三音节及以上形式还属词汇的新形式，在汉语词汇复音化的进程中，双音化在两汉时期表现比较明显。外来词在符合主流趋势的同时，多音化的频率尽管较低但在词汇多音化的历时过程中其作用不可忽视。如：乌孙马 5［西极天马 2、西北极马 1］；贰师马 2［贰师天马 1］。

（四）字形汉化

外来词的汉化以意译为主这与汉字表意为主的特点相关。混合译是音译和意译的结合，用汉字语音译借外来词形式的同时最终目的是传递外来词语义。而单纯借音的早期音译外来词是否也表意是值得研究关注的问题之一。我们对两汉外来词中的音译普通词进行考察后认为汉语主要通过字形选择对音译词汉化。

音译外来词的单字一般只作为音节符号来最大化替换源语语音的，但两汉音译词为适应汉字表意的本质特点，外来词不同变体利用单字选择实现了竞争共存，形成了表意发展的态势。这类字形汉化主要包括以下特点：

（1）语素字形语义度增加

汉字的意符具有一定的表意性。外来词通过增加字符的表意性增加了音译词语义的显著度，特别是用来表达词的类义。我们对异形变体词条进行对比后发现音译普通词中包括以下情形：

通过增加或改变音译词用字字符为"木""竹""艹"表植物类义。如：荅遝 2［楈棪 1］[1]；荔支 18［荔枝 12］；箜篌 37［空侯 13］；苜蓿 13［目宿 5］；蒲陶 22［蒲萄 9、蒲桃 3、葡萄 4、浦桃 1］。

通过增加或改变音译词用字字符为"王"表与玉石相关类义。如：白玉琯 7［白玉管 1］；瑇瑁 13［毒冒 6］；玛瑙 3［马瑙 2］；琅玕 24［狼干 2］；虎魄 17［琥珀 10、琥魄 1］；琉璃 29［瑠璃 1、琪琉 1、璧流离 2］。

通过增加或改变音译词用字字符为"马""犭""鸟"表动物类语

----
① 词中画线部分的汉字为字形汉化。

义。如：驒騱 7 [驒騱 2]；駏驉 25 [陶涂 3、陶駼 1]；猕猴 25 [沐猴 21、弥猴 8]；师子 94 [狮子 4]；橐驼 25 [橐佗 7、橐它 5]；鸲鹆 41 [鸜鹆 19]。

通过增加"髟"符表示与毛发相关类义。如：椎结 13 [椎髻 1]。

通过增加"瓦""广"符表音译词与建筑物相关类义。如：瓯脱 14 [区脱 7]。

通过增加"氵"符表音译词的液体类义。如：重酪 1 [湩酪 1]。

通过增加"亻"符表音译词与人相关。如：侏离 6 [兜离 4]；僬侥 25 [焦侥 7]。

以上外来音译词通过增加或改变字符提高了音译词的语义显著度，实现了借音外来词在词形上的字符汉化。根据我们的词频调查，有表意字符的词形词频并不都是同一外来概念译词中的最大值。这种分布情况表明音译词的用字一方面主观性较强，语言主体世界选择字符动态性较大。另一方面通过增加或改变音译词用字字符也表现出高频性，这一现象反映出两汉外来词在汉化过程中，利用加大汉字字符的表类义功能可更有效传递音译词的类义。

（2）造字表意

汉字的表意性要求字符、部件的结构组合形式与意义相关，"形"与"义"的合理结合是汉字构字的核心，这种普遍的汉民族语言认知思维和心理在音译词上同样有所体现。因此，纯音译外来词一般会被汉语言世界改造为表意突显形式。如"鹦鹉"和"能言鸟"等一类采用音译词、意译词并存形式；如"白叠"与"白叠布"等一类增加音译词所指的类属语素或特征等，音译词、混合译词并存。另外，利用汉字表意特点"据义构形"达到一举两得的造字效果。以下我们是对音译词中"据义构形"的考察。

我们参照《上古音手册》查考了"毙毵、骶鼥、氉氋、氌氃"这些外来词中的语素字，结果表明上古时期无这些字，因此也没有这些词。而去掉这些语素字右边部件后的字均有记录。

比：脂·滂·上；毲：月·端·入；"氉"左部分字：葉·透·入；登：蒸·端·平；娄：侯·来·平；曷—月·匣·平；瞿：鱼·群·平；俞：侯·喻·平

这种情形表明随着两汉外来词的引进，汉语利用原有的汉字字形来表音，通过增加形符"毛"表示相关音译词语义进而构造产生了新字新词。

另外汉语通过变"形"增加音译词的表意性，使外来概念由"隐"

转"显"，利用汉字的形义结合特点实现音译词的汉化。如："胡荽"中的语素字"荽"，"安石榴"中的语素字"榴"，"榙褑"中的语素字"榙""褑"。上古时期有"妥—歌·透·上""留—幽·来·平""荅—缉·端·入"和"遝—缉·定·入"，为表达音译词的相关类义而变形产生了"荽""榴"字。

这类字的构造既增加了新进词的表意透明度，同时又提高了汉字的经济性，在已有字形基础上增加表意形符，便于主体世界在已有概念框架中链接新的节点，同时不增加汉字使用负担，加大了汉字表新词新意的能产性。

（3）表意形符的不定性

音译词借助汉字字符的表类义功能实现了外来词的汉化，使外来词字符表意的分散性走向整合。但因受汉语自身特点和主观因素影响，在用形符表意传递外来概念时，音译用字或表意形符存在不定性情况。如：鳞得4［鱗得3］；笪马5［莋马2］；东鞮4［东鯷4］；猩猩19［狌狌15、牲牲1］；枇杷16［批把2］；旄牛33［氂牛1］；紕6［毲毰1、毦1］。

以上外来词用字中的画线部分存在形符表意不定性特点，但用不同形符字的词频也反映出了外来词的逐渐普遍化。随着融入汉语程度的加深，表意形符逐渐趋向定型。异形外来词受历时演变的影响，最终汉化的词形是汉语词汇语义系统和语用表达共同筛选后的结果。

二　汉化不是外来词唯一的选择

外来词的汉化过程是汉语接受改造外来词的过程。通过语音、音节、词形、共时语义、译借方式等主流汉化途径，两汉外来词也存在相异的暗流。也就是说外来词在汉化的同时，也保留下来了一些外来词的自身特色。主要包括以下情形：

（1）同一外来概念的音译词词频高于意译或混合译词频

汉化主流中同一外来概念一般是意译方式词频较高，而"苜蓿13［连枝草2］；白叠7［白叠布1］；鹦鹉26［驯禽1、能言鸟4］；湩12［湩酪1、重酪1］；白叠7［答布6、都布4、榻布2、荅布2］"这些外来词中的音译词词频都高于意译或混合译词频。

（2）字形具有表义性的词频反低

音译词利用汉字表意特点进行用字改造，具有表意性的词一般更易被接受，词频一般较高。但如："荔支18［荔枝12、离支7］；师子94［狮子4］；虎魄17［琥珀10、琥魄1］"这些的词频分布并非如此。高频词的字形因简化原则优先条件便于书写而出现频率高于表意形符用字情况。

（3）三音节词词频高于双音节

音节汉化主流表现为双音节优势。但如"白龙堆 13［龙堆 13］；白玉瑁 7［白环 5、白瑁 2］"等则是三音节词的词频较高。尽管这种情形不多，但也反映出外来词多音节分布对汉语音节多音化趋势的催化作用。王力（1957）研究指出"即使语音不简化，也不吸收外来语，汉语也会逐渐走上复音化的道路的，因为这是汉语发展的内部规律之一。不过，由于有了这个重要因素，汉语复音化的速度加快了"①。

以上两汉外来词的非汉化情形表明一种语言在引进吸收外来词汇的过程中，多渠道改造同化外来词的同时也会受到外族语言的反作用。因此，两汉外来词中存在的非主流表现是语言接触引进的必然结果，也为借方语言的词汇系统增添了造词新动力。

---

① 王力：《汉语史稿》，中华书局 1980 年版，第 343 页。

第八章　两汉文献中的外来词对比分析

汉语史上汉籍文献众多，两汉时期中的典型代表文献是《史记》与《汉书》。通史《史记》与断代史《汉书》重合记载了公元前206年到公元前101年的这段历史。整体而言《史记》的语言通俗性强，《汉书》语言庄典。学界对二者从语言要素方面的研究成果较多，但集中全面考察文献中的外来词的较少。以下我们面向两部文献中共同记载的部分，从外来词角度对比分析《史记》《汉书》中相关内容，考察两汉代表文献中外来词的使用情况及特点。

第一节　《史记》《汉书》中外来词差异分析

我们以界选词条为框架，重点考察两部文献中源概念相同的词条，探求广义视角下的外来词在《史记》《汉书》中存在的异同及特点。

一　用字繁简差异

以下我们对部分外国国名、族名、人名、物品名等用字情况进行对比分析。

（一）《史记》倾向简　《汉书》倾向繁

通过大量的语料筛选及整理分析可见在外来词用字方面《汉书》总体上较烦琐，《史记》则较简化。主要表现如下：

（1）族名的用字

两汉时期与匈奴的对外关系是当时的大事，因此语言中涉及的外族名比较多，两部书对族名的使用情况如下：

史书记录的"匈奴"有多种专名，两部文献共同使用的有"淳维、山戎"，另还使用其他变体。《汉书》多用字形较繁的"薰粥"，《史记》则用相对较简的"荤粥"。如：

方今四夷宾服，……北无薰粥冒顿之患。(《汉书·卷八十五·列传第五十五》2564)①

北逐荤粥。《史记·卷一·本纪第一》9②

(2) 国名的用字

两汉外来词中专有国名数量众多，在国名的记载上，两部书的用字同样存在繁简差异。

对西域几个国名的记载，《汉书》用"丁零""浑窳""隔昆"，《史记》则用的是"丁灵""浑庾""鬲昆"。如：

后北服浑窳、屈射、丁零、隔昆、龙新犂之国。《汉书·卷九十四上·列传第六十四上》2777

后北服浑庾、屈射、丁灵、鬲昆、薪犂之国。《史记·卷一一十·匈奴列传第五十》6559

《汉书》中外来国名用字字形较繁，并且出现增字情形。如"薪犂"名后增加了"龙"字，"犁"也增加了字符"艹"。

(3) 人名的用字

两汉外来词中借进了大量的外族、外国人名。其中《汉书》与《史记》在记载匈奴乌维单于立十岁死后，其子立为单于时，对乌维单于之子的记录《汉书》用的是"詹"字，《史记》用的是"乌"字，二字属古音同音字，但字构形差异较大。如：

乌维单于立十岁死，子詹师庐立。《汉书·卷九十四上·匈奴传第六十四上》2792

乌维单于立十岁而死，子乌师庐立为单于。《史记·卷一一十·匈奴列传第五十》6616

(4) 事物名词的用字

在两汉大量引进的外来词中，异域中的物品名数量较多，其中引进了

---

① (东汉) 班固：《汉书》，中华书局 1999 年版。数字为书中页码，后文格式、语例出处同，后文不再一一注释。

② (西汉) 司马迁：《史记》，韩兆琦译注，中华书局 2010 年版。数字为书中页码，后文语例、出处同，后文不再一一注释。

表"辫发的金属饰品"这一外来事物词。如：

服绣袷绮衣、长襦、锦袍各一，比疏一。《汉书·卷九十四上·匈奴传第六十四上》2781

服绣袷绮衣、绣袷长襦、锦袷袍各一，比余一。《史记·卷一一十·匈奴列传第五十》6570

由以上几种外来词用字对比分析可见《史记》《汉书》对同一外来概念的用字，前者用字较简，后者较繁。

（二）同一词用字不一致

对同一外来概念的引进，《史记》《汉书》在用字上除总体的简繁差异外，两部书均存在同一词的用字不一致情形，对同一事物既用繁字也用简字。如：

幽王无道，为犬戎所败。《汉书·卷二十五上·志第五上》996

废后之父申侯与缯西畎戎共攻杀幽王。《汉书·卷二七下之上·志第七下之上》1187

周避犬戎难，东徙雒邑。《史记·卷五·本纪第五》349

周幽王无道，犬戎杀幽王。《史记·卷三九·世家第九》2949

对少数民族的专名《汉书》使用的是"畎戎""犬戎"两种字形，而《史记》没有用"畎戎"。

另如，山名"焉支山"《汉书》和《史记》都使用了，但《汉书》也用了另一字形较繁的"焉耆山"，如：

汉使骠骑将军……，过焉支山千余里。《史记·卷一一十·匈奴列传第五十》6598

转战六日，过焉支山千有余里。《汉书·卷五十五·列传第二十五》1886

汉使票骑将军……，过焉耆山千余里。《汉书·卷九十四上·匈奴列传第六十四上》2788

从以上两部文献中的这些用字上来看，《汉书》中外来词的用字字形相对于《史记》较繁。但两部文献中共同记载的内容外来词用字也有相

反情形。如:

> 远者千余里,筑城郭列亭至庐朐。《史记·卷一一十·匈奴列传第五十》6619
>
> 远者千里,筑城障列亭至卢朐。《汉书·卷九十四上·匈奴传第六十四上》2793
>
> 呴犁湖单于立一岁死。 《史记·卷一一十·匈奴列传第五十》6620
>
> 匈奴乃立其季父乌维单于弟右贤王句黎湖为单于。《汉书·卷九十四上·匈奴传第六十四上》2792

以上用例中,《史记》用的是"庐朐"与"呴犁湖",《汉书》用的是"卢朐"与"句黎湖"。其中的用字"庐""呴"相比"卢""句"字形略繁,都分别增加了部首。

二 高频字个案对比

两汉外来词中"黎"与"犁"属常用字。通过对比"黎"与"犁"的用字情况分析可发现两汉时期外来词的字形特点。如对匈奴首领的称号,《史记》中用的是"呴犁湖单于",《汉书》中用的是"句黎湖为单于"。以下我们考察其具体使用情况。

(一)均用"黎"

在《史记》《汉书》中均用"黎"字的外来词如"黎轩""尉黎"。例如:

> 北有奄蔡、黎轩。《史记·卷一二三·大宛列传第六十三》7284
>
> 观汉广大,以大鸟卵及黎轩眩人献于汉。《汉书·卷六十一·列传第三十一》2041
>
> 因益发使抵安息、奄蔡、黎轩、条枝、身毒国。《史记·卷一二三·大宛列传第六三》7301
>
> 使领西域,常居焉耆、危须、尉黎间。《汉书·卷九十六上·西域传第六十六上》2856

(二)《汉书》中用外来词"犁"

在《汉书》中的外来词用"犁"的词包括"撑犁孤涂单于、乌犁靡、车犁单于、唯犁、蒲犁、渠犁、蒲犁国、蒲犁谷"等，如：

> 其国称之日"撑犁孤涂单于"。匈奴谓天为"撑犁"。《汉书·卷九十四上·匈奴传第六十四上》2777
>
> 小昆弥乌犁靡者，末振将兄子也。《史记·卷七十·匈奴列传第四十》2275
>
> 右奥鞬王闻之，即自立为车犁单于。《汉书·卷九十四下·匈奴传第六十四下》2805
>
> 西方呼揭王来与唯犁当户谋。《汉书·卷九十四下·匈奴传第六十四下》2805
>
> 北与子合、蒲犁，西与难兜接。《汉书·卷九十六上·西域传第六十六上》2862
>
> 而轮台、渠犁皆有田卒数百人。《汉书·卷九十六上·西域传第六十六上》2856

从以上语例可见《史记》《汉书》中对同音字"黎""犁"外来词的使用并不一致。从词频上《汉书》中的外来词用"犁"字多于"黎"字，《史记》中二字相差不明显。这种"黎""犁"混用的情形主要在于单音节汉字存在大量音同形不同字符，容易造成交叉使用。同时表明两字在表意上可能存在义位相近而造成语言使用者的混用。

（三）"黎""犁"义位考察

为厘清这种现象，考察"黎""犁"的义位演变有助于解释这一问题。通过调查发现"黎""犁"在先秦文献中的使用频率较高，分析二者的语言事实后可见其义位具有以下情形。

（1）共用义位

二者在以下义位上是相通共用的。如：

①用于地名。

> 败莒师于犁获莒挐。《春秋公羊传·僖公》①
> 淮南有州黎丘。《尔雅·释丘》
> 踰陇堆兮渡漠，过桂车兮合黎。《楚辞·卷十七·九思》

---

① 语例均出自汉文籍语料库，下文同。

②用于人名、神名。

> 晋人执宋行人乐祁犁。《春秋公羊传·定公》
> 有神，人面兽身，名曰犁（需鬼）之尸。《山海经·海经新释卷九》

③表颜色，"黎、犁"与"黧"同。

> 形容枯槁，面目犁黑。《战国策·卷三》
> 子谓仲弓曰："犁牛之子骍且角，虽欲勿用，山川其舍诸？"《论语卷三·雍也第六》
> 官为司空，以通水潦，颜色黎黑。《吕氏春秋·行论》

以上三个义位"黎"与"犁"相通，属同音同义字，字形不区分字义。表示颜色"黑"义时与"黧"相同，而增加义符的"黧"表意度最高。

（2）先秦时期的义位

在先秦时"黎"与"犁"除了通用外，也有各自的独有义位。

"黎"的其他义位包括：

①众。

> 何条放致罚，而黎服大说？《楚辞·卷三·天问》
> 群黎百姓。《毛诗·小雅》
> 黎、庶、烝、多、丑、师、旅，众也。《尔雅·释诂》

②官名，由人名引申。

> 且重、黎之后也，夫黎为高辛氏火正。《国语·卷第十六》
> 颛顼氏之子曰黎为祝融，共工氏之子曰勾龙为后土，此五者，各以其所能业为官职。《孔子家语·卷第六》
> 周书所谓重、黎寔使天地不通者，何也？《国语·卷第十八》

"犁"的其他义位包括：

③表工具，与"耒"同。

于是乎取犁及辕。《春秋左氏传·哀公》

今君躬犁垦田，耕发草土，得其谷矣。《管子·轻重甲第八十》

罔罟之所布，耒耨之所刺。《庄子集解·卷三》

并且"犁"由"工具"义引申出与其相关新词"犁然"，如：

木声与人声，犁然有当于人心。《庄子集解·卷五》

④用于族名。

正北空同……犧犁、其龙、东胡，请令以橐驼……良弓为献。《全上古三代文·卷一》

⑤同"藜"。

毋百，以亢疾犁、壁，皆可善方。《墨子·卷十四》

为疾犁投，长二尺五寸，大二围以上。《墨子·城守》

例句中的"疾犁"即"蒺藜"，为植物名。

由上可见，先秦时期"犁"与"黎"存在使用广泛的通用义位。这种字形不同的用字具有便捷经济特点，但同时也易造成表意模糊。为增加汉字表意的透明度，也就产生了如"耒、黧、藜"其他同音字。为了进一步精确表意，"犁"与"黎"二字的义位逐渐分化，各自产生了新的义位。

由于"犁""黎"早期的这些语义特点，两汉语言在延续已有用字时造成《史记》与《汉书》中的外来词相关用字的不相一致结果。

（3）两汉时期的义位

两汉时期的"黎"产生了"犁旦、黎明、黎庶"等新词组合，如：

犁旦，城中皆降伏波。《史记·卷一一三·列传第五十三》6813

黎明围宛城三匝。《史记·卷八·本纪第八》810

日月光，星辰静，黎庶康宁。《汉书·卷九·帝纪第九》198

地势既定，黎庶无徭。《史记·卷六·本纪第六》548

陛下上为皇天子，下为黎庶父母。《汉书·卷七十二·列传第四
十二》2314

以上对"黎""犁"在先秦、两汉时期的用字情况考察，既可反映出
汉语同音字字义的历时状态，也显示出同音字的交叉互换通用虽简捷，但
不利于突显汉字表意性。特别是引进的外来词，同一借音的用字自由容易
造成词汇使用中对意义理解的障碍。因主体差异造成词形混杂的借词增加
了汉语用来记录外来语音的符号，也不利于后人的准确理解。

"黎"与"犁"的字形繁简相当，《史记》《汉书》对二者使用的不
一致及交叉既有作者主观原因，也受共时语言发展时代性的所限。外来词
译借时同音用字的随意性问题至今犹存，一种语言在引进外来语言进行代
码转换时优先选择符号记音还是记意需持续研究。

三　表意字的形符差异

汉语引进外来词是对外来概念的记录，不同时期因不同翻译主体及语
言差异干扰，外来词在符号记录上呈现出一定的差异。以下我们重点考察
《史记》《汉书》中的外来词在形符表意字上的差异，以发现两汉外来词
在使用形符表意上的特点。

（1）龙城—笼城

匈奴的祭天处有"龙城""笼城"不同的词形。如：

青至龙城，获首虏七百级。《汉书·卷六·帝纪第六》118
大会笼城，祭其先、天地、鬼神。《史记·卷一一十·匈奴列传
第五十》6656

（2）猃狁—猃允

匈奴名有"猃狁""猃允"不同的词形。如：

唐虞以上有山戎、猃狁、荤粥。《史记·卷一一〇·匈奴列传第
五〇》6529
四夷并侵，猃狁最强。《汉书·卷七十三·列传第四十三》2338
唐虞以上有山戎、猃允、薰粥。《汉书·卷九十四上·匈奴传第
六十四上》2771
薄伐猃允，至于太原。《汉书·卷五十五·列传第二十五》1882

（3）苜蓿—目宿
植物名中有"苜蓿""目宿"不同的词形。如：

　　于是天子始种苜蓿、蒲陶肥饶地。《史记·卷一二三·大宛列传第六十三》7312

　　又外国使来众，益种蒲陶、目宿离宫馆旁，极望焉。《汉书·卷九十六上·西域传第六十六上》2871

（4）蒲萄—蒲陶
植物名有"蒲萄""蒲陶"不同的词形。如：

　　舍之上林苑蒲陶宫。《汉书·卷九十四下·匈奴传第六十四下》2819

　　外国使来众，则离宫别观旁尽种蒲萄、苜蓿极望。《史记·卷一二三·大宛列传第六十三》7312

（5）橐佗—橐驼—橐他—橐它
动物名有"橐佗""橐驼""橐他""橐它"不同的词形。如：

　　名王骑将以下三万九千人，得马牛驴羸橐佗五万余匹。《汉书·卷七十·列传第四十》2257

　　其奇畜则橐驼、驴、骡、駃騠、𫘝騊、𫘨騠。《史记·卷一一十·列传第五十》6259

　　马三万余匹，驴骡橐它以万数。《史记·卷一二三·大宛列传第六十三》7319

　　请献橐他一匹、骑马二匹、驾二驷。《史记·卷一一十·列传第五十》6567

（6）胥纰—犀毗
物品名中表示"胡革带钩"的有"胥纰""犀毗"不同的词形。如：

　　黄金饰具带一，黄金胥纰一。《史记·卷一一十·匈奴列传第五十》6570

　　黄金饬具带一，黄金犀毗一。《汉书·卷九十四上·匈奴传第六十四上》2781

（7）湩酪—重酪

食物名中有表示奶酪的"湩酪""重酪"不同的词形。如：

　　得汉食物皆去之，以示不如湩酪之便美也。《史记·卷一一十·列传第五十》6573

　　得汉食物皆去之，以视不如重酪之便美也。《汉书·卷九十四上·匈奴传第六十四上》2782

（8）箜篌—空侯—坎侯

乐器名中有西域乐器"箜篌""空侯""坎侯"不同的词形。如：

　　益召歌儿，作二十五弦及箜篌瑟自此起。《史记·卷一十二·本纪第一十二》1123

　　益召歌儿，作二十五弦及空侯琴瑟自此起。《史记·卷二十八·书第六》2272

　　益召歌儿，作二十五弦及坎侯瑟自此起。《汉书·卷二十五上·志第五上》1023

　　从以上在《史记》《汉书》中外来词的用字情况来看，外来词中表意和非完全表意用字均有分布，虽然《史记》早于《汉书》，但外来词形符表意用字上不具历时性，而都存在表意用字交叉分布。

　　《史记》中外来词用字表意、表音或部分表意都使用的情况如：箜篌—空侯；蒲萄—蒲陶；橐他—橐佗—橐它—橐驼。《汉书》中外来词用字表意、表音或部分表意字都使用的情况如：猃狁—猃允；橐他—橐佗—橐它—橐驼。

　　《汉书》中用字只使用表音字的如：坎侯。《史记》中使用的是表意字而《汉书》使用的是非表意字。如："苜蓿—目宿；犀纰—犀毗；笼城—龙城；湩酪—重酪"。

　　综上可见《史记》代表的西汉语言在外来词上倾向于用形符表意字表音，同时也用非表意字；而《汉书》代表的东汉语言在外来词用字上也用形符表意字，但较多用非表意汉字。这种现象一是由于作者的用字习惯差异，如班固倾向于用古文字；二是同一内容的同音词用字《汉书》倾向简化部首。另外，受两汉时期书写材料和工具的限制，简化汉字部首、形符有助于提高语言主体者书写记录的速度，便于整理文献。与此同时这样的结果也造成了汉字部分表意功能的丧失，不利于后人更深入地理解外来词词义。

通过对两汉外来词的分析可见使用表意形符可以提示词义上位概念，方便语言使用者理解词意的范畴，更符合汉民族的认知心理特点，通过汉字的形符表象认知词类义是汉字的特色。

如西域动物的外来词"师子"，《汉书》中句例如下：

> 巨象、师子、猛犬、大雀之群食于外囿。《汉书·卷九十六下·西域传第六十六下》2893
>
> 乌弋……而有桃拔、师子、犀牛。《汉书·卷九十六上·西域传第六十六上》2866

到了东汉末年的学者荀悦笔下"师子"增加了表意形符成为"狮子"。如：

> 乌戈国……，出狮子犀牛。　《前汉孝武皇帝纪·三卷第十二》154

《海内十洲三岛记》中"及有狮子辟邪凿齿天鹿长牙铜头铁额之兽"。可见外来词在表音基础上利用汉字形符表相关类义时一般突显上位义，虽较宽泛但对语言使用者仍有一定语义指示性。

四　异文对比分析

"异文"有广狭义二说。王彦坤（1993）研究认为狭的异文是文字学术语，用来统称通假字和异体字。广义的异文是校勘学术语，不仅指通假字和异体字，也指同一书不同版本或不同书记载同一事物的不同字句。基于此以下对《史记》与《汉书》的异文考察包括广义范畴。

《史记》与《汉书》中的异文大多是汉字对应关系的反映，包括形音义三类关系。其中音关系大多是假借字或异体字的对应；义关系中包括同义对应和反义对应；形关系一般是字形相似而误异文对应。以下外来词的异文对比，我们主要讨论外来词用字中的字形异文分布特点，既包括两部文献共同记载部分出现的异文情况，也包括各自出现的异文。

（一）《史记》《汉书》中的异文分布

因两书历时相差较远，加之古籍在手工传抄过程中的偏差，相同内容的记载出现字形相似而误并不少。两部史书中的外来词异文包括以下情形：

（1）整体异文

文献中的外来词所指相同，用字表现为整体字讹变异文。这类一般为独体字，如

匈奴大将名：难支—难氏

右贤王不请，听后义卢侯难支等计。《汉书·卷九十四上·匈奴传第六十四上》2780

右贤王不请，听后义卢侯难氏等计。《史记·卷一一十·列传第五十》6567

（2）部分异文

外来词的用字异文表现为构字部件的差异。这类异文包括以下情况：

①结构讹变

文献中记载的共同外来词异文用字中，字的结构发生改变，如上下结构字变为左右结构字，或发生形旁替换。如：人名"岑娶""岑陬"中的异文字。

大禄兄为太子，太子有子曰岑娶。《史记·卷一二三·大宛列传第六十三》7297

大禄兄太子，太子有子曰岑陬。《汉书·卷九十六下·西域传第六十六下》2876

②部件替换

外来词用字的结构未变，发生了用字部件的替换。如：
国名"呼揭""呼偈"中的异文字。

定楼兰、乌孙、呼揭，及其旁二十六国，皆以为匈奴。《史记·卷一一十·列传第五十》6567

郅支由是遂西破呼偈、坚昆、丁令。《汉书·卷七十·列传第四

十》2259

外族名“渠廋”“渠叟”“渠搜”中的异文字。

南抚交址、北发西戎、析枝、渠廋、氐、羌。《史记·卷一·本纪第一》60

织皮昆仑、析支、渠叟，西戎即叙。《汉书·卷二十八上·志第八上》1237

北发渠搜，氐羌徕服。《汉书·卷六·帝纪第六》115

③增加字的部件

《汉书》中外来词的用字异文存在部件增加的现象。如：

国名“鬲昆”“隔昆”的异文用字。

后北服浑庾、屈射、丁灵、鬲昆、薪犁之国。《史记·卷一一十·列传第五十》6559

后北服浑窳、屈射、丁零、隔昆、龙新犂之国。《汉书·卷九十四上·匈奴传第六十四上》2777

官名“歙侯”“翕侯”的异文用字。

遂蹈康居，屠五重城，搴歙侯之旗。《汉书·卷七十·列传第四十》2265

将军赵信，以匈奴相国降，为翕侯。《史记·卷一一一·列传第五十一》6698

④减少字部件

《汉书》中外来词的异文用字存在字部件减少现象。如：

匈奴首领称号“呴犁湖单于”“句黎湖单于”中的异文用字。

呴犁湖单于立，汉使光禄徐自为出五原塞。《史记·卷一一十·匈奴列传第五十》6620

匈奴乃立其季父乌维单于弟右贤王句黎湖为单于。《汉书·卷九十四上·匈奴传第六四上》2793

匈奴地名"庐朐""卢朐"中的异文用字。

> 筑城鄣列亭至庐朐。《史记·卷一一十·匈奴列传第五十》6619
> 筑城障列亭至卢朐。《汉书·卷九十四上·匈奴传第六十四上》2793

外族名"析枝""析支"中的异文用字。

> 南抚交址、北发西戎、析枝、渠廋、氐、羌。《史记·卷一·本纪第一》60
> 织皮昆仑、析支、渠叟,西戎即叙。《汉书·卷二十八上·志第八上》1237

官名"若苴王""右苴王"中的异文用字。

> 以小月氏若苴王将众降。《史记·卷二十·表第八》1692
> 以小月氏右苴王将众降。《汉书·卷一十七·表第五》547

官名"混邪""昆邪"中的异文用字。

> 匈奴混邪王果将十万众来降汉。《史记·卷一二六·列传第六十六》7420
> 匈奴昆邪王杀休屠王。《汉书·卷六·帝纪第六》125

(3)其他异文

不属于上述情况,《汉书》中的外来词异文还包括以下方面。

官名"且渠""且居"中的异文用字。

> 击杀左大且渠。《汉书·卷九十四下·匈奴传第六十四下》2806
> 使当户且居雕渠难。《史记·卷一一十·匈奴列传第五十》6580

国名"浑窳""浑庾"和"丁零""丁灵"中的异文用字。

后北服浑窳、屈射、丁零、隔昆、龙新犁之国。《汉书·卷九十四上·匈奴传第六十四上》2777

后北服浑庾、屈射、丁灵、鬲昆、薪犁之国。《史记·卷一一十·匈奴列传第五十》6559

《史记》与《汉书》历时相差久远，古代文献的传承限于时代、人力、物力、技术、工具等条件，其中出现的异文不只限于外来词的用字。我们的考察既可反映两部文献用字上的差异，也可发现汉语符号书写的时代特点及用字的主观性差异。

（二）《史记》中的异文

两部文献外来词用字的对比既可发现二者存在异文情况，也可发现同一文本内也存在外来词用字上的异文现象。《史记》存在的异文如：

地名"交址""交趾"中的异文用字。

南抚交址、北发西戎、析枝、渠廋、氐、羌。《史记·卷一·本纪第一》60

北至于幽陵，南至于交趾。《史记·卷一·本纪第一》16

外族名"析支""析枝"中的异文用字。

织皮昆仑、析支、渠搜，西戎即序。《史记·卷二·本纪第二》102

南抚交址、北发西戎、析枝、渠廋、氐、羌。《史记·卷一·本纪第一》60

《史记》中的外来词用字异文相对较少，这两组词在先秦文献中也有使用。如：

南至交阯、孙朴、续樠之国，丹粟、漆树、沸水、漂漂、九阳之山，羽人、裸民之处，不死之乡。《吕氏春秋·求人》

南方曰蛮，雕题交趾，有不火食者矣。《礼记·王制》

织皮昆仑。析支渠搜。西戎即叙。《尚书·禹贡》

《史记》中外来词异文表明西汉时期汉字的构形处于不固定状态，但构字已开始有向形符表意发展的趋势。

（三）《汉书》中的异文

对同一外来概念的记载上《史记》与《汉书》存在异文，《汉书》外来词的异文也多于《史记》，如：

外族名"渠叟""渠搜"中的异文用字。

织皮昆仑、析支、渠叟，西戎即叙。《汉书·卷二十八上·志第八上》1237

北发渠搜，氐羌徕服。《汉书·卷六·帝纪第六》115

外族名"薉貉""濊貉"中的异文用字。

东定薉貉、朝鲜。《汉书·卷七十五·列传第四十五》2361

是时汉东拔濊貉、朝鲜以为郡。《汉书·卷九十四上·匈奴传第六十四上》2781

地名"牂牁""牂柯"中的异文用字。

益州廉头、姑缯、牂牁、谈指、同并二十四邑皆反。《汉书·卷七·帝纪第七》154

因巴蜀罪人，发夜郎兵，下牂柯江。《史记·卷一一三·南越列传第五十三》812

地名"鰈得""觻得"中的异文用字。

攻祁连山，扬武乎鰈得。《汉书·卷五十五·霍去病传第二十五》1887

觻得，千金渠西至乐涫入泽中。《汉书·卷二十八下·志第八下》1291

官名"翕侯""歙侯"中的异文用字。

会康居王数为乌孙所困，与诸翕侯计。《汉书·卷九十四下·匈奴传第六十四下》2810

随长罗侯常惠屯田乌孙赤谷城，与歙侯战。《汉书·卷六十九·列传第三十九》2252

由上可见《汉书》的异文以构形部件变化为主，包括部件的取舍增减或者替换，也存在部件结构上的变化。我们认为这种用字的异文一方面与书写者的主观偏误有一定关系，如用字部件的缺省可提高书写速度，因此减少字符书写的部分部件或笔画。同时，这种异文现象也反映出汉字形符在两汉时期中还存在一定的构字随意性和主观性。

（四）其他文献与《汉书》的异文对比

我们对记载两汉时期东汉史的其他文献与《汉书》进行对比，考察记载共同内容的部分发现也存在异文情形。主要对比的文献涉及《前汉纪》《后汉纪》和《后汉书》。外来词中的异文（"—"前为其他文献的外来词，"—"后为《汉书》中的外来词）如：

外国名：沮沫—且末

婼羌国沮沫国精绝国戎卢国……《前汉孝武皇帝纪三卷第十二》①

南与精绝、东南与且末、西南与杅弥、北与乌孙、西与姑墨接。《汉书·卷九十六下·西域传第六十六下》2881

外国名：西沮弥—西且弥

蒲类国西沮弥国劫日国……《前汉孝武皇帝纪三卷第十二》

西且弥国，王治天山东于大谷。《汉书·卷九十六下·西域传第六十六下》2887

外国名、地名：鄢耆—焉耆

葱岭则出大宛康居奄蔡鄢耆。《前汉孝武皇帝纪三卷第十二》

过焉耆山千余里，得胡首虏八千余级。《汉书·卷九十四上·匈奴传第六十四上》2788

焉耆国，王治员渠城，去长安七千三百里。《汉书·卷九十六

---

① 《前汉记》例句均出自本书使用的汉籍语料库，下同。

下·西域传第六十六下》2885

山名：悬度—县度

　　又有三池盘石悬度之阪。《前汉孝武皇帝纪三卷第十二》
　　县度者，石山也，溪谷不通，以绳索相引而度云。《汉书·卷九十六上·西域传第六十六上》2862

官名：奠鞬—奥鞬

　　因白单于，言奠鞬日逐凤来欲为不善。《后汉书·卷八十九·南匈奴列传》① 1036
　　屠耆单于使日逐王先贤掸兄右奥鞬王为乌籍都尉。《汉书·卷九十四下·匈奴传第六十四下》2805

人名：伊屠知牙师—伊屠智牙师

　　单于弟右谷蠡王伊屠知牙师，以次当左贤王。《后汉书·卷八十九·南匈奴列传》1035
　　生一男伊屠智牙师，为右日逐王。《汉书·卷九十四下·匈奴传第六十四下》2812

国名：难完国—难兜国

　　捍弥国于阗国难完国莎东国……《前汉孝武皇帝纪·三卷第十二》
　　难兜国，王治去长安万一百五十里。《汉书·卷九十六上·西域传第六十六上》2863

国名：莎车—莎东国

　　捍弥国于阗国难完国莎东国……《前汉孝武皇帝纪·三卷第

---

① （清）王先谦：《后汉书集解》，中华书局1984年版，下文同。

十二》

　即上书请万年为莎车王。《汉书·卷九十六上·西域传第六十六上》2872

国名：孙胡—狐胡

　……西沮弥国劫日国孙胡国三山国车师山国。《前汉孝武皇帝纪·三卷第十二》

　狐胡国，王治车师柳谷，去长安八千二百里。《汉书·卷九十六下·西域传第六十六下》2888

国名：危项—危须

　……尉梨国危项国鄢耆国。《前汉孝武皇帝纪·三卷第十二》

　危须以西及大宛皆合约杀期门车令、中郎将朝及身毒国使。《汉书·卷六十一·李广利传第三十一》2046

国名：乌耗—乌秅

　皮山国乌耗国西夜国蒲犁国……《前汉孝武皇帝纪三卷第十二》

　乌秅国，王治乌秅城。《汉书·卷九十六上·西域传第六十六上》2862

　从其他文献与《汉书》中的外来词异文对比情形可见，其他文献的外来词用字与《汉书》的差异主要在于字构形中的增符，在《汉书》用字基础上增加形符的如"奥鞬—薁鞬，县度—悬度，焉耆—鄢耆，西且弥—西沮弥，且末—沮沫"，在《汉书》用字基础上减少形符为"伊屠智牙师—伊屠知牙师"，因形近辗转讹误的如"难兜国—难完国，莎车—莎东国，孙胡—狐胡，危须—危项，乌秅—乌耗"。

　异文用字现象是语言历时发展的产物之一，既有主观人为因素又受社会客观限制。文献的异文对比是考订文献的研究内容，也是研究词汇词形的重要视角。异文对比结果既有利于文献古书鉴定真伪、语言字句勘误，也有助于探究古籍版本优劣、推断文献年代等。外来词的异文对比也是汉语异文研究重要的一个分支，是外来词研究对文献考究的价值所在。

第二节　《汉书》形符表意用字的历时考察

《史记》《汉书》中的外来词用字考察情况显示了共时平面上汉字形符表意的动态性，形符表意构字具有较明显的随意性和主观性。以下我们以《汉书》中的外来词"虎魄—琥魄—琥珀"为例进行历时考察，从不同词形在不同时期的使用状况发现汉语形符表意字在外来词用字上的特点。

《汉书》中"虎魄"出现1次，如：

> 出……珊瑚、虎魄、璧流离。《汉书·卷九十六上·西域传第六十六上》2864

在《后汉纪》中出现了1次增加表意形符的"琥魄"。如：

> 大秦……多金银、真珠、珊瑚、琥魄、琉璃、金缕……《后汉孝殇皇帝纪·卷第十五》

汉代时期"琥魄"只是"琥"增加了形符，词频也较低。在魏晋南北朝时期的文献中"琥魄"的词频为0次①，"虎魄"的词频为14次。而词形形符同化表意的"琥珀"，使用频率为49次。如：

> 今泰山出茯苓而无琥珀，益州永昌出琥珀而无茯苓。《博物志·卷四》
>
> 握中酒杯玛瑙钟，裙边杂佩琥珀龙。《玉台新咏·卷九》

在隋唐五代的文献中"虎魄"的词频为8次，"琥魄"的词频只有2次，而"琥珀"增加为114次。如：

> 或执琉璃盏，或擎琥珀盘。《敦煌变文集新书·卷二》

---

① 文中例句、词频数均基于同一语料库——汉文全籍检索系统。

晋武帝焚雉头裘，宋高祖碎琥珀枕。《新唐书·卷一五〇·列传
第七五》

绿鬓年少金钗客，缥粉壶中沈琥珀。《李贺诗全集·卷一》

在宋辽金时期的文献中"虎魄"的词频为 39 次，"琥魄"的词频只
有 6 次，而"琥珀"增加为 541 次，如：

呼似密国在阿弗大汗西土平出银琥珀。《册府元龟·卷九百六十
一》

唐永徽五年，遣使献琥珀、马脑。《宋史·卷四九一·列传第二
五〇》

莫许杯深琥珀浓，未成沈醉意先融。《李清照词全集》

在元代的文献中，"虎魄""琥魄"的词频均为 0 次，而"琥珀"增
加为 121 次。如：

轻浮妾玻璃，顽钝奴琥珀。《归潜志·卷第八》
迟尔千尺长，下产黄琥珀。《元诗选初集·丙集·赵承旨孟俯》
味胜醍醐，酿欺琥珀，价重西凉。《类聚名贤乐府群玉·卷五》
九酝酒光斟琥珀，三山鸾凤舞翩跹。《全元杂剧·郑光祖·醉思
乡王粲登楼》

以上对"虎魄""琥魄""琥珀"在不同时期的词频调查显示两汉以
后"琥珀"的词频占明显优势，"虎魄""琥魄"在元代之前虽有使用，
但频率较低，元代时已不再使用。

《史记》《汉书》外来词的用字对比情况以及外来词"虎魄""琥魄"
"琥珀"的历时词频调查显示，汉语借进外来词时充分利用汉字特点表音
的同时，最大化汉字形符的表意功能更符合汉语特点，在汉语的历时发展
过程中外来词利用形符表意具有形符同化的趋势，外来词形符同化用字后
的词形更具生命活力。

第九章　两汉外来词的贡献

甲骨文是记录汉语较早的书写形式，记录的词汇数量约 3000 个，但这并非是上古词汇的全貌，只是上古汉语有文字的记载反映。

秦的统一推进社会发展的同时也推动了汉语史的发展。"书同文"政策实现了汉语文字的统一，推进了语言的规范，为汉语词汇的发展带来积极效果。两汉汉语处于上古末期，其面貌在秦后随着社会政权的更替也发生着改变。异质新词大量进入共时词汇系统势必对汉语词汇产生影响，同时也对汉语词汇的历时发展具有一定贡献。以下我们将研究两汉外来词对汉语词汇系统的影响及其在汉语专科词典学上的价值。

第一节　对汉语词汇系统的贡献

我们以两汉非佛典外来词为核心多维考察后发现其贡献主要在以下方面。

一　词汇量的增加

上古以来汉语以单音节词为主，甲骨文记载的是文字也是词汇。进入两汉词汇系统中单音字数量的减少有多方面原因。学界普遍认为复音词的大量产生是导致词汇面貌改变的主要原因，其中既有汉语内部自身发展原因，同时应考虑两汉外部因素的影响，这一时期外来词的影响是不可忽视的条件。外来词的大量引进促使两汉词汇系统数量增加，主要包括以下途径。

（一）增加同音异形词

汉语受语言音节影响存在大量同音。随着人们认知思维的发展和认识的深化，会不断产生更多的同音词，汉语的这种词汇现象有其表达特色，同时也带来了很多汉语应用上的障碍。这也是汉语走向复音化的原因之一。同音词的增加虽有不利的一面，但利于丰富汉语的词汇量，特别是大量外来词的引进。受异质语言因素影响对外来概念的传递，不同译者选用的译借形式不同会造成不同的音译词。因此，对同一外来词汇语音的引进产生的不同表现形式是外来词视角下的同音词。在最大化接近源语语音的情况下形成了词形的多体共存分布，也为两汉词汇系统新增了大量同音异形词汇。

在两汉外来词中通过同音方式引进的专名词包括以下词汇。如：

> 詹师庐—乌师庐；且末—沮沫；稽侯姗—稽侯姗；胡邪尸逐侯鞮单于—湖邪尸逐侯鞮单于；臣磐—臣盘；安犁靡—乌犁靡；槃木—盘木；牂柯—牂牁；难氏—难支；谷蠡—鹿蠡；呼揭—呼偈、乌揭；伊屠智牙师—伊屠知牙师；渠搜—渠廋；丁令—丁灵、丁零；吾斯—吾西、牙斯；焦侥—僬侥；匈奴—乌丸、乌桓、獫狁、玁狁、荤粥、獯粥、猃允、荤允、薰粥、熏鬻；条枝—条支、移支；黎轩—犁靬、犁鞬、犛轩、骊靬；坚昆—隔昆、高昆、鬲昆；身毒—捐毒、天笃、天竺、天督、乾毒；濊貊—薉貉、秽貊；撑犁孤涂单于—樛黎孤涂单于；高句丽—高句骊；乎韩邪—呼韩邪、呼韩耶；交阯—交址、交趾；翕侯—翎侯、歙侯等。

两汉外来词中同音方式引进的普通词如下面词汇：

> 龙城—笼城；瓯脱—区脱；畅草—鬯草；玛瑙—马瑙；苔逩—搭㯷；筰马—莋马；璕瑁—毒冒；灵羊—零羊；重酪—湩酪；驹騄—陶涂；荔支—荔枝、离支；虎魄—琥珀、琥魄；符拔—扶拔；苜蓿—目宿；旄牛—犛牛；猩猩—狌狌、牲牲；驒騱—驒奚；鸲鹆—鸜鹆；椎结—椎髻、魋结；师子—狮子；枇杷—批把；俅离—兜离；琉璃—瑠璃；琅玕—狼干；箜篌—空侯；鲜卑—胥纰、师比；蒲陶—葡萄、蒲萄、浦桃、蒲桃、濮达；阏氏—焉提；白叠—帛叠；橐驼—橐佗、駝驼、橐它等。

两汉同音外来词是断代语音系统下的音同，并且外来词同音一般不是声韵调全部一致，其中一种相同即可认作同音，这与汉语本土词汇的同音概念有区别。两汉外来词同音词数量的增加从侧面反映出汉语同音字特点必然造成外来词的多形并存。

（二）增加同义词

引进同一外来概念的意译外来词也扩增了汉语词汇系统数量。意译利用汉语已有要素进行语言转换，不同译者使用不同语素译借外来事物概念，因而产生的同义所指的不同表达形式的新词汇。两汉意译方式借进的外来词包括如下词汇：

玳瑁—文甲；穹庐—毡帐；鸣镝—髐箭；象牙—象齿；幻人—眩人；大栗—巨栗；光珠—江珠、蚌珠；鹦鹉—能言鸟、驯禽；拍髀—服刀、短刀；水牛—吴牛；天马—汗血马、宛马；天山—白山；蒲类海—蒲类泽；白环—白琯；答布—都布、荅布、榻布；大鸟—大雀；大秦—秦海、海西；东胡—山戎、淳维

外来词是一种语言因自身词汇空缺而借进的其他语言事物概念，是语言接触的必然产物。不论语言世界采用哪种引进方式都会给借方语言词汇系统增加数量，不同的译借方式词汇量增加的途径不同。经考察，两汉外来词对汉语词汇量的影响表现出同音同义增量高于意译同义增量。

二 词长的增长

甲骨文中除人名、部族专名外，几乎都是单音词。到了西周金文就有了一定数量的双音词出现。程湘清（1982）[1] 研究认为汉语双音化在先秦两周已开始，到战国时代速度更快。周荐（2004）[2] 研究认为汉语词汇史上单字词汇以超2%的速度递减，多字词语则同速递增。可见，在这一阶段发展过程中古汉语词汇的复音化趋势明显，并且以双音词的产生和发展为主。

从单音节向双音节的变化是汉语词汇词长的增长，这种现象一是由于社会发展促进了人类认知思维能力的提高，二是语言的发展演变也受语言接触的影响，外来词引进显然对词长具有较大影响。考察两汉时期的外来词可以发现引进同一外来概念时音译意译方式都带来词长增长。以下外来词普通词中"—"后的词长高于"—"前的词长。如：

---

① 程湘清：《先秦汉语研究》，山东教育出版社1982年版。
② 周荐：《汉语词汇结构论》，上海辞书出版社2004年版，第64页。

浑—重酪、浑酪；火毳—火浣布；珠玑—璧珠玑；枸酱—蜀枸酱；楛矢—肃慎矢；木弓—木弓弩；贰师马—贰师天马；竹杖—邛竹杖、杖邛竹；通犀—骇鸡犀；毕—毕骕；白草—独白草；琉璃—璧流离；安石—安石榴；椎结—椎头结；细布—水羊毳、水羊毛；宛马—大宛马；金缕—金缕罽；明珠—明月珠；西极马—西极天马、西北极马；空侯—胡空侯；金犀、犀毗—黄金犀毗；笳—胡笳；竹簟—流黄簟；生犀—生犀牛；白叠—白叠布；犀—白犀；大爵—大马爵；龙堆—白龙堆；大鸟、大雀—安息雀、条支大雀；骎—甊骎、翾骎；驼—橐驼、橐它、橐佗、馲驼等。

专有名词中的此类情形，如：

葱岭—葱岭山；樆黎—樆黎孤涂单于；知—知牙斯、囊知牙斯；句骊—下句骊；白马—白马羌、白马氐、白马国；知牙师—伊屠知牙师、伊屠智牙师；犁鞬—犁鞮鞬；温禺—温禺鞮；乌珠留单于—乌珠留若鞮单于；肃慎—肃慎氏；私渠海—私渠比鞮海；车牙单于—车牙若鞮单于；搜谐单于—搜谐若鞮单于；高骊—高句丽、高句骊；祁连—祁连山等。

汉代人注释先秦古籍时已表现出词汇由单音走向复音的趋势。在古籍中常用复音词去解释。如郑玄笺《诗经·周南·樛木》用"扶助"注释"将"，《小雅·伐木》中用"罪过"注释"咎"。在《诗经·鄘风·干旄》中毛亨用"都城"解释"城"。《诗经·齐风·鸡鸣》中用"昌盛"注释"昌"等。但三音节及以上词不多见，出现的也多是名物词。如：

齐有海隅，燕有昭余祁。《风俗通义·山泽第十》
东北曰幽州，其山曰医无闾。《周礼·夏官·职方氏》
东北曰幽州：其山曰医无闾。《汉书·卷二十八上·地理志第八上》

其中的"昭余祁"为古泽名，"医无闾"为山名。师古曰：在辽东。[1]
由上可见，与两汉常用词汇不同，外来词的词长包括大量双音节和三

① （东汉）班固：《汉书》，中华书局1999年版，第1243页。

音节及以上音节，这对推动汉语词汇的复音化显然具有较大的作用。外来词中专有名词的词长多为三音节及以上，同时普通词也出现了大量三音节词。这种情况在先秦词汇系统中是比较少见的，因此两汉外来词的引进对汉语词汇音节的增长作用明显。我们认为词长增长的主要原因在于汉语音节与其他语言的音节差异较大，两汉汉语尽管已向复音化迈进，但双音节并不能满足外来词的需要，所以在外来词引进中音节增长势在必行。

三　词义系统的丰富

徐朝华（2003）[①] 研究认为两汉汉语词汇有四个特点：汉语词汇系统较完善；出现大量反映封建帝国的词；借词开始占一定地位；词汇出现双音化趋势。所以与上古前中期汉语相比，两汉引进的词汇异质成员，对新词的产生、音节复化和汉语词义系统的丰富作用极大。

向熹（1987）研究《诗经》认为其中单音词有 1016 个是多义词，101 个词有四个义项，168 个词有五个以上的义项，15 个词有十个以上的义项。[②] 可见词汇词义的细化、复杂化体现的是语言主体对客观世界认知能力的提高，是思维持续发展在语言上的表现结果。因此，词义复杂化是语言发展的结果之一，用最少化能指表达最大化所指符合语言求省的经济原则。两汉外来词的大量引进丰富了共时汉语的词汇语义表现在以下方面。

（一）增加形旁提高语义值

在译借外来概念时，汉语言主体利用同义异译的不同形式增加了大量译词。同时通过增加译音字形旁提高了外来词的语义值。字形形符的合理选择增加了音译词的相关语义透明度，凸显出汉语在外来词上的表意性。如：

（1）增加译字形旁：毒冒—瑇瑁；狼干—琅玕；马瑙—玛瑙；虎魄—琥魄；

荔支—荔枝；苔逯—楉橢；目宿—苜蓿；驒騱—驒騠；橐它—橐驼；师子—狮子；空侯—箜篌；白叠—帛叠；重酪—湩酪

其中"毒冒—瑇瑁；干—玕；马—玛；虎—琥"通过增加形符"王"提高了表"与玉石类饰品相关"的外来词语义值。"騱—騠；它—驼；师—狮"中增加形符"马、犭"提高了"动物类相关不同小类"的语义

---

① 徐朝华：《上古汉语词汇史》，商务印书馆 2003 年版，第 13 页。
② 向熹：《诗经语言研究》，四川人民出版社 1987 年版，第 161、163 页。

值。"空侯—箜篌"中增加了形符"竹字头"提高了表达"乐器材质"的语义值。"白—帛"中增加了形符"巾"提高了"表布类相关"的语义值。"重—澶"增加了形符"氵"提高了"表液体相关"的语义值。

（2）改变译字形旁：狼干—琅玕；虎魄—琥珀、琥魄；荅逑—榙㯂；蒲陶—蒲萄、蒲桃；陶涂—騊駼；橐佗—馲驼

其中"狼—琅；魄—珀；逑—㯂；陶—萄、桃；陶涂—騊駼；佗—驼"中通过改变已有译字表意不准的偏旁，变为表意清晰度高的形符，如"木""艹""马"等，实现增加音译词表"植物类""动物类"的语义值。

（二）增加音译语素语义值

汉语引进外来概念有音译和意译方式。音译译借快速便捷，意译使用借方已有要素易于理解。《东观汉记》中记载的"远夷慕德歌诗""远夷乐德歌诗""远夷怀德歌诗"，其形式是用汉字直接记录夷人语言，后面跟着汉语的对应翻译。因当时的夷语无源语可考，我们无从考证具体的音译词，文献中记载的诗歌如下所示[1]：

> 远夷慕德歌诗曰：倵让皮尼，蛮夷所处。且交陵悟。日入之部。绳动随旅，慕义向化。路旦拣雒，归日出主。圣德渡诺，圣德深恩。魏菌度洗。与人富厚。综邪流藩，冬多霜雪。荏邪寻螺。夏多和雨。藐浔泸漓，寒温时适。菌补邪推。部人多有。辟危归险，涉危历险。莫受万柳。不远万里。术叠附德，去俗归德。仍路孳摸。心归慈母。

从上面的诗文可见使用汉字直接记录外族语言语音又要适应汉语诗歌节律特点的译文直接但不易理解，无意译文本则不知所云。由于外族源语已消亡难以考证，以下我们考察两汉外来词中音译借进的高频语素"胡"与"落"，研究其长期高频使用而逐渐增加的语义情况。

（1）胡

"胡"是"匈奴 Huns"对译的名称。匈奴作为汉代北方主要少数民族之一，其不同名称早在先秦文献中已有记载，并且有很多异名。如"东胡、乌桓、猃狁、乌丸、山戎、猃允、荤粥、淳维、獯狁、熏鬻、薰粥、獯粥、荤允"是在两汉文献中记载的相关名称。学界对匈奴族源研究的观点较多，《汉书》中有如下相关记载：

---

① 东观记载的前面大字号为夷人本语，后面小字号为重译训诂后的汉语。

　　单于遣使遗汉书云："南有大汉，北有强胡。胡者，天之骄子也，不为小礼以自烦。"①　《汉书·卷九十六上·西域传第六十六上》2780

　　所以两汉时期"胡"只是匈奴民族的名称，并无其他贬义。
　　先秦时期"胡"用来指代北方民族，但使用频率较低，并且多用"胡貉、胡人、胡越"。文献中用来泛指北方民族的语例情况如下②：

　　禽狄王，败胡貉，破屠何而骑寇始服。《管子·匡君小匡第二十》
　　今夫胡貉戎狄之蓄狗也，多者十有余，寡者五六。《晏子春秋·谏下第二》
　　胡人袭燕楼烦数县，取其牛马。《战国策·卷十二》
　　昔者郑武公欲伐胡，故先以其女妻胡君以娱其意。《韩非子·说难第十二》
　　不为秦楚缓节，不为胡越改容。《邓析子·无厚篇》

　　因此"胡"作为外来词早期的语义指匈奴，也产生了"胡越、胡人、胡服"等构词。而两汉时期"胡"在全文汉籍语料库中可检索到3798次，可见"胡"在两汉高频使用，并使其语义所指开始扩大，语域所指成员不单指匈奴，可泛指"北部及西域的民族"。因此从西域等地引进的物品名称，借进汉语后带来了大量意译名词，如"胡桃、胡骑、胡床、胡服、胡帐、胡空侯、胡坐、胡饭、胡笛、胡笳、胡舞、胡神、胡兵、胡寇、胡车、胡马、胡殿、胡饼、胡国、胡麻、胡夷、胡首、胡语"等。这类外来词的命名是类推式"胡X"。
　　西域的民族乐器"胡箜篌、胡笛、胡笳"名称进入汉语后，随着语言的融合发展"胡"的语义演变增加了新义素：指"带弦的"一类乐器。产生了如"羌胡、二胡、板胡、京胡"等新词。
　　"胡"的高频使用及汉民族自我为主的固有思想和心理，使其语义逐渐增加了"不好、不切合实际"等贬义陪义色彩。如"胡诌、胡说、胡

---

① （东汉）班固：《汉书》，中华书局1999年版，第2780页。
② 语句均出自汉文全籍检索系统，句末为句子出自文献，文中同，不再注释。

闹"等词，这也是外来词色彩义的一种语义增值。

"胡"的语义由只指"匈奴"一个民族扩大到泛指北方及西域民族，再到进一步泛指外国外族的过程是"胡"语素义纵向延展的表现，并且又在源语借义基础上衍生出了新的语素义，增加了贬义的语用色彩。

汉语借进外来词的语素语义增值使其原来的外来词语义逐渐淡化或泛化。两汉的这种词汇现象原因在于当时的社会政治背景下汉族与周边各族的对外关系是重大问题，与之密切相关的词汇便在语言世界中成为高频率词汇，高频使用促使这类词活力加大，语义不断演变发展并扩大产生新义。

（2）落

先秦时期的文献中"落"一般用作动词，语义为"下降或开始"。如：

> 狂生者，不胥时而落。《荀子·君道篇第十二》
> 秋风至兮殚零落，风雨之拂杀也。《晏子春秋集释·卷第二·内篇谏下第二》

"落"也用作形容词，与其他语素组合后表"空旷"义，没有用作名词的用法。如：

> 廓落寂而无友兮，谁可与玩此遗芳？《楚辞卷十四·哀时命》

两汉时期《史记·卷一一〇·匈奴列传》中记载了"其送死，有棺椁金银衣裳，而无封树丧服"。西晋学者张华注释"匈奴名冢曰逗落"[①]，其中的"逗落"是匈奴语"Tou – lo，tu – lo"的音译词。

"逗落"并未在汉语中保持长久的生命力，我们认为主要是由于汉语中有众多表"坟墓"义的成员，包括"坟、冢、埌、培、堬、壿、采、垄、培壿、丘、墓"等词。其中"冢"组合能力较强，可以组合构成"坟冢、冢坟、冢庐、冢舍、冢墓、冢茔、冢宅、冢园、冢地、冢圹、冢岭、冢田、冢土、冢堂、冢次、冢社、冢嗣、冢子"等相关词族，所以同义外来词成员"逗落"缺少竞争力逐渐退出。但"逗落"中的语素"落"在汉代以后新增了语素义，产生了表"停留或居住的地方"的名词

---

① （西汉）司马迁：《史记》，韩兆琦译注，中华书局 2010 年版，第 6556 页。

处所义功能，并发展出现了"村落、邑落、部落、屯落、院落"等新的组合词。

以上音译外来词"胡""落"语素义的增值考察表明"胡"的语义增值属于直接增加后逐步扩大了语义所指。"落"的语义增值为语义组合力的增强扩大，还增加了语法新功能。外来词语素"胡""落"新增语义的历时发展速度存在差异，但都受词频的较大影响，并且最初的音译语素随着语义值的增加更符合汉语表意的需求，外来色彩也淡化甚至走向消失。

（三）意译同义的语义增值

两汉外来词中的同义意译是汉语引进同一外来概念的不同意译词。前文考察的外来词异形变体有同义意译形式，这种词汇现象既扩增了共时词汇的数量，推进了词汇复音化进程，同时在词汇语义层面上也具有增值作用。不同意译方式虽存在译借形式上的差异，但其源所指同一，借语的基义一致。语义增值主要表现在意译词的形象陪义扩大。如：斸绣—金缕斸；江珠—光珠；宛马—汗血马、天马；通犀—骇鸡犀；明珠—明月珠；琉璃—璧流离；龙堆—白龙堆；珠玑—璧珠玑；毡帐—穹庐等。

以上两汉外来词中对同一源语的不同意译，"—"前后的两个译借形式借自是同一外来概念，而后者的词汇语义具有增值效果，主要表现为包括"性状、色彩、质地"等方面的形象陪义增值，意译增值外来词表意的同时传递出了词汇的意味色彩。

四　构词法的发展

先秦汉语词汇中以单音词为主，复音词多为专有名词。甲骨文中的复合词以偏正式为主。周代以后同义近义的单音词连用出现，联合式的复合词开始增多。上古前期汉语的构词方式较单一，数量也不太多。到春秋战国除补充式外汉语复音单纯词、合成词的各种构词都已出现，复音词构词方法基本完备。

两汉汉语复音化的快速发展，促使词汇由单音节向双音节转变，因此汉语复音词的构词法已达到较完备程度。而外来词的引进带来大量三音节词的出现，推进汉语复合式构词进一步强化，并且构词方式有了新发展变化。两汉外来词构词在适应汉语构词特点的同时也开辟了构词新途径，主要表现为以下方面。

（一）顺应汉语词汇构词法

（1）音译词顺应

上古早期通过音节或音素重叠产生的单纯叠字词是构造新词的一种方法，并且能产性较大。上古中期后随着语音条件的变化，这种造词法受到限制，产生的新词数量逐步下降。两汉的音译外来词主要是用汉语的语素对译源语的语音的单纯词。其中如"牲牲、蚩蚩、猩猩、邛邛"等则是记音的同时顺应汉语叠字构词的情况。但这种叠音构词的音译外来词所占比例较少，叠字形式中单独一个语音形式并不能表达叠字词的意义，没有单独语素义，因此这类外来词也是单纯词。

（2）意译词顺应

上古中后期，结构构词法中的联合式、偏正式成为汉语造新词的主要方法。通过分析两汉外来词普通词中的意译词包括以下四种构词方式。

联合式构词的包括：庐落、狐貉、酆貂、翡翠、庐帐、骡驴、驴骡、刀鋋、珠玑、沙碛、桢松、犀牛

偏正式构词的包括以下所示：

白琯	白玉琯	白环	白雉	白草	白菟	白蠜	白骆	白珠
白鹏	白犀	白越	班鱼	鼻饮	蚌珠	班罽	碧鸡	璧珠玑
邕草	长尾鸡	翠鸟	翠羽	错臂	大狗	大鸟大粟	大雀	大爵
道译	独白草	貳师天马	貳师马	封牛	封狐	封橐驼	封兽
共川	光珠	贯头衣	罽衣	果下马	汗血马	骇鸡犀	黑鹏	黑齿
黑盐	胡帐	胡服	胡坐	胡床	胡笛	胡荾	胡麻	胡饼	胡笳
胡马	胡椒	胡车	胡桃	胡桐	胡舞	黄金涂	火浣布	火蠹
火精	罽氉	罽绣	罽褥	罽毲	贾胡	憟布	缣布	江珠	交趾
服刀	角端牛	金缕	金马	金镂	金缕罽	金人	巨粟	轲虫
孔爵	孔雀	楛矢	髡头	髡发	灵羊	零羊	龙眼	流黄簟
旄牛	旄毡	毛毲	牦牛	连环羁	连枝草	蜜烛	绵布	鸣镝
明珠	明月珠	木弓弩	木弓	能言鸟	貊弓	同穴	箄船	千里马
青碧	青玉	兽居	蜀布	蜀枸酱	水牛	水精	水羊毲	天马
檀弓	铜鼓	通犀	童牛	涂布	魋结	駝驼	文马	文身	文甲
文豹	五角羊	犀玉	犀布	犀角	西北极马	西极马	西细布
西极天马	香罽	象齿	象牙	鱼目	项髻	小步马	原羊
杂色绫	毡裘	真珠	椎头结	椎结	朱丹	竹矢	竹漆	竹簟
竹杖	觜觿	野马	诸香	紫贝	左衽	石砮	石蜜	麝香	生犀

生鲜　生翠　生犀牛

动宾式构词的包括：

编结、编发、垂棘、持衰、穿耳、吹鞭、雕脚、雕题、断发、贯头、关头、汗血、光风、怀风、缓耳、眩人、幻人、翦发、镂体、露紒、被发、屈紒、黥面、袒跣、徒跣、驯禽、驯象、书革、袭褐、责祸、魁头、迎鼓

意译词的复合构词方式中除单音节词和同音词形式，偏正式构词数量占绝对优势，动宾式数量次之，联合式数量最少。这种构词方式的分布情况与汉语词汇构词特点总体一致，同时表明意译外来词既用汉语语言要素译借外来概念，意译构词方式也顺应汉语主流构词趋势。

（二）推动汉语构词法的发展

（1）构词新方式产生

对普通词意译词的构词方式进行分析可发现产生的新结构方式，虽然数量较少，在一定程度上也反映出两汉词汇构词法的新发展。如："舞天"属动补结构；"杖邛竹"属正偏结构；"驒马""貊兽"的构词属"下位义+上位义"的结构。

（2）混合译词的构词方式

外来词的混合译是音意结合的译借方式，其构词法与汉语词汇系统的复合词结构不同。混合译中的音译部分是直接转换源语语音，对译后与汉语已有语素组合再造新词语表达外来概念。两汉外来词中已产生这种造词组合方式，数量较多。如"安息雀、安石榴、璧流离、賨布、白叠布、答布、蒲陶酒、湩酪、枸酱、僰僮、大宛马、大马爵、蹄林、儋耳、桃棍木、颠歌"等。

这些外来词的内部结构有以下几种情形：

"类义+音译"构词方式的如"璧流离"；"音译+类属义"的构词包括"安石榴、安息雀、賨布、苏合香、湩酪、白叠布、肃慎矢"等；"特征义+音译"的构词方式如"大马爵"等。另外，两汉专名外来词也大量存在混合译的构词方式，如"蒲类海、卑品城、祁连山、谷蠡王"等属"音译+类义名"的构词方式；如"已程不国、私渠比鞮海"等多音节外来词也属此类构词。

两汉外来词中"音译+意译"的混合译借方式既产生了三音节及以

上音节词，也为汉语构词带来新的组合方式。可见混合译借方式对汉语词汇的复音化和汉语构词法新发展都有积极的推进作用。

（3）"子"后缀萌芽

"子"在先秦文献中已使用广泛，一般表实义。包括：称老师；称有学问有道德的人；表对人的尊称；指孩子、儿女；指植物的果实、种子等多种词义。在实际语言中既可单独自由使用也常与其他语素组合。

两汉时期"子"的使用频率增多，促使语义不断发展。以下我们基于"童子"进行相关考察发现其在先秦文献中的词频为 86 次，表"小孩子"词义。如：

> 国之存亡，天命也，童子何知焉？《国语·卷第十二》
> 适遇牧马童子，问涂焉，日："若知具茨之山乎？"《庄子集解·卷六》
> 冠者五六人，童子六七人。《论语·卷六先进第十一》

经调查两汉文献中"童子"的词频为 207 次，语义大部分仍是指"小孩子"。如《史记·商君列传》中："童子不歌谣，春者不相杵。"①

但《汉书·项籍传赞》中"舜盖重童子，项羽又重童子"②的"童子"与"眸子、瞳子"语义相同。在先秦文献中"瞳子""眸子"已使用，"瞳子"的频率为 13 次，"眸子"的频率为 26 次。"子"在"瞳子"和"眸子"中已衍生出"表小称"的语义，随着语义的演变"子"的语音开始轻化。在两汉外来词"师子、狮子、千岁子、熊子、罽子"中"子"的义位又进一步虚化，其中"师子"的频率最高。如：

> 乌弋地暑热莽平，……而有桃拔、师子、犀牛。《汉书·卷九十六上·西域传第六十六上》2866
> 条支国出师子、犀牛。《八家后汉书辑注·司马彪续汉书卷一》
> 乌戈国去长安万五千三百里。出狮子犀牛。《前汉孝武皇帝纪三·卷第十二》
> 龙眼、荔枝、槟榔、橄榄、千岁子、甘橘皆百余本。《三辅黄图·卷之三》

---

① （西汉）司马迁：《史记》，韩兆琦译注，中华书局 2010 年版，第 4670 页。
② （东汉）班固：《汉书》，中华书局 1999 年版，第 1429 页。

永昌献象牙、熊子。《东观汉记·卷三》

又禽兽异于中国者，……又有貂、貀、鼲子，皮毛柔蠕，故天下以为名裘。《后汉书·卷九十·鲜卑列传八十》1050

外来词"师子""狮子"为同音异形变体。在《汉语外来词词典》中标注多个语源包括"东伊兰 se，si；伊兰 sarγ；波斯 sei（shir）；栗特 srγw，sarγθ；梵 simha；巴比伦 UR"。可见"师子"和"狮子"的源语难以定论，但"师、狮"均为语音的译借，在构词中"子"不是共时词汇语义中的义位，而是用来构成音节，意义已虚化，显示出了词缀的倾向。

"—子"结构在外来词中虽数量较少，但与共时词汇结构"—子"的语义有了明显差异。这是"子"的外来义位发展的结果，为"子"历时演变为后缀奠定了基础。

五　外来词对汉字书写的影响

汉语史的两汉时期汉语内部系统在不断演变中。异域外族语言的接触、冲击与碰撞都带来了大量新质词汇。何种引进方式进入汉语系统的外来概念都需用汉字来记录。两汉引进外来词后的不同书写形式对汉字记录系统产生了一定影响。

汉字形声结构优势在于部件的不同组合可表声或表意，汉字的这种构形符合汉民族的文化认知和思维特点，以达到见字知义的表意效果。《说文解字》9000 多个字中 80% 以上为形声造字法，而且汉字体系、字构已基本定型完善。形声字表明可知的语义不够具体，一般是相关语素义类义，但这种造字模式认同度较高。同一音译外来词的不同书写形式一般遵循以下原则①：

（1）优选形声字

译借外来概念的不同外来词变体中，对等译借语音时，采用形声字结构的字符记录语音的词频高于纯记音书写符号。如：

僬侥25—焦侥7；苜蓿13—目宿5；瑇瑁13—毒冒6；瓯脱14—区脱7；玛瑙3—马瑙2；荔枝12—离支7；白叠7—帛叠1

"—"前面的高频音译形式选择了带有表类义形符的汉字，表意性强，更符合汉字书写表意优先的特点。

_____

① 词后数字为语料库内的词频数据。

（2）表意性最大优先

音译及部分音译外来词的不同形声字书写优先选择表意性最大的形符书写，其词频相对较高。如：

騊駼 25—陶涂 3；槃木 6—盘木 1；枇杷 16—批把 2；琥珀 10—琥魄 1；侏离 6—兜离 4

（3）形符一致优先

同一外来概念的不同译借形式，两汉共时平面上的词频有所差异。在历时发展过程中，外来词书写词形倾向选择形符一致并简化的字形。如"猃狁 52—猃允 14、玁狁 14、熏鬻 7、獯粥 7、薰粥 5、荤允 2；骆驼 17—橐驼 25、橐佗 7、橐它 5；葡萄 4—蒲陶 22、蒲萄 9、蒲桃 3、浦桃 1；氍毹 5—甄毺 1、毾毲 1；猕猴 25—沐猴 21、弥猴 8"等。

（4）字符简洁优先

两汉专名外来词的书写符号，同样表音的情况下书写相对简洁的用字词频一般较高。如"谷蠡 59—鹿蠡 17；且渠 35—且居 2；西且弥 3—西沮弥 1；焉耆 91—鄢耆 3；且末 13—沮沫 1；句黎湖单于 3—呴犁湖单于 2；丁令 17—丁零 14、丁灵 5"。

两汉外来词的以上书写原则总体上比较突显，其中也存在个别例外，如"师子 94—狮子 4"中的"狮子"形符表意性强，但频率较低。这种情形一方面有语料因素，另一方面也表明"狮子"在两汉时期还在不断发展中。

另外，两汉的音译外来词在书写上形符组合还存在不定形特点。如："鳞得 4—鱗得 3；猩猩 19—牲牲 1；筜马 5—莋马 2；鸲鹆 41—鸜鹆 19；翕侯 51—翖侯 11、歙侯 5；黎轩 6—犁靬 4、犁鞬 3、骊靬 3、犂轩 3"中的用字形符上的差异明显，这表明汉语早期的外来词译借的多样形式除了受主观因素影响，也显示出汉字同音字的大量存在为记录外来语音带来了一定障碍。

汉语言主体在利用汉字特点对外来词记音的同时也在尽可能实现与意义的最大关联。这是汉语倾向表意与其他语言着力表音的差异，是汉民族的文化心理表现，语言主体利用汉字形声字特点书写外来词也是汉语对外来语言的一种同化途径。

第二节　词典学视野下的启示

汉语在不同时期引进外来词的历史具有不同的时代特色。汉语中有大量的外来词但专门词典并不多。较有代表的是《外来语词典》（1936）、《汉语外来词词典》（1984）、《汉语外来语词典》（1990）和《近现代汉语新词词源词典》（2001），其中最近的一部也已出版20年了。与其他语言的专科词典相比，汉语外来词专科词典的编纂研究略显滞后。其中刘正埮、高名凯、麦永乾、史有为合编的《汉语外来词词典》为学界比较认同的外来词专科词典。下文中所涉及的外来词词典均指此词典，后不再一一注释说明。

在广义视角下前文我们对两汉外来词进行了词汇层面的相关研究。汉语外来词历史的两汉时期大量引进了新质词汇，并且很多成员已汉化融入汉语常用词汇系统中了，比如源于伊兰语"arsak"的"若榴、安石榴、石榴"的不同词形，《现代汉语词典》第7版中，收录了"石榴"且不标注其外来词的身份，未收录其他词形。外来词的这种历时演变是早期异质成员彻底汉化的必然结果。但作为外来词专科词典应根据词汇史如实记录不同断代的词汇面貌，这是外来词专科词典应与语文性辞书区别的重要特点。以下基于两汉外来词本体研究的相关应用探索，主要面向专科词典在断代的收词、书证等方面进行考察，以利于汉语外来词词典的编纂及不断修订。

一　《汉语外来词词典》的断代收词考察

从《汉语外来词词典》的编纂凡例可以看出该词典对外来词立足于狭义观。其收词只限于完全音译词（loanwords）和混合词（hybrid words），不收意译外来词。因此以下对两汉外来词收词的考察分析意译词不予考量。另外以下研究主要考察两汉的非佛典外来词，因精力时间所限暂不涉及佛典外来词。经研究分析《汉语外来词词典》在两汉外来词收词上有以下方面需关注改进。

（一）收词不全

词典中收录了38条两汉非佛典外来词，其中22条是普通词，包括"安石榴、逗落、帛叠、琥珀、胡荽、径路、句决、箜篌、琉璃、骆驼、苜蓿、瓯脱、葡萄、若榴、若鞮、狻麑、师比、狮子、猩猩、鲜卑、髭毨、真珠"；有16条是专有名词，如"撑犁孤塗单于、单于、谷蠡、澄黎独孤、孤塗、祁连、骨都侯、日逐、且渠、屠耆王、尸逐、阏氏、葉护、温禺鞮、吾斯、奥鞬"。下表是词典所收词条的正体及异体，列于表中前两列，其中漏收的外来词异体词形见下表9-1。

表 9-1　　　　　　　　词典中两汉非佛典外来词收录分布

主词条正体	异体词形	简称词形	全称词形	漏收异体词形
安石榴	若榴　丹若	石榴　榴		安石
帛叠	白叠　白氎			答布　都布㲲布 荅布
逗落				
郭洛	廓落　郭落　钩络　络			
胡荽	胡绥			
琥珀	虎魄			琥魄
径路	轻剑　轻吕			
句决				
箜篌	空侯　坎侯　坎　矣			
榴			安石榴	
琉璃	流離、流璃、瑠璃、吠瑠璃耶、吠琉璃耶、毗琉璃、毗瑠璃、吠嚹璃、吠瑠璃、别琉璃、别琉璃耶、璧琉璃、璧珋、碧琉璃、闟流璃、璧珕、楼黎、毗头黎、卫拏璃耶			琪琉　璧流离 留犁
骆驼	橐它、驮驼、橐驼、驼	驼		橐佗、駞驼、白骆
苜蓿	目宿、牧蓿、木粟			光风、怀风
瓯脱				区脱
葡萄	葡陶、蒲陶、蒲萄、蒲桃			濮达、浦桃
若鞮		鞮		
若榴			安石榴	
桑乾				
师比	犀毗、犀比、私纰、鲜卑			胥纰
狮子	师子	狮、师		
猲獢	�峱猊、夒䰅、遵耳、酋耳、鉏䰅			
毦登+毛				
鲜卑	师比、犀比、私纰、犀毗、胥纰、			

续表

主词条正体	异体词形	简称词形	全称词形	漏收异体词形
猩猩	生生、狌狌			牲牲
真珠				
单于			撑犁孤塗单于	
撑犁孤塗单于		孤塗、撑犁、澄黎独孤		撑犁孤涂单于、撑犁孤屠、檬黎孤涂单于
澄黎独孤			撑犁独孤单于	檬黎孤涂单于、檬黎
撑犁	统急里、腾格哩、撑黎			檬黎
孤塗			撑犁孤塗单于	檬黎孤涂单干
谷蠡	谷彖			鹿蠡
骨都侯				
祁连			祁连山	
且渠				且居
日逐				
尸逐				
烟支	燕支、焉支、胭脂、燕脂、胭支、烟肢、撚支			
阏氏	焉提			
屠耆王	诸耆王			
温禺鞮				温禺、温禺犊、温吾、温禺犊、温偶駼
吾斯	吾西、牙斯			
菜护	翕侯、业户、歙侯			
奠鞬	奠鞬			

通过上表9－1可见词典在收词上漏缺的主要是词条的部分异体词形。另外两汉外来词中典型音译词也存在漏收情况，如"比疏、比余、兜离、毕篦、鞥辖、服匿、符拔、符枝、扶拔、枇杷、批把"等。词典对专名

外来词也存在漏收情形，其中收录了如"撑犁孤塗单于、单于、澄黎独孤、孤塗、谷蠡、且渠、骨都侯、尸逐、日逐、屠耆王、温禺鞮、阏氏、吾斯、叶护、奥鞬"等匈奴首领的称号、官号及王号词条，但未收录频率较高的其他同类词，如"当户、昆弥、昆莫、居次、浑邪、浑耶、混邪"等；收录了山名"祁连"一词，却未收录"鲜卑山、乌桓山、焉支山、焉耆山、燕然山、鄢耆山"等同类山名的词条。

（二）非外来词词条的误收

词典在收词上存在以上漏收情况，还存在"斩将"的误收情形。词典中"斩将"的语源标注为匈奴语，释义为"匈奴王公的头衔"。词典中未收该词的异体形式，也未给出例证。根据汉文全籍语料库的检索统计我们调查发现先秦文献中无此词用例，两汉的文献中"斩将"的词频为27次。但根据文本中出现的相关例句分析该词均为动宾搭配，并非一个词汇单位，也不是词典中的释义。如：

> 斩将取旗，以明非战之罪。《中论·卷之下》
> 不能备行伍，攻城战野，有斩将搴旗之功。《汉书·卷三十二·司马迁传》2063
> 故先言斩将搴旗之士。《汉书·卷四十三·郦陆朱刘叔孙传第十三》1638

"斩将"在魏晋文献中的词频为22次。如：

> 斩将十数，馘首千计。《全三国文·卷十一·魏十一》
> 所以斩将克城，土不加广。《晋书·卷一二六·载记第二六》

另外"斩将搴旗"的组合出现了12次。"搴旗斩将"出现两次。

我们在语料库中调查后发现"斩将"在南北朝文献中出现了21次，在隋唐时期文献中出现了27次。这些相关组合也都是动宾结构的短语。如：

> 又贵游之子，未必有斩将搴旗之才。《宋书·卷一四·志第四》
> 斩将而去，即此处也。《水经注疏·卷三十》
> 及进兵之日，曾无藩篱之限，斩将搴旗，伏尸数万。《长短经·卷六·霸纪下》

据上面的统计分析可见在唐以前的文献中"斩将"都是动宾短语，并无外来词语义。直至宋代的语料中发现如下所示：

> 先是朔方以西障塞多不修复，鲜卑因此数寇南部，杀斩将王。《册府元龟·卷九百八十九》

宋代学者王钦若有注释为"匈奴有左右斩将王"，与词典此词的收录有一定关联。我们认为前人对《册府元龟》中的原文理解有偏差，此处句中的"斩将"并非一个独立的词，而是句中的"杀斩"为并列同义的组合，再与"将王"组合后成为动宾短语。词典中把"斩将"收录注释为外来词有待商榷。

（三）收词原则存在不一致

词典中收录的两汉外来词在收词原则上有不一致的情形，主要在以下三个方面：

（1）收词范围存在不一致

词典凡例中指出不收意译外来词，但意译词"吹鞭"收录在词典里了。在《乐书·胡部·竹之属》中宋代学者陈旸指出："汉有吹鞭之号，筶之类也。"这说明"吹鞭"和"胡筶"与"筶"是一类，都是指北方外族的一种乐器，而"胡筶"是意译词。在《说文》中有"筶，吹鞭也。"词典中标注"吹鞭"的语源为"拉丁语"也不妥。

另外，词典收录了来自西域的植物名外来词"胡荽"，但未收如"胡箜篌、胡笛"等其他西域物名的外来词。

（2）异形词收词体例存在不一致

异形词在词典中一般列入词条序列中，不再逐一释义，采用"→主词条（页码）"的格式，但有部分词条存在体例不一致情形。如：词典对"安石榴"的异形词"若榴、丹若"进行了释义，但该词条未收录其简称形式"榴"，而词典主词条中有"榴"这个词，释义也是"石榴"。再如："吾斯"一词，又作"牙斯、吾西"。这两个异形词也未收录在词典词条序列中。另如："狻麑"的异形词"狻猊"一词，"烟支"的异形词"烟肢"一词，"谷蠡"的异形词"谷彖"一词，"屠耆王"的异形词"诸耆王"一词和"胡荽"的异形词"胡荽"词典中都未收录在词条中。

（3）收词词形存在不一致

对外来词主词条释义后词典一般标注其异形词，并收在词典的主词条序列中。但词典存在同一词收词词形不一致情况。如：词条"骆驼"在词典中的异形词有"橐它、橐驼、驮驼、驼"，但"橐驼"的词条中收的异形词是"橐驒"。

（四）词典存在的其他不足

词典除上面的问题以外，在以下方面也存在不足。

（1）义项标注的不足

词典中的两汉外来词在词义义项上存在标注不足之处。如词典中词条"阏氏"的第一个义项如下：

匈奴人对已嫁女子的称呼。匈奴称红蓝（花）为"烟支"，即胭脂，出嫁女子用烟支花制成的颜色饰面，因而已嫁女子也称阏氏。

我们考察后认为此义项应是词条"烟支"的第二个义项"用烟支花制成的颜色，妇女用来饰面"引申而来的。词典应在词条"烟支"的释义中增加一个义项③，并且应增加"又作'阏氏①'"。

（2）主词条确立存在不足

对同一个汉语外来词的书写多种形式词典在凡例中指出了区分正体与异体的原则。其中的一条原则是通行常用。这条原则对近现代的外来词比较适用，对于区分古汉语外来词的正体和异体，应以断代语言中的常用性为参考。在词典中高频词可设立为主词条。由于词典编纂时缺少语料库统计手段造成古汉语外来词常用性判断的不准。以下我们以"帛叠"为例，在语料库中考察这一主词条及异体的分布使用情况。

"帛叠"是一种草棉，源于波斯语的"pambak dip"。在词典中为主词正体，"白叠、白氎"为异体词。经在语料库调查，两汉文献中"帛叠"的词频为 1 次。如：

知染采文绣，罽氍、帛叠，兰干细布，织成文章如绫锦。《后汉书·卷八十六·南蛮列传七十六》997

在三国时期的文献《外国传》中有记载："诸薄国女子织作白叠花布。"

异体词条"白氎"在两汉文献中的词频为零，语料库中该词最早在南北朝时期的《出三藏记集·卷三》中出现。即："又有《因缘经》说佛在世时，有一长者梦见一张白氎，忽然自为五段。"在隋唐五代的文献中该词出现了 14 次，如《全唐诗》中收的王建《送郑权尚书南海》中有"白氎家家织，红蕉处处栽"。

另一个异体词条"白叠"在两汉的文献语料中也未出现，在汉代文献的后世注疏注释中有使用。如下面句中的"都布、榻布、答布、荅布"。

> 交拜礼毕，使出就馆，更为援制都布单衣……。《后汉书·卷二十四·列传十四》303
>
> 文采千匹，榻布皮革千石……《史记·卷一二九·列传六十九》7610
>
> 交拜礼毕，就馆，更为援制答布单衣、交让冠。《东观汉记·卷十二》
>
> 筋角丹沙千斤，其帛絮细布千钧，文采千匹，荅布皮革千石。《汉书·卷九十一·列传第六十一》2731

两汉义献的后世注疏使用情况如下：

> 张守节正义："白叠，木绵所织，非中国有也。"
> 司马贞索隐引《吴录》曰："有九真郡布，名曰白叠。"
> 裴骃集解引《汉书音义》曰："榻布，白叠也。"
> 三国孟康《汉书音义》曰："荅布，白叠也。"

所以从前人注疏中可见"白叠"在汉语中出现的应比"都布、榻布、答布、荅布"词语晚，"帛叠"与"都布、榻布、答布、荅布"都是两汉时期出现的外来词，采用了不同的混合译借方式，"都、榻、答、荅"是同音的不同译字。"帛叠"是音译方式，而且汉字"帛"有语义联想性，"帛叠"确立为主词正体是恰当的。但异体外来词上应增加"都布、榻布、答布、荅布"词形，异形的顺序排列词典应按历时先后为宜。异形词的历时考察工作牵涉语料范围较大，目前受项目时间和本人精力所限尚不能完成所有词条异形的考察，先以此词条案例为词典的修订提供参考与借鉴。

二 《汉语外来词词典》的文献用例考察

语文性辞书的主要功能在于为读者提供词语的常用释义，而专科词典则重在提供相关专科知识，同时也需具备词典框架的核心内容。所以专科词典既要汇总专科知识，还要合理借鉴语文性辞书中的编纂模式。

《汉语外来词词典》是汉语专科词典中的代表，在外来词探源溯流方面做得比较好，释义方面简明扼要。除上文发现的不足之外，比较突显的问题是词条有释义但缺乏汉语历史上外来词使用的具体例证。特别对于古汉语外来词，读者查阅词典词条时除了查证相关词义还要了解其语言事实，因此外来词词典应增补词语的文献书证。例句书证的选取应以正体词条为主，兼顾高频异体词形。以下为我们考察的两汉外来词相关词条在词典中的用例情况。

（一）《汉语外来词词典》中的文献用例分布

词典中的两汉外来词标注词条用例的有 12 条。如"苜蓿、单于、径路、骆驼、騠毻、葡萄、师比、狮子、鲜卑、猩猩、阏氏、烟支"。词条无用例的 31 条，包括普通词 16 条，如"安石榴、帛叠、逗落、郭洛、胡荽、琥珀、句决、箜篌、榴、琉璃、若榴、若鞮、瓯脱、桑乾、狻麑"等；专有名词有 15 条，如"澄黎独孤、谷蠡、骨都侯、孤塗、祁连、尸逐、且渠、日逐、屠耆王、吾斯、温禺鞮、斩将"等。可见，词典中两汉外来词词条的书证数量不多，对例证重视程度不够。而且在词条有书证的用例上也有需改进之处，主要包括以下方面。

（1）例证中用词与主词条不一致

词典的两汉外来词词条有书证的存在用词与主词条不一致的情形。以下我们通过"骆驼""葡萄""狮子""烟支"加以考察。

"骆驼"主词条后有两例书证：

其兽多橐驼。《山海经·北山经》

（鄯善国）多橐它。《汉书·卷九十六上·西域传第六十上》2858

书证中的词"橐驼""橐它"都是主词条"骆驼"的异体词形。标注的用例没有"骆驼"的最早书证，其他异体词形也无用例。

通过调查后发现"橐驼"在先秦文献中的词频为 7 次，"骆驼、橐它、駝驼"为 0 次。而在两汉文献中"骆驼"的词频为 17 次，"駝驼" 4 次，"橐它" 5 次。在两汉文献中的示例如下：

南单于遣使献骆驼二头，文马十四。《东观汉记·卷二十》

骡驴駝驼，北狄之常畜也。《盐铁论·卷第七》

（鄯善国）多橐它。《汉书·卷九十六上·西域传第六十

上》2858

另如"葡萄"在词典中也存在书证与主词条不一致的情形。词典标注的书证为:

> 其俗土著,……有蒲陶酒。《史记·卷一二三·大宛列传第六十三》7284

词典用例出现的不是主词条"葡萄"的用例,而是异体词"蒲陶"。也没有"葡萄"的其他异体"蒲桃、蒲萄、葡陶"的书证用例。这对词典用户造成的困扰显而易见。我们调查后发现两汉文献中"葡萄"及异体词"蒲陶"的词频均为22次,"蒲萄"9次,"蒲桃"3次,"葡萄"4次,"葡陶"0次。词频数据表明词典给出书证的是高频词,其他的异体词可酌情收录书证。如:

> (罽宾国)多蒲桃竹漆。《前汉孝武皇帝纪三·卷第十二》
> 伊吾地宜五谷、桑、麻、葡萄。《后汉孝殇皇帝纪·卷第十五》
> (大宛国)出蒲萄苜蓿。以蒲萄为酒。《前汉孝武皇帝纪三·卷第十二》

再如"狮子",在词典中是收录的主词条,但给出的两例书证都是异形词"师子"的用例。如:

> 师子者,波斯国胡王所献也。《洛阳伽蓝记·卷三》
> (乌弋)有桃拔、师子、犀牛。《汉书·卷九十六上·西域传第六十六上》

早期文献中"狮子"与"师子"的词频相差较多,但"狮子"因其语素"狮"增加了"犭"形符表意逐渐发展为正体,所以词典没有给出"狮子"的例证是不妥的。两汉文献中有如下用例:

> 及有狮子辟邪凿齿天鹿长牙铜头铁额之兽。《海内十洲三岛记》
> 乌戈(讹)国……出狮子犀牛。《前汉孝武皇帝纪三·卷第十二》

另外"烟支"也存在书证用词和主词条不一致情形。词典中的两个例证如下：

> 后有所爱阏氏。《史记·卷一一十·匈奴列传第五十》6548
> 燕支，叶似蓟，花似捕公，出西方，土人以染，名为燕支。《古今注》

第一个例证后给出如下：

> 司马贞索隐引习凿齿与燕王书云："……北方人采取其花染绯、黄，采取其上英鲜者作胭脂，妇人采将用为颜色。"

词典给出的两个书证中的词形为"阏氏、燕支、胭脂"，并无主词条正体"烟支"。词典中的另一个主词条"阏氏"给出的书证标注的也是"后有所爱阏氏"及司马贞索隐的注释。另一个异体词"焉提"在词典中也没有例证。

我们通过语料考察发现"烟支"较早出现在东晋徐广对《史记》下面句子的注释中。

> 巴蜀亦沃野，地饶厄。《史记·卷一二九·货殖列传第六十九》7582

徐广对其中的"厄"注释为"音支。烟支也，紫赤色也"。从司马贞索隐引的一段话可见"烟支"因常用来表"阏氏"的同音而成其异体。

因此，我们认为词典应将"阏氏""烟支"并作一个主词条，"阏氏"为正体，"烟肢、烟支、燕脂、燕支、胭支、胭脂、撚支、焉提、焉支"可按义项列为不同异体，同时增加高频异体词的相关例证。

以上有关两汉外来词的这种词典书证用词与主词条不一致的情形，一方面显示出词典编纂者在词条释义例证上存在疏忽，导致词典整体缺乏例证内容。另一方面给出例证的词条由于缺乏相对统一模式，造成收录的词条在书证上存在不一致的事实。

（2）异体词例证存在随意性

专科词典的功能在于满足读者查阅相关词条获取专门知识。所以外来词专科词典既需要满足读者查证外来词的音、形、义、源等基本信息内容，同时可通过词条的书证了解词语的历时基本面貌。尤其是早期引进的外来词中未完全融入共同语的或词频较低语义不透明的词，书证可帮助读者理解词语出现的语境及文献历时信息。因此书证环节是专科词典的重要内容，对于异体形式较多古汉语外来词更加必要。以下是对《汉语外来词词典》收录书证的词条"师比""猩猩""苜蓿"进行的考察，发现异体词条选取例证存在一定的随意性。

词典中"师比"主词条给出的书证如下：

> 遂赐周绍胡服，衣冠具带，黄金师比。《战国策·赵策》

此例证为"师比"语料库文献的最早记载。词典收录的书证有所失误，主要是文献例句的句读上。除了词典上给出的这种，此句还可以断句如下：

> 遂赐周绍胡服衣冠，具带黄金师比，以傅王子也。
> 遂赐周绍胡服、衣冠、具带、黄金师比，以傅王子也。

因此这个例证的断句关键在于"具带"的理解。如下面语例：

> 黄金饬具带一，黄金犀毗一。《汉书·卷九十四上·匈奴传第六十四上》2781
> 黄金饰具带一，黄金胥纰一。《史记·卷一一十·匈奴列传第五十》6570

对《汉书》中的例句，三国时期学者孟康的注释是"要中大带也"。对《史记》中的例句，裴骃集解引《汉书音义》曰："要中大带。"近代学者王国维《观堂集林·胡服考》中认为"具带者，黄金具带之略"。可见"具带""胡服""衣冠"三个是表并列关系的名词，"黄金师比"是表定中关系的偏正短语。所以词典中的此书证应调整为"遂赐周绍胡服、衣冠、具带、黄金师比，以傅王子也"。

词典收录了"师比"主词的异体词形"犀毗、私纰、犀比、鲜卑"，而只给了"鲜卑"和"犀比"例证。如：

小腰秀颈，若鲜卑只。《楚辞·大招》

晋制犀比，费白日些。《楚辞·招魂》

外来词"猩猩"词典在其异体词的书证上也存在一定随意性。词典对"猩猩"和异体词"狌狌"分别正确给出了书证"猩猩小而好啼"和"……伏行人走，其名曰狌狌，食之善走"。但异体词"生生"没有给出书证。

"生生"在先秦的文献中已大量使用。如下所示：

然而生生死死，非物非我，皆命也。《列子》

人莫不以其生生，而不知其所以生。《吕氏春秋》

寒暑弛张，生生化化。《黄帝内经》

"生生"的大量组合语义也不相同，其中表动物"猩猩"的语义并不常见。因此，作为外来词"生生"的语义会使读者有较多陌生感。词典应增加该词的书证提高词典实用性功能。经语料库考察，叠音外来词"生生"用例如下：

生生若黄狗，人面能言。《逸周书集训校释》

另外词典漏收了"猩猩"的异体词"牲牲"。该词用例如下：

（冉駹夷）又有五角羊、麝香、轻毛毦鸡、牲牲。《后汉书·卷八十六·南蛮传七十六》1000

北宋的《册府元龟》中有相同的语言记载。

再如外来词"苜蓿"，词典收其作为正体并收录了"目宿、木粟、牧蓿"三个异体词，但未收录另外三个异体词"怀风、牧宿、光风"，并且除了正体外词典对异体词未给出书证。经语料库调查，两汉文献中异体词"目宿"词频为6次，"牧蓿""木粟"词频均为0次，而"怀风""牧宿""光风"的词频分别为4、3、2次。"苜蓿"的异体词示例如下：

蓼苏牧宿子及杂蒜。《四民月令》

乐游苑自生玫瑰树，村下多苜蓿。苜蓿一名怀风，时人或谓之光

风。《西京杂记》

　　罽宾地平，温和，有目宿，杂草奇木，檀、槐、梓、竹、漆。《汉书·卷九十六上·西域传第六十六上》2864

　　从以上两汉外来词的书证考察来看，《汉语外来词词典》在异体词例证收录统一原则上存在不足。另外，受词典编纂时技术手段的限制，词条书证存在一定的主观性偏误。

　　（二）《汉语外来词词典》的文献用例补证

　　以上对词典的考察主要从两汉外来词词条的例证与主词正体不一致和异体词选取例证两方面进行的。词条书证是词典确立收词词目、确定义项的参考依据，也是读者正确理解词条语义的关键。而《汉语外来词词典》中无书证词条数量大大超过有书证词条，未来词典修订完善时需在书证补充上做大量工作。以下我们对词典中两汉外来词部分无书证词条予以查证补充，以便于词典下一步的修订完善。我们选取书证以简洁典型、出自经典文献为标准，对正体的异形词也查证补充，根据共时语言的事实给出一两个用例。

　　（1）普通词补证①

　　　逗落

　　其送死，有棺椁金银衣裘，而无封树丧服。西晋学者张华曰："匈奴名冢曰逗落。"《史记·匈奴列传第五十》

　　安石榴—若榴0②、丹若0、榴、石榴0［安石］

　　安石榴不可多食，损人肺。《金匮要略》

　　葡萄安石，蔓延蒙笼，橘柚含桃，甘果成丛。《全后汉文·德阳殿赋》

　　胡荾—胡荽

　　四月、八月勿食胡荾，伤人神。《金匮要略》

　　琥珀—虎魄；［琥魄］

　　常以琥珀笥盛之。《西京杂记》

　　（罽宾）出封牛……珠玑、珊瑚、虎魄、璧流离。《汉书·卷九十六上·西域传第六十六上》2864

　　（大秦）多金银、真珠、珊瑚、琥魄、琉璃、金缕……《后汉孝

---

① 主词条在"—"前，后为异体词条。［ ］中是词典漏收的异体词。
② "0"代表此词在语料库两汉文献中未有使用语例。

殇皇帝纪》

箜篌—空侯、坎侯、坎矦；［坎篌］

箜篌，盖空国之侯所存也。《释名·释乐器》

单于前言先帝时所赐呼韩邪竽、瑟、空侯皆败，愿复裁。《后汉书·卷八十九·南匈奴传七十九》1038

琴瑟皆空，何独坎侯耶？《风俗通义·声音》

句决

妇人至嫁时乃养发，分为髻，著句决，饰以金碧。《后汉书·卷九十·乌桓列传八十》1048

琉璃—瑠璃；［璧流离、琪琉］

（大秦）多金银、真珠、珊瑚、琥魄、琉璃……《后汉孝殇皇帝纪》

（哀牢）出铜……水精、瑠璃、轲虫、蚌珠……《后汉书·卷八十六·南蛮列传七十六》998

与应募者俱入海市明珠、璧流离、奇石异物。《汉书·卷二十八下·志第八下》1330

氍毹琪琉蒲萄龙文鱼目汗血名马。《前汉孝武皇帝纪·卷第十五》

桑乾

参合，平舒，祁夷水北到桑乾入沽。《汉书·卷二十八下·地理志第八下》1297

瓯脱［区脱］

与匈奴中间弃地莫居千余里，各居其边为瓯脱。《汉书·卷九十四上·匈奴传六十四上》2775—2776

区脱捕得云中生口。东汉学者服虔曰：“区脱，土室，胡儿所作以候汉者也。”《汉书·卷五十四·李广传第二十四》1877

（2）专有名词的补证

祁连［祁连山］

（大月氏）本居敦煌、祁连间，至冒顿单于攻破月氏，而老上单于杀月氏。《汉书·卷九十六上·西域传六十六上》2868

过居延，攻祁连山，得胡首虏三万余级。《汉书·卷九十四上·匈奴传六十四上》2788

谷蠡—谷彖 0；[鹿蠡]

匈奴单于称臣，遣弟谷蠡王入侍。《汉书·卷八·宣帝纪第八》187

椎鸣镝，钉鹿蠡。《后汉书·卷八〇上·列传第七〇上》910

尸逐

异姓大臣左右骨都侯，次左右尸逐骨都侯，其余日逐、且渠、当户诸官号。《后汉书·卷七十九·南匈奴传》1037

斩温禺以衅鼓，血尸逐以染锷。《后汉书·卷十三·窦融传》298

日逐

使都护西域骑都尉郑吉迎日逐，破车师，皆封列侯。《汉书·卷八·宣帝纪第八》184

温禺鞮[温禺、温吾、温禺犊、温禹犊、温偶駼]

次左右日逐王，次左右温禺鞮王，次左右渐将王，是为六角。《后汉书·卷七十九·南匈奴传》1036

斩温禺以衅鼓，血尸逐以染锷。《后汉书·卷十三·窦融传》298

于是温犊须、日逐、温吾、夫渠王柳鞮等八十一部率众降者，前后二十余万人。《后汉书·卷十三·窦融传》298

此温偶駼王所居地也。《汉书·卷九十四下·匈奴传第六十四下》2815

击温禹犊王于涿邪山。《后汉孝明皇帝纪》

吾斯—牙斯、吾西

乃收其兄呼屠吾斯在民间者立为左谷蠡王。《汉书·卷九十四下·匈奴传第六十四下》2805

且莫车为左谷蠡王，囊知牙斯为右贤王。《汉书·卷九十四下·匈奴传第六十四下》2813

以其长子都涂吾西为左谷蠡王。《汉书·卷九十四下·匈奴传第六十四下》2805

奥鞬—奥鞬

因白单于，言奥鞬日逐凤来欲为不善。《后汉书·卷七十九·南匈奴列传》1036

于是南单于复令奥鞬日逐王师子将轻骑数千出塞掩击北虏，复斩获千人。《后汉书·卷七十九·南匈奴列传》1039

莱护 0—歙侯、业户 0、翁侯

（大夏）凡五翁侯，皆属大月氏。《汉书·卷九十六上·西域传第六十六上》2868

随长罗侯常惠屯田乌孙赤谷城，与歙侯战。《汉书·卷六十九·辛庆忌传第三十九》2252

以上对词典中外来词主词条或异体词的用例补证，词条后有 0 标记的是未出现在两汉文献的词，此部分的补证有待我们后续进行查证研究。

三　《汉语外来词词典》的书证规范

《汉语外来词词典》是目前一部较好的汉语专科词典，但在书证方面需进一步关注。从以上两汉外来词的书证问题来看，词典在下一步的修订上需规范书证体例，在统一原则下制定科学性标准，给出所收录外来词正体及高频异体词的代表典型书证。书证的体例规范应遵照如下原则：

（1）正体高频书证优先的原则（例证略）

词典中外来词的书证应遵循正体词优先原则，避免书证只列出正体词的异体形式，未列正体词的弊端。如外来词词条有异体，可在正体书证后，按外来词异体的历时发展顺序给出异体词的书证。语言词汇共时层面的异体词可参考词频的常用度，按高频词优先原则顺序列出。

（2）书证体例一致的原则

词典中外来词的书证应遵循一致性原则进一步规范。如下：

皇帝敬问匈奴大单于无恙。《史记·匈奴列传》

此例书证是外来词"单于"的书证。采用先给出文词语的语句，后列出语句的文献出处。另外，词典为使例证上下文简洁而使用"（ ）"格式，可保持一致使用并在"（ ）"内增加句子的相关主题。如：

（单于）其国称之曰"撑犁孤涂单于"。《汉书·匈奴传》

第三节　《汉语外来词词典》的展望

胡明扬等（1987）、梅家驹（1987）、陈炳迢（1991）、章宜华、雍和明（2007）等学者对于词典及专科词典的编纂都提出了基本原则，涉及的原则最多的有 9 个，但不论多少都提出应该包括的是科学性和实用性。因此《汉语外来词词典》作为汉语的专科工具书，在遵循词典编纂共性要求的基础上，也要满足特性标准。未来《汉语外来词词典》在已有特色上，是否能够满足读者的使用需求关键在于词典的实用性。而实用性涉及诸多方面，包括收词覆盖面要广，释义凸显度高，词源标注的准确化和书证的历时发展典型性等。

但正如词典学家兹古斯塔（1971）的观点，因专科词典是收词受限的词典，编纂者需在收词上预判读者查考的需要，按照词典编纂的科学原则才能最大化地满足读者用户的使用要求。因此未来外来词词典的修订与编纂既需结合词汇学的深入研究，也应借鉴词典学的前沿理论。

以上我们以两汉部分外来词为考察对象对专科词典《汉语外来词词典》所做的分析只是冰山一角，还有大量不同时期的外来词需要进一步深化研究。我们的相关研究旨在为推动汉语外来词专科词典的进一步修订与完善提供有价值的参考。

第十章　魏晋时期汉语外来词的发展演变

　　魏晋时期社会处于动荡，战争频繁。汉语主体世界处在与外族、外国纷繁交杂的动态进程中，社会的多变势必影响语言的发展。而词语是语言要素中最活跃的部分，随着社会的发展，词汇的变化反应最快，是社会现象的晴雨表，总会随之产生相应词汇。关于魏晋时期的词汇研究成果较多，而且多将魏晋南北朝作为一个时期进行语言研究，如周一良（1985）、江蓝生（1988）、方一新（1997）、王云路（1997）等。吴金华（1990、1994）、邓军（2001）、苏杰（2001）等学者对此时期的专书《三国志》进行了词汇方面的研究。

　　王力（1980）提出："在三千年的汉语史发展过程中，到底逐渐积累了的是一些什么新质要素，逐渐衰亡了的是一些什么旧质要素？"[①] 这一问题面向词汇系统既包括汉语言世界中新词新义的产生，也包括语言接触过程中从外族外国语言世界中引进的新质词汇成员。其中朱庆之（1992）、李维琦（1993）、梁晓虹（1994）等学者对魏晋时期新质成员中的佛经词语进行了相关研究。吉晶（2014）调查分析了魏晋南北朝时期的1126个外来词的词汇特点，其中的外来词以佛经词汇为主。

　　外来词属于词汇系统的异质成员，虽具有一般词汇没有的源头特殊性，但凡是进入了一种语言的外来词，都会在词汇系统中不断融合发展。其结果或者是完全本土化，逐渐失去源语言的识别特征，或者外来词的身份比较明显。面向汉语词汇系统的旧质成员研究将魏晋南北朝作为一个历时层面有一定的合理性，但从面向外来词词汇史的长远研究来看，可将魏晋划为一个时期进行断代考察，这有利于对外来词进行深入考察。同时考察对两汉时期的外来词研究情况，学界对非佛典外来词的研究较为薄弱，因此下文我们基于汉籍语料库的文献资料，对魏晋时期广义视角下的非佛典外来词的296个普通词、382个专名词及229个佛典词进行了词汇学方

[①]　王力：《汉语史稿》，中华书局1980年版，第1页。

面的研究，以发现汉语外来词系统的发展变化特点。

第一节　魏晋外来词的外部发展

阎玉文（2003）对魏晋时期的《三国志》中的复音词进行了研究，但其研究的词语不包括人名、地名、职官名等专名。对于汉语固有词汇的研究不考察专名可以反映汉语词汇的特点，但面向外来词系统的研究，专名词是其中重要成员，对外来词的外部特征影响很大。

一　魏晋外来词词长价考察

汉语词汇的复音化是词汇研究的重点之一。对断代时期外来词的词长考察可展现共时层面的词汇外部特点。根据对魏晋时期的外来词整理分析，非佛典外来词词长分布情况如下：

（一）普通词词长分布

魏晋时期的296条外来词普通词中词长分布如下：

单音节词7条，包括：驼、化、葵、骡、枏、賨、噫

双音节词200条，包括：胡黎、胡离、鸼鸧、尸鸠、鹦鹉、鹦武、师子、狮子、猩猩、通犀、骆驼、橐驼、巨象、驯象、貂皮、文马、赤鼠、露犬、文豹、蜀马、野马、牦牛、端牛、黑雉、碧鸡、猴玃、猳玃、弥猴、猕猴、貂貀、驱騟、𧰼子、神龟、瑇瑁、朱髦、玄熊、赤螭、猛兽、班鱼、帮牛、孔雀、羱羊、胡马、胡蝶、巨爵、璧木、文木、紫檀、雒常、燕支、胭肢、红蓝、烟支、阏氏、阏支、烟肢、胡麻、巨胜、蒲陶、蒲萄、葡萄、蒲桃、大麦、苜蓿、人参、绽麻、石榴、若榴、大栗、豫樟、柔栭、投檑、乌号、枫香、丹木、毡褐、氀毼、氍毹、罽帐、越叠、锦罽、貊布、细纻、縑绵、细縑、縑布、倭锦、绵衣、帛布、班布、胡绫、貂蝉、胡服、俎豆、胡床、貊槃、貊盘、胡粉、朱丹、鼠皮、微木、苏合、狄提、迷迷、兜纳、薰陆、郁金、芸胶、流黄、玛瑙、玛脑、马瑙、木难、毛毳、句决、金碧、虎珀、琥珀、石胆、玳瑁、琉璃、流离、象牙、珊瑚、水精、木精、羽翮、真珠、明珠、明月、犀簪、碧石、赤玉、貂狖、玉匣、玉璧、白珠、金带、宝花、金花、美珠、璎珠、幂疆、大贝、青玉、南金、翠爵、璆琳、琅玕、玫瑰、雄黄、雌黄、车渠、羌煮、貊炙、石蜜、鳆鱼、胡蒜、大蒜、胡豆、胡饼、箜篌、横吹、琵琶、胡角、胡笳、胡乐、胡曲、胡舞、胡寇、胡虏、胡贼、胡人、胡婢、胡

儿、胡僧、胡骑、阿干、楉矢、石弩、石砮、弓甲、檀弓、铠仗、胡塞、天君、苏涂、浮屠、灼骨、髡头、迎鼓、胡市、褊头、胡书、胡事、秃发、柈京、责祸、舞天、东盟

三音节词57条，包括：鹦武鸟、白鹦鹉、白氎子、通天犀、骇鸡犀、果下马、细尾鸡、挹娄貂、辟毒鼠、苏方木、紫柟木、酒杯藤、燕支粉、燕支花、红蓝花、安石榴、枫香脂、白胶香、琅玕树、金缕绣、杂色绫、金涂布、绯持布、发陆布、火浣布、巴则布、度伐布、温宿布、绛青缣、海西布、迦盘衣、续弦胶、班鱼皮、白昆子、苏合香、白附子、薰陆香、薰草木、安息香、玛瑙石、车渠石、莫难珠、夜光璧、璧流离、明月珠、灵蛇珠、夜光珠、真白珠、符采玉、五色玉、青田酒、蒲桃酒、蒲陶酒、胡桃戏、阿柴虏、野虏焉、短弓矢

四音词27条，包括：越祝之祖、织锦缕罽、绯持渠布、阿罗得布、五色桃布、五色斗帐、缯绣锦罽、异文杂锦、五色氍毹、白氎子裘、明月真珠、明月珍珠、明月神珠、海西青石、弓盾矛橹、青昆子皮、皮骨之甲、刀盾弓箭、玄齿文身、黥面文身、被发徒跣、翦发垂项、雕文刻镂、祭天金人、县颈垂耳、被发屈紒、科头拍袒

五音节词4条，包括：涂林安石榴、绛地金织帐、孔青大句珠、金同心指镮

八音节词1条，包括：五色九色首下氍毹

（二）专名词词长分布

因时间及精力所限，我们选取了魏晋时期的外来词专名词382条，以官名、外族、外国名为主。这些数量的外来词尽管不是全部专名词，但足以反映该时期外来词专名词的词汇特点。以下是专名外来词的词长分布情况：

单音节词4条，包括：弁、韩、濊、倭

双音节词90条，包括：天王、弥加、弥弥、渠帅、渠觚、阙机、阙居、素利、槐头、柯最、大使、使者、沛者、邑君、三老、对卢、主簿、都尉、伯长、尔支、多模、马加、牛加、猪加、狗加、相加、卑狗、胡国、鲜国、奴国、鬼国、裸国、琴国、柳国、岩国、海西、东夷、西戎、南蛮、扶南、北狄、东胡、山越、鲜卑、韩濊、马韩、辰韩、弁韩、韩国、秦韩、弁辰、挹娄、粟弋、伊列、臣智、险侧、樊濊、杀奚、邑借、大夏、大宛、天竺、义渠、安息、条支、乌弋、排特、大秦、犁靬、犁鞬、阿兰、奄蔡、夫余、隶慎、倭人、禅离、焉耆、龟兹、康居、林邑、匈奴、乌丸、罽宾、楼兰、丁令、坚昆、隔昆、鄯善、月氏、敕勒

三音节词214条，包括：大都督、大单于、大司马、大将军、宴荔游、弥马升、大使者、侯邑君、优台丞、魏率善、归义侯、中郎将、泄谟觚、伊支马、奴佳鞮、古雏加、左贤王、右贤王、左日逐、右日逐、左沮渠、右沮渠、左当户、右当户、大人国、轩辕国、白民国、三苗国、驩兜国、短人国、结胸国、羽民国、穿胸国、君子国、黑齿国、侏儒国、厌光国、绳余国、义渠国、西海国、越隽国、禅离国、养云国、爰襄国、臣衅国、躬臣国、女王国、一群国、一离国、牟奴国、牟水国、桑外国、模卢国、蒲都国、沙楼国、已柢国、不弥国、不云国、不斯国、不弥国、不呼国、勤耆国、冉奚国、冉路国、军弥国、如湛国、户路国、伯济国、日华国、古离国、怒蓝国、月支国、月氏国、古爰国、莫卢国、卑离国、卑弥国、支侵国、古蒲国、儿林国、驷卢国、感奚国、友半国、万卢国、捷卢国、莫卢国、古腊国、一难国、爰池国、乾马国、楚离国、州鲜国、马延国、投马国、马耆国、斯马国、马胫国、斯卢国、斯罗国、优中国、末卢国、伊都国、伊邪国、都支国、狗素国、狗奚国、狗卢国、狗奴国、鬼奴国、弥奴国、姐奴国、苏奴国、乌奴国、对苏国、呼邑国、为吾国、邪马国、巴利国、支惟国、焉耆国、夫余国、康居国、鄯善国、敕勒国、且志国、小宛国、精绝国、楼兰国、戎卢国、扞弥国、渠勒国、穴山国、皮山国、罽宾国、姑墨国、温宿国、尉头国、尉梨国、高附国、大月氏、大宛国、大夏国、大秦国、天竺国、临儿国、车离国、盘越国、危须国、山王国、桢中国、莎车国、竭石国、渠沙国、西夜国、依耐国、满犁国、亿若国、榆令国、捐毒国、休修国、思陶国、坚沙国、属繇国、且弥国、单恒国、毕陆国、蒲陆国、乌贪国、奄蔡国、呼得国、坚昆国、林邑国、丁令国、浑窳国、屈射国、隔昆国、新梨国、汉越王、泽散王、沛隶王、驴分王、且兰王、贤督王、氾复王、于罗王、屠各种、鲜支种、寇头种、乌谭种、赤勤种、捍蛭种、黑狼种、赤沙种、郁鞞种、萎莎种、秃童种、勃蒇种、羌渠种、贺赖种、钟跂种、大楼种、雍屈种、真对种、力羯种、高句丽、下句丽、东沃沮、北沃沮、置沟娄、南沃沮、东沃沮、肃慎氏、吐谷浑、礼惟特

四音节词48条，包括：散骑常侍、冠军将军、乌丸大人、置鞬落罗、日律推演、弥弥那利、弥马获支、皂衣先人、柄兕马觚、卑奴毋离、左奕蠡王、右奕蠡王、左于陆王、右于陆王、左渐尚王、右渐尚王、左朔方王、右朔方王、左独鹿王、右独鹿王、左显禄王、右显禄王、左安乐王、右安乐王、占离卑国、临素半国、臣云新国、臣苏涂国、内卑离国、辟卑离国、致利鞠国、素谓乾国、古诞者国、孟舒国民、骇沐之国、啄人之

国、弱水西国、寇漫汗国、寇莫汗国、弁乐奴国、弁军弥国、邪马壹国、已百支国、好古都国、西且弥国、臣濆沽国、小石索国、大石索国

五音节词 19 条，包括：前锋大都督、狗古智卑狗、不斯濆邪国、如来卑离国、牟卢卑离国、臼斯乌旦国、监奚卑离国、咨离牟卢国、速卢不斯国、优休牟涿国、于离末利国、肃慎氏之国、弁辰接涂国、弁辰半路国、弁辰甘路国、弁辰狗邪国、弁辰安邪国、弁辰渎卢国、华奴苏奴国

六音节词 3 条，包括：难弥离弥冻国、弁辰古淳是国、弁辰走漕马国

七音节词 4 条，包括：楚山涂卑离国、弁辰弥乌邪马国、弁辰弥离弥冻国、弁辰古资弥冻国

根据统计的魏晋外来词词长情况，不同外来词的词长分布数据如下表 10－1。

表 10－1　　　　　　魏晋非佛典外来词词长分布

	外族、外国名	占比（%）	官名	占比（%）	普通词	占比（%）	合计	占比（%）
单音节	4	1.32	0	0	7	2.36	11	1.62
双音节	62	20.39	28	35.9	201	67.68	291	42.73
三音节	190	62.5	24	30.77	57	19.19	271	39.79
四音节	24	7.89	24	30.77	27	9.09	77	11.31
五音节	17	5.59	2	2.56	4	1.35	23	3.38
六音节	3	0.99	0	0	0	0	3	0.44
七音节	4	1.32	0	0	0	0	4	0.59
八音节	0	0	0	0	1	0.34	1	0.15
合计	304		78		297		681	
平均词长	3.01		3		2.4		总平均词长 2.81	

表 10－1 中数据显示魏晋时期非佛典外来词的词长专名词高于普通词。总体来看双音节占比最高，其次为三音节。而专名词中外族、外国名三音节的占比数据远远高于其他音节，官名的三、四音节占比相当，与双音节数量相差不多。专名词的平均词长已超出 3，所有外来词的平均词长也接近 3。这些数据表明魏晋时期的外来词词长超过两汉时期普通词平均词长价 2.15 和非人名专名词平均词长价 2.6。

（三）魏晋佛典外来词词长分布

在广义视角下我们在魏晋时期的语料库中整理出来 229 条佛典外来

词。以下是其词长分布情况。

　　单音节词 5 条，包括：钵、刹、梵、佛、僧

　　双音节词 132 条，包括：阿难、阿夷、八正、拔济、般若、比丘、彼岸、鞞婆、波若、波旬、袈裟、布施、禅师、禅室、忏悔、车匿、出家、钵盂、持戒、忍辱、精进、禅定、明度、应仪、菩萨、桑门、伯闻、疏间、此丘、晨门、大乘、俱夷、罗云、弥勒、调达、大戒、大士、法服、地狱、弹指、道场、炎天、梵天、二谛、发愿、发心、法和、法会、法乐、法轮、法汰、法师、法益、阎浮、法鼓、梵轮、法事、法性、法用、法座、梵志、梵行、梵语、梵本、佛法、佛屋、佛者、佛教、佛道、佛寺、佛经、佛神、佛像、佛陀、浮图、浮屠、广说、归依、过去、未来、还俗、慧观、优奔、戒行、戒律、智慧、金刚、经藏、经行、讲堂、居士、六度、六通、灭度、论师、弥勒、律藏、摩诃、摩竭、摩尼、魔王、目连、南无、跋澄、难陀、褅婆、慧嵩、内法、尼僧、泥洹、涅槃、涅盘、毗耶、菩提、瞿昙、三尊、三昧、沙弥、世界、天眼、天神、天堂、塔庙、锡杖、现报、现世、须弥、因果、毗尼、悉达、浴佛、坐禅

　　三音节词 54 条，包括：阿阇世、阿毗昙、阿秃师、阿育王、阿周陀、八关斋、白净王、般泥洹、本起经、比丘尼、阿泥察、临蒲塞、白疏闲、大乘经、大乘学、大慈寺、优陀耶、阿周陀、大迦叶、兜率天、忉利天、兜术天、发愿经、法华经、梵天王、中阿含、婆须密、佛图澄、达慕蓝、致隶蓝、阿丽蓝、渐备经、净名经、琉璃钟、辟支佛、婆罗门、菩萨戒、舍利弗、贤劫经、阿遮罗、维摩罗、阿至摸、头暗邪、迦叶佛、无所著、正真道、最正觉、道法御、天人师、维摩经、阎浮提、四阿含、鞞罗尼、竺法护

　　四音节词 28 条，包括：大爱道品、比丘尼法、大宝林寺、化应声天、不骄乐天、第一天上、中阿含经、僧伽罗叉、阿毗昙心、佛图舌弥、温宿王蓝、轮若干蓝、阿丽跋蓝、观世音经、波牟提陀、波披迦罗、头罗迦摩、抄头摩提、昙摩弥迦、拘娄秦佛、鸠摩罗什、鸠摩罗炎、摩诃兜勒、释迦文佛、文殊师利、五体投地、香火因缘、尸陀盘尼

　　五音节词 6 条，包括：般若波罗蜜、大乘阿毗昙、罗汉朱迟母、调达妻斾遮、合微密持经、拘那牟尼佛

　　六音节词 1 条：僧伽罗刹集经

　　八音节词 2 条，包括：昙摩多罗刹集修行、昙摩多罗刹集修行

　　九音节词 1 条：三法度二众从解脱缘

　　魏晋时期佛典外来词的词长分布情况如下表 10 - 2。

表10-2　　　　　　　　　魏晋佛典外来词词长价分布

	数量	占比（%）
单音节	5	2.18
双音节	132	57.64
三音节	54	23.58
四音节	28	12.23
五音节	6	2.62
六音节	1	0.44
八音节	2	0.87
九音节	1	0.44
合计	229	100

表10-2中数据显示，魏晋时期佛典外来词的词长分布双音节数量占比最多，其次是三四音节，最长音节数量为九音节，平均词长2.64，比非佛典外来词的平均词长略低。与两汉时期的佛典外来词的平均词长相差不多。

根据阎玉文（2003）对魏晋时期《三国志》的研究词语复音化程度很高，达到84.4%。而其中三音节以上的词650个，占14650个复音词的4.44%。可见，在魏晋时期本土词汇中的三音节及以上的词汇数量还是很少的，而外来词中非佛典的三音节及以上的占比已达55.65%，佛典外来词的三音节及以上占比为40.26%。可见魏晋时期外来词的词长多音节数量大增，这种变化势必在汉语词汇复音化的进程具有一定的影响力，推进汉语词汇外部词长的发展速度。

二　魏晋外来词变体考察

根据前文对两汉时期外来词的异形变体研究可知汉语早期的外来词词形变体呈多样化态势。变体既受语言主体世界译者的主观性影响，也受汉语词汇、汉字语言要素的限制而产生不同形式。以下通过整理分析魏晋时期非佛典外来词词条在异形变体上的分布情况，考察外来词变体发展特点，词条后面的数字为外来词在魏晋时期语料中的频次。

（一）变体元分布考察

（1）一元变体分布

胡黎1［胡离1］、鸺鹠5［尸鸠7］、师子15［狮子6］、巨象12［驯象7]、猕猴42 [弥猴2]、墨木1 [文木1]、紫柟木1 [紫檀2]、胡麻16 [巨胜12]、白胶香2 [枫香脂1]、骡17 [駏驉1]、羁子4 [白羁子2]、貊槃3 [貊槃2]、苏合8 [苏合香4]、薰陆1 [薰陆香2]、大蒜10 [胡蒜2]、车渠9 [车渠石1]、莫难珠1 [木难1]、玭珸21 [璕珸2]、胡乐2 [胡曲2]、宝花1 [金花1]、石砮1 [石砮8]、阿柴虏1 [野虏焉1]、蒲桃酒2 [蒲陶酒1]、北沃沮4 [置沟娄1]、盘越国1 [汉越王1]、侏儒国1 [短人国1]、高句丽36 [下句丽1]、乌弋2 [排特1]、楼兰1 [楼兰国1]、大宛22 [大宛国1]、大夏30 [大夏国2]、林邑40 [林邑国2]、天竺72 [天竺国1]、禅离2 [禅离国1]、罽宾20 [罽宾国1、]鄯善14 [鄯善国2]、康居2 [康居国2]、敕勒1 [敕勒国1]、焉耆9 [焉耆国1]、夫余38 [夫余国2]、义渠6 [义渠国1]、丁令14 [丁令国2]、坚昆1 [坚昆国1]、隔昆1 [隔昆国1]

（2）二元变体分布

通天犀6 [骇鸡犀4、通犀2]；驼9 [骆驼7、橐驼1]；文马3 [赤鼠1、露犬1]；缣布3 [缣绵1、细缣2]；琥珀11 [石胆9、虎珀2]；琉璃27 [流离1、璧流离1]；浮屠15 [苏涂4、天君2]；猴玃1 [化1、猨玃1]；胡寇32 [胡虏20、胡贼11]；月氏6 [月支国、月氏国1]；韩濊3 [马韩19、弁韩3]；辰韩20 [弁辰14、秦韩3]；鲜卑309 [乌丸161、东胡15]；车离国1 [礼惟特1、沛隶王1]；奄蔡2 [阿兰2、奄蔡国1]

（3）三元变体分布

鹦鹉28 [鹦武11、鹦武鸟1、白鹦鹉1]；安石榴17 [石榴13、若榴3、涂林安石榴1]；玛瑙3 [马瑙2、玛瑙石1、玛脑1]；蒲陶9 [蒲萄8、蒲桃5；葡萄1]；挹娄9 [肃慎氏3、肃慎氏之国1、隶慎1]

（4）四元变体分布　大秦43 [大秦国9、犁靬1、犁鞬1、海西9]

（5）八元变体分布

真珠21 [明月真珠1、明月珍珠1、明月神珠1、明月珠7、明珠55、明月35、灵蛇珠1、夜光珠2]

（6）九元变体分布

燕支6 [燕支粉1、胭肢1、燕支花2、红蓝4、红蓝花1、烟支2、烟肢3、阏氏3、阏支1]

魏晋时期非佛典外来词的异形变体分布情况如下表10-3。

表 10 - 3　　　　　　　　魏晋非佛典外来词异形变体分布

	普通词数量	占比（%）	专名词数量	占比（%）	合计	占比（%）
一元变体	23	60.53	21	72.41	44	65.67
二元变体	9	23.68	6	20.69	15	22.39
三元变体	4	10.53	1	3.45	5	7.46
四元变体	0	0	1	3.45	1	1.49
八元变体	1	2.63	0	0	1	1.49
九元变体	1	2.63	0	0	1	1.49
合计	38	56.72	29	44.28	67	
平均变体元	2.7		2.4		2.6	

从上表 10 - 3 数据可见魏晋时期的非佛典外来词中有异形变体的 67 个，占所考察外来词数量的 9.84%。而两汉时期有变体的外来词占比为 30.05%，这表明外来词在魏晋时期的词形相对固定化程度明显增大，这种变化提高了语言主体世界把握外来词的清晰度与词汇使用的经济性。

魏晋时期非佛典外来词的变体元数量占比最多的是一元变体，其次是二元变体，变体元最多的是 9 个。平均变体元数量为 2.6 个。两汉时期变体元数量最多的为 13 个，平均变体元为 2.01 个。可见魏晋时期有变体的外来词总体数量没有两汉时期的多，但变体元的平均数值略高于两汉时期。

魏晋时期非佛典外来词中普通词的变体数量高于专名词的变体数量，但相差不是太大。而两汉时期相反，专名词的高于普通词。

（二）变体元特点考察

魏晋非佛典外来词中有异形变体的外来词除了表现为变体元数量的差异外，变体元的分布具有以下特点。

（1）语音变体

因同音、近音而形成不同的变体。如：胡黎 1 ［胡离 1］；师子 16 ［狮子 6］；猕猴 42 ［弥猴 2］；貊槃 2 ［貊盘 3］；石砮 8 ［石弩 1］；蒲桃酒 2 ［蒲陶酒 1］等。其中"师子 16 ［狮子 6］、猕猴 42 ［弥猴 2］；石砮 8 ［石弩 1］"的"师、狮""弥、猕""砮、弩"在同音的基础上字形增加了表意性。"猕猴 42 ［弥猴 2］"的词频数据也表明表意度高的变体使用频次高，而"师子 16 ［狮子 6］"中表意度高的变体频次低，表明汉语外来词用字符在魏晋时期并未完全固化，形符表意还处于动态发展过程中。

（2）字形变体

汉字的复杂性导致书写过程中的讹变是汉语发展过程中始终存在的现象。这也是汉字异体字大量存在并需要在不同时期不断规范的原因。如：紫檀2［紫柟木1］；宝花1［金花1］；猴玃1［猳玃1］；石榴13［若榴3］；肃慎氏3［隶慎1］等中的"檀、柟""宝、金""猴、猳""石、若""肃、隶"，前后两字既非同音也非同义，但都存在或多或少的字形相似度，从而造成了不同的词形。

（3）译借变体

因不同的译借方式而产生不同的外来词。如：尸鸠7［鸤鸠5］、胡麻16［巨胜12］高词频的是意译，变体为音译；燕支6［红蓝4］高词频的是音译，变体是意译。"苏合8［苏合香4］、薰陆1［薰陆香2］"则一个是音译，一个是混合译。

（4）变体增加类义素

外来词的不同变体中如"车渠9［车渠石1］、楼兰1［楼兰国］、大宛22［大宛国1］、大夏30［大夏国2］、林邑40［林邑国2］、天竺72［天竺国1］、袢离2［袢离国1］、罽宾20［罽宾国1］、鄯善14［鄯善国2］、康居2［康居国2］、敕勒1［敕勒国1］、焉耆9［焉耆国1］、夫余38［夫余国2］、义渠6［义渠国1］、丁令14［丁令国2］、坚昆1［坚昆国1］、隔昆1［隔昆国1］"等，变体词都是在原音译词基础上增加了类义素，使得词语的表意性增强。

（5）同义变体

外来词的不同变体中如"巨象12［驯象7］、白胶香2［枫香脂1］、胡乐2［胡曲2］、文马3［赤鼠1、露犬1］、胡寇32［胡虏20、胡贼11］"等是对同一外来词的不同意译词，是对同一外来概念的同义变体。

与两汉时期外来词的变体类型及特点相比，魏晋时期因外来词的变体数总量变少，其变体元类型也没有两汉时期的复杂。虽然记录的外来词有所变化，但这五种变体形式是共有的，并且变体的不同形式增加了外来词表意的多样性，同时显示出不断汉化的趋向。

第二节　魏晋外来词的语义演变

以上对魏晋时期的外来词做了外部词长及变体的考察，从音节分布、词长变化及变体特点上展现了两汉到魏晋后外来词系统的发展。下面将对魏晋时期外来词中的普通词进行语义、词类角度的考察，以揭示其内部演变情况。

一 非佛典外来词语义分布

魏晋时期的 296 个外来词普通词，按照语义分布可分为以下情况。

（1）动物类词 58 条，包括：驼、化、薆、骡、胡黎、胡离、鸽鹆、尸鸠、鹦鹉、鹦武、师子、狮子、猩猩、通犀、骆驼、橐驼、巨象、驯象、貂皮、文马、赤鼠、露犬、文豹、蜀马、野马、牦牛、端牛、黑雉、碧鸡、猴獟、猳獟、弥猴、猕猴、貂狖、駏驉、羺子、神龟、朱髦、玄熊、赤螭、猛兽、班鱼、帮牛、孔雀、羱羊、胡马、胡蝶、巨爵、鹦武鸟、白鹦鹉、白羺子、通天犀、骇鸡犀、果下马、细尾鸡、挹娄貂、辟毒鼠、越祝之祖

（2）植物类词 42 条，包括：柟、璧木、文木、紫檀、雒常、燕支、胭肢、红蓝、烟支、阏氏、阏支、烟肢、胡麻、巨胜、蒲陶、蒲萄、葡萄、蒲桃、大麦、苜蓿、人参、绽麻、石榴、若榴、大栗、豫樟、柔枥、投檭、乌号、枫香、丹木、苏方木、紫柟木、酒杯藤、燕支粉、燕支花、红蓝花、安石榴、枫香脂、白胶香、琅玕树、涂林安石榴

（3）服装布类词 41 条，包括：貂蝉、胡服、毡褐、氍毹、毸毷、罽帐、越叠、锦罽、貊布、细纻、缣绵、细缣、缣布、倭锦、绵衣、帛布、班布、胡绫、金缕绣、杂色绫、金涂布、绯持布、发陆布、火浣布、巴则布、度伐布、温宿布、绛青缣、海西布、迦盘衣、白羺子裘、织锦缕罽、绯持渠布、阿罗得布、五色桃布、五色斗帐、缯绣锦罽、异文杂锦、五色氍毹、绛地金织帐、五色九色首下氍毹

（4）生活用品词 25 条，包括：俎豆、胡床、貊槃、貊盘、胡粉、朱丹、鼠皮、微木、苏合、狄提、迷迷、兜纳、薰陆、郁金、芸胶、流黄、续弦胶、班鱼皮、白昆子、苏合香、白附子、薰陆香、薰草木、安息香、青昆子皮

（5）饰品类词 62 条，包括：玛瑙、玛脑、马瑙、木难、毛毲、句决、金碧、虎珀、琥珀、石胆、玳瑁、瑇瑁、琉璃、流离、象牙、珊瑚、水精、木精、羽翮、真珠、明珠、明月、犀簪、碧石、赤玉、貂狖、玉匣、玉璧、白珠、金带、宝花、金花、美珠、璎珠、幂曕、大贝、青玉、南金、翠爵、璆琳、琅玕、玫瑰、雄黄、雌黄、车渠、玛瑙石、车渠石、莫难珠、夜光璧、璧流离、明月珠、灵蛇珠、夜光珠、真白珠、符采玉、五色玉、明月真珠、明月珍珠、明月神珠、海西青石、孔青大句珠、金同

心指镮

（6）食品类词 11 条，包括：羌煮、貊炙、石蜜、鲅鱼、胡蒜、大蒜、胡豆、胡饼、青田酒、蒲桃酒、蒲陶酒

（7）乐器娱乐词 9 条，包括：箜篌、横吹、琵琶、胡角、胡笳、胡乐、胡曲、胡舞、胡桃戏

（8）人物类词 11 条，包括：胡寇、胡虏、胡贼、胡人、胡婢、胡儿、胡僧、胡骑、阿干、阿柴虏、野虏焉

（9）军事兵器类词 11 条，包括：楛矢、石弩、石砮、弓甲、檀弓、铠仗、胡塞、短弓矢、弓盾矛橹、皮骨之甲、刀盾弓箭

（10）习俗类词 25 条，包括：赛、天君、苏涂、浮屠、灼骨、髡头、迎鼓、胡市、编头、胡书、胡事、秃发、桴京、责祸、舞天、东盟、玄齿文身、黥面文身、被发徒跣、翦发垂项、雕文刻镂、祭天金人、县颈垂耳、被发屈紒、科头拍袒

（11）行为类词 1 条，包括：噫（叹词）

非佛典外来词普通词的语义分布数量、占比及每一类的词长数据见下表 10 - 4。

表 10 - 4 魏晋非佛典普通外来词语义分布

语义分布	数量	占比（%）	平均词长
言语行为类	1	0.34	1
人物类	11	3.72	2.18
动物类	58	19.59	2.12
植物类	42	14.19	2.29
生活用品	25	8.45	2.4
饰品类	62	20.95	2.37
军事兵器	11	3.72	2.64
乐器娱乐类	9	3.04	2.11
食品类	11	3.72	2.27
习俗类	25	8.45	2.68
服装布类	41	13.85	2.85
合计	296		2.3

表 10 - 4 中数据显示魏晋时期非佛典外来词普通词语义涉及 11 小类，按数量占比由高到低依次为：饰品类、动物类、植物类、服装布类、生活

用品类、习俗类、军事兵器类、食品类、人物类、乐器娱乐类和言语行为类。这种分布情况表明与人们生活密切相关的外来词更多地进入到汉语言世界中，而其中饰品珠宝类词数量最多，其占比高于两汉时期的同语义类。同时服装布类的外来词数量比两汉时期有了大幅度增长。

这种外来词语义类数量的变化从一个侧面反映出魏晋时期承接两汉社会的繁荣发展，汉语主体世界在与外族外国接触交流的过程中对装饰类的珠饰、宝石、服饰、布料等新奇外来物品比较关注，是人类求新求美的社会心理在语言词汇系统中的显现。动物类、植物类外来词从两汉到魏晋基本是普通词中的主要类别，这反映出在不同语言世界的接触中，人类社会对域外的新奇生物关注度较高，更倾向于把本土社会中不见或少见的动植物词借进记录到语言中。这也是外来词不断引进更新的内在社会认知心理的需求表现。

表中外来词普通词的平均词长数据 2.3 显示外来词的词长音节超过 2，可见外来词三音节及以上的分布较多。另外在魏晋外来词普通词中除了一个语言行为类词"噎"外，其他均为名物词。两汉时期的普通词除 4 个性质类词外，其他均为名物词。可见，在汉语的外来词历史上早期引进的词汇中名物类词占据绝对主流，其他词类还较少。

二　魏晋佛典外来词语义分布

以下是我们选取的 230 条佛典外来词的语义分布情况：

（1）佛教相关人名词 23 条，包括：法汰、摩尼、跋澄、难陀、褅婆、慧嵩、瞿昙、悉达、阿阇世、阿秃师、阿周陀、佛图澄、迦叶佛、辟支佛、鞞罗尼、竺法护、拘娄秦佛、拘那牟尼佛、鸠摩罗什、鸠摩罗炎、释迦文佛、文殊师利、尸陀盘尼

（2）称谓词 47 条，包括：僧、阿难、阿夷、比丘、波旬、禅师、车匿、应仪、菩萨、桑门、伯闻、疏问、此丘、晨门、俱夷、罗云、弥勒、调达、大士、法和、法益、优奔、居士、论师、弥勒、摩诃、魔王、目连、尼僧、沙弥、释迦、世尊、须弥、阿育王、白净王、比丘尼、阿泥察、临蒲塞、白疏闲、优陀耶、阿周陀、大迦叶、梵天王、婆罗门、舍利弗、罗汉朱迟母、调达妻游遮法师

（3）礼仪活动词 33 条，包括：鞞婆、布施、忏悔、出家、持戒、忍辱、精进、禅定、明度、发愿、发心、法会、法用、归依、还俗、戒行、戒律、智慧、六度、六通、灭度、菩提、天神、浴佛、坐禅、般泥洹、菩萨戒、无所著、正真道、最正觉、道法御、天人师、五体投地

（4）佛经典籍名词 25 条，包括：广说、律藏、毗尼、本起经、大乘

经、大乘学、发愿经、法华经、中阿含、阿毗昙、婆须密、渐备经、净名经、维摩经、贤劫经、四阿含、中阿含经、僧伽罗叉、阿毗昙心、观世音经、摩诃兜勒、合微密持经、僧伽罗刹集经、昙摩多罗刹集修行、三法度二众从解脱缘

（5）建筑寺名20条，包括：刹、禅室、道场、佛陀、浮图、浮屠、讲堂、毗耶、塔庙、大慈寺、佛塔庙、达慕蓝、致隶蓝、阿丽蓝、阎浮提、大宝林寺、佛图舌弥、温宿王蓝、轮若干蓝、阿丽跋蓝

（6）时空名词8条，包括：弹指、过去、未来、世界、天堂、现报、现世、因果

（7）佛教相关概念词22条，包括：佛、梵志、梵行、梵语、梵本、梵书、佛法、佛屋、佛者、佛教、佛道、佛寺、佛经、佛神、佛像、金刚、经藏、经行、泥洹、涅槃、涅盘、香火因缘

（8）用品物名9条，包括：钵、袈裟、钵盂、法服、法座、琉璃钟、摩竭、天眼、锡杖

（9）佛教术语词43条，包括：八正、大乘、拔济、般若、彼岸、波若、大戒、地狱、梵天、炎天、二谛、法乐、法轮、阎浮、法鼓、梵轮、法事、法性、慧观、内法、三尊、三昧、阿毗昙、八关斋、兜率天、兜术天、忉利天、维摩罗、阿至摸、头暗邪、阿遮罗、大爱道品、比丘尼法、化应声天、不骄乐天、第一天上、波牟提陀、波披迦罗、头罗迦摩、抄头摩提、昙摩弥迦、般若波罗蜜、大乘阿毗昙

我们考察的魏晋佛典外来词的语义分布情况如下表10-5。

表10-5　　　　　　　　　　魏晋佛典外来词语义分布

	数量	占比（%）	平均词长
佛教人名	23	10.00	2.96
称谓	47	20.43	2.4
礼仪活动	33	14.35	2.24
佛经典籍	27	11.74	3.63
建筑寺名	20	8.69	3.25
时空词	8	3.48	2
佛经概念	22	9.57	2.25
物品用具	9	3.91	1.89
佛教术语	43	18.70	2.12

表 10-5 中数据显示魏晋佛典外来词中佛教相关的称谓词占比最多，其次是佛教相关术语，其他按所占比由高到低依次是：礼仪活动、佛经典籍、佛教人名、佛经相关概念、建筑寺名、物品用具、时空词。而两汉时期的佛典外来词的语义分布由高到低是：人名＞天界神鬼＞国土地名＞佛教概念＞人物＞动植物＞行为性状＞处所器物。对比来看，佛典外来词到了魏晋时期其语义分布仍是人名称谓类词语最多，最大的变化是与佛教相关的礼仪活动类词占比位次比两汉时期提前。这反映出佛教从两汉时期开端后至魏晋时期大发展，其中礼仪活动等佛教行为类词语及佛经典籍、寺庙是佛教传播过程中的核心内容，因此大量相关词语借进了汉语。

三　外来词语义演变个案分析

语言随着社会不断发展，词汇系统在语言系统中最具活力，外来词是最能体现词汇系统活力的成员。对魏晋时期足量外来词普通词的系统性量化考察既展示了词汇的外部特征，同时也反映了外来词的总体语义分布情况及特点。因精力所限以下我们考察其中的部分个体外来词在魏晋时期的发展，发现外来词的历时演变特点。

（一）语义类别扩大

源于匈奴语 Huns 的"胡"是古汉语的高频词。前文我们概况分析了"胡"从两汉时期的总体发展情况，下面将结合语料具体考察其在魏晋时期的变化。

两汉时期"胡"除了用以表达相关外族如"东胡、狐胡、湟中月氏胡、林胡、卢水胡、庐胡、孙胡"等，也具有了一定语素化倾向，产生了如"胡笛、胡饼、胡车、胡床、胡坐、胡帐、胡麻、胡笳、胡椒、胡空侯、胡桐、胡服、胡桃、胡荽"等与外族、外国事物相关的普通词。

在汉籍语料库的魏晋文献中"胡"在 417 篇文本中出现了 1587 次，当然其中包含"胡"的非外来义。通过人工干预后，相关的外来词包括"胡角、胡离、胡笳、胡乐、胡曲、胡舞、胡床、胡粉、胡笛、胡事、胡绫、胡黎、胡塞、胡蒜、胡豆、胡饼、胡桃戏、胡麻、胡马、胡书、胡蝶、胡市、胡寇、胡虏、胡贼、胡人、胡婢、胡儿、胡僧、胡骑、胡国、东胡"等词条。

对比来看，有一部分词如"胡饼、胡麻、胡床、胡笳"等继续活跃在汉语言词汇系统里，除表达外来事物中的植物类、用品类语义外，组合其他语素表达域外人物类词是魏晋时期的一大特点，如"胡寇、胡虏、胡贼、胡人、胡婢、胡儿、胡僧、胡骑"等，示例如下：

山中夜见胡人者，铜铁之精。《抱朴子·内篇卷之十七》

胡贼石勒，暴肆华夏。《全晋文·卷一百十八》

此州与胡虏接，宜镇之以静。《三国志·卷二四·魏书二四》

时胡寇强盛，朝野危惧。《晋书·卷八三·列传第五三》

既似老公，又类胡儿。或低眩而择飒，或抵掌而胡舞。《全晋文·卷四十六》

夏曰余车，殷曰胡奴，周曰辂车；辂车即辇也。《全晋文·卷四十九》

后有西域胡僧五人来诣悝曰。《九家旧晋书辑本·臧荣绪晋书补遗一卷》

（二）语素定型化

魏晋时期的社会形势促使汉语言世界与外族外国的接触频繁，引进外来事物、外来概念的需要导致"胡"的高频使用，从而提升了语素的组合能力，不断组合形成新的搭配。如魏晋时期出现了"胡乐、胡曲、胡舞、胡书、胡事、胡市"等表达事物概括义泛指所有具体义的词。示例如下：

鸿胪职主胡事，前后为之者，率多不善了。《全晋文·卷三十四》

其字像胡书也。《九家旧晋书辑本·臧荣绪晋书·卷三》

既似老公，又类胡儿。或低眩而择飒，或抵掌而胡舞。《全晋文·卷四十六》

又如"胡桃"为西域的一种植物，借进汉语后到了魏晋时期又出现了"胡桃戏"。如：

于城门内，睹弟与辈弹胡桃戏。《六度集经·卷第五》

这种在已有外来词基础上增加新语素产生的新组合继续表达外来事物的情况是魏晋时期"胡"语素定型化的典型，也是在原来借进具体名物词基础上新的发展变化，由两汉时期单纯的音译原词逐步演化为具有实际义的高产语素，为后期新语义的产生演变奠定了基础。

由上可见，魏晋时期"胡"除单用表达北方异族外，高频使用带来了外来词语义类别的扩大和语素化后的高组合能力。外来词"胡"的个案发展表明魏晋时期社会的动荡性与周边胡族、胡国关系密切，同时社会的多维接触也为汉语词汇系统带来了活力，促使"胡"的语素化趋于稳定，组合能力大幅提升。

第三节　魏晋时期外来词的变化

词汇的断代研究是揭示共时层面语言特点的有效手段。对不同时期的外来词词汇系统的封闭研究是历时研究的基础，不同断代的外来词系统的对比研究可有效帮助认识词汇的演变特点并发现变化。

一　佛经词语大量借进

魏晋至南北朝时期是佛教发展的鼎盛时期，鸠摩罗什、竺法护等翻译了大量佛经，汉语中也随之出现了大量源于梵语的外来词。面向魏晋佛教外来词的研究成果不少，但大多是零散个案考释分析较多。其中吉晶（2014）选取了魏晋南北朝时期大量的外来词语进行了研究认为这一时期的外来语源包括"古波斯语、婆娑语、扶余语、新罗语、巴利语、古伊朗语、吐火罗语、婆利语、百济语、婆皇语、龟兹语、古文莱语"等23种外国语和"鲜卑、匈奴、羌、氐"等11种外族语言。而其中源自梵语的外来词数量较多，我们用现代词汇学的研究方法定量考察两汉、魏晋断代时期外来词的总体特点，并对非佛典、佛典外来词进行分类研究、历时对比可比较直观地看清汉语外来词系统的发展变化，为长远的外来词词汇史的研究提供参考。

二　外来词译借方式的动态性

外来词的借进涉及汉语与其他民族国家语言代码的转换。翻译不是简单地对等传递，既受语言差异性影响，也受译者主体主观性干扰，同时也在长期的历时发展中接受社会的检验筛选。前文我们研究发现两汉外来词普通词译借以汉化为主，通过语音、音节、词形等方式融入汉语词汇系统，但在汉化主流下也表现出一定的外来词的个性。以下是我们考察的魏晋时期佛典外来词的译借情况。

（1）音译方式的98条，占42.61%。包括：法汰、摩尼、跋澄、难陀、褅婆、慧嵩、瞿昙、悉达、阿阇世、阿秃师、阿周陀、佛图澄、迦叶佛、辟支佛、鞞罗尼、竺法护、拘娄秦佛、拘那牟尼佛、鸠摩罗什、鸠摩罗炎、释迦文佛、文殊师利、尸陀盘尼、僧、阿难、阿夷、比丘、波旬、车匿、应仪、菩萨、伯闻、疏问、此丘、俱夷、罗云、弥勒、调达、弥勒、摩诃、目连、尼僧、沙弥、释迦、须弥、比丘尼、阿泥察、临蒲塞、白疏闲、优陀耶、阿周陀、大迦叶、舍利弗、罗汉朱迟母、鞞婆、般泥洹、毗尼、中阿含、阿毗昙、婆须密、四阿含、僧伽罗叉、摩诃兜勒、刹、佛陀、浮图、浮屠、毗耶、达慕蓝、致隶蓝、阿丽蓝、阎浮提、佛图舌弥、温宿王蓝、轮若干蓝、阿丽跋蓝、佛、金刚、泥洹、涅槃、涅盘、钵、袈裟、摩竭、般若、波若、阎浮、阿毗昙、维摩罗、阿至摸、阿遮罗、波牟提陀、波披迦罗、头罗迦摩、抄头摩提、昙摩弥迦、般若波罗蜜、大乘阿毗昙。

（2）意译方式的 82 条，占 34.78%。包括：居士、论师、坐禅、布施、天神、忏悔、出家、持戒、忍辱、精进、禅定、明度、发愿、发心、法会、法用、归依、还俗、戒行、戒律、智慧、世尊、六度、六通、灭度、无所著、正真道、最正觉、道法御、天人师、五体投地、广说、律藏、发愿经、渐备经、净名经、贤劫经、禅室、道场、讲堂、弹指、过去、未来、世界、天堂、现报、现世、因果、经藏、经行、香火因缘、大士、法和、法益、优奔、法服、法座、天眼、锡杖、大乘、八正、拔济、彼岸、大戒、地狱、二谛、法乐、法轮、法鼓、法事、法性、慧观、内法、三尊、三昧、八关斋、头暗邪、大爱道品、化应声天、不骄乐天、第一天上、晨门

（3）混合译方式的 50 条，占 21.74%。包括：阿育王、白净王、梵天王、调达妻旃遮法师、魔王、禅师、桑门、浴佛、菩萨戒、菩提、本起经、大乘经、大乘学、法华经、维摩经、中阿含经、阿毗昙心、观世音经、合微密持经、僧伽罗刹集经、昙摩多罗刹集修行、三法度二众从解脱缘、塔庙、大慈寺、佛塔庙、大宝林寺、婆罗门、梵志、梵行、梵语、梵本、梵书、佛法、佛屋、佛者、佛教、佛道、佛寺、佛经、佛神、佛像、钵盂、琉璃钟、梵天、炎天、梵轮、兜率天、兜术天、忉利天、比丘尼法。

从以上佛典外来词的译借方式情况来看，汉语外来词在两汉汉化为主的进程中到了魏晋时期在佛典外来词大量涌进时，运用最多的是音译方式，其次是意译方式，混合译的数量占比最少。可见面对佛经典籍的大量翻译时，音译虽然与汉语表意较远，但相对而言翻译最省时高效，因此在

借进梵语翻译佛经时直接用汉字对译源语的语音记录佛经人名、典籍、礼仪活动、相关术语的比例较高。而相对于表意清晰度高的意译方式因翻译过程的相对复杂在魏晋时期并非主流，但其中的大量意译词至今仍是汉语词汇的高频词，并逐渐失去了外来词的身份，如"五体投地、过去、未来、弹指、精进"等。

可见，汉语在引进外来词时音译、意译方式在不同时期并非绝对是汉化优先，译借方式的选择具有一定的动态性，而音意兼用的译借方式是汉语引进外来词的一种表意高效的必有选择。

第四节　"轻吕""轻剑""径路"的历时考察

张永言（1983）对"轻吕"和"乌育"进行了个案分析认为二者属于汉语中的外来词。高名凯等（1984）在编纂的外来词专科词典中收录的"径路"给出其两个异形词有"轻吕"与"轻剑"，可见他们也是认定"轻吕"与"径路""轻剑"为外来词身份的。以下我们将对这几个词在汉语词汇史不同时期的语料中进行考察，以求进一步验证其词汇身份。

一　"轻吕""轻剑"在历时语料中的考察

张永言（1983）认为"轻吕"属来自突厥语的外来词，一是基于几位汉学家的研究成果；再是从"轻吕""径路"构词上的无"理据"特点判断。并且"轻吕"据我们所使用的大型语料库的调查，先秦时期主要出现在以下文献中：

> 适王所，乃克射之三发，而后下车，面击之以轻吕，斩之以黄钺，折县诸大白，乃适二女之所既缢，王又射之三发，乃右击之以轻吕，斩之以玄钺，县诸小白，乃出场于厥军。翼日，除道修社及商纣宫。及期，百夫荷素质之旗于王前，叔振奏拜假，又陈常车，周公把大钺，召公把小钺，以夹王，散宜生、泰颠、闳夭皆执轻吕以奏王，王入。《逸周书集训校释四》

对于上文晋孔晁注："轻吕，剑名。"从上文看"轻吕"是一种兵器应该无疑义。在《汉书·匈奴传下》中有"单于以径路刀、金留犁挠酒"。汉代应劭注："径路，匈奴宝刀名。"从孔晁、应劭的注释来看，"轻吕""径路"两个词在上位义上都属于兵器，但在下位上有区别，一个为"剑"，一个为"刀"。但到底是"剑"的外来词能指，还是一种剑的名字？"径路"释为"刀"的名字还是别的意义？如果是刀名后面再加上位"刀"符合构词的要求，但这两个词就出现了交叉情况，词典将其作为同义异形词收录在一起值得商榷。所以需进一步考察它们在历时中的实际使用情况。

在两汉时期的文献中未查到直接使用"轻吕"的语例，但有"轻剑"的一个用例。如：

> 武王自射之，三发而后下车，以轻剑击之。《史记·卷四·本纪第四》

《史记》中记载的这个用例与先秦时《周书》中的事件一致。但在兵器的用词上发生了变化。这种词语的替换表明在汉代司马迁理解的"轻吕"即是"轻剑"。汉代离先秦最近，对先秦史实的解读应比远隔历史久远的后代学者更接近实情。"轻剑"的构词应属偏正复合词，表示一种分量不重的武器。由此上推"轻吕"也是一样的构词方式，而非外来词某种剑名的音译。

在魏晋时期，查考出一处"轻吕"用例。如：

> 先入，而轻吕旁挥，彤弧三发。《晋书·卷一〇三·载记第三》

后到宋辽金时期有 4 处用例，元代有 2 处用例，都是与《周书》有关的记载。如：

> 《汲冢周书》今七十篇，殊与《尚书》体不相类，所载事物亦多过实。其《克商解》云"武王先入，适纣所在，射之三发，而后下车，击之以轻吕，斩之以黄钺，县诸大白。商二女既缢，又射之三发，击之以轻吕，斩之以玄钺，县诸小白。"《容斋续笔·卷十三》
> 容斋洪氏《随笔》曰：《周书》今七十篇，殊与《尚书》体不相类，所载事物亦多过实。其《克商解》云：武王先入，适纣所在，射之三发，而后下车，系之以轻吕。斩之以黄钺。县诸大白商，二女既缢。又射之三发。击之以轻吕。斩之以元钺。县诸小白，越六日。

《文献通考·卷一百九十五·经籍考二十二》

对其中"轻吕"的注释一般是笼统的"剑名",但到底"轻吕"是一种剑的名字,还是"吕"是剑名?如果司马迁的理解"轻剑"即"轻吕",按构词对应推理的话,对"轻吕"的身份还需进一步考证。

而且在汉代以后的文献中也有"轻剑"的用例。如:

> 武王身射之,三发而后下车,以轻剑击之,以黄钺斩纣头,悬之大白之旗。《金楼子卷一·兴王篇一》
> 轻剑拂犀厉,长缨丽且鲜。《文选卷·第二十六》
> 陛下昔在布衣,心怀拯溺,手提轻剑,仗义而起。《旧唐书·卷六六·列传第一六》
> 独作书生疑不稳,软弓轻剑也随身。《唐·杜荀鹤·塞上》
> 武王至其死处自射之,三发而后以轻剑击之,以黄钺斩纣头,悬于太白之旗。《陔余丛考·卷五》

从以上语例可见,"轻剑"的使用频率高于"轻吕"。大部分用例也是与《周书》的内容相关,但在唐宋时也出现用于其他语境的情况。

我们在两汉时期的非佛典外来词未收录"轻吕"主要是它的身份值得商榷,在两汉的语料中无用例可见。

二　"径路"在历时语例中的考察

对于"径路"的外来词身份学界基本认同。但"径路"到底是不是应理解为"刀名"需进一步考察。我们认为如果注释为"刀名",在构词上如张永言(1983)的看法,"径路刀"与"卡宾枪""吉普车"构词一致,那"径路"应是匈奴语"刀"的音译词,汉语借音后增加了上位词出现"径路刀"的混合译借词。以下我们考察语料库中的其他用句,通过语境探讨该词的语义。

先秦时期"径路"出现了3次,表"道路"义。如:

> 四街者,气之径路也。《黄帝内经·灵枢译解·动输第六十二》
> 艮为山。为径路。为小石。《周易·说卦》

"径路"作为"道路"义在两汉继续使用,如:

径路平易，位极州郡。《后汉孝顺皇帝纪·上卷第十八》

经径也如径路无所不通可常用也。《释名·卷三》

但在以下用例中"径路"不表"道路"义。如：

及孝宣泰山……玉女、径路、黄帝、天神，原水之属，皆罢。《汉书·卷二五下·志第五下》

云阳有径路神祠，祭休屠王也。《汉书·卷二五下·志第五下》

云阳，有休屠、金人及径路神祠三所，越巫䑠鄝祠三所。《汉书·卷二八上·志第八上》

以上《汉书》中的用例，"径路"释为"匈奴的一种神名"更符合语境。颜师古注释曰"休屠，匈奴王号也。径路神，本匈奴之祠也"。可见，颜师古认为"径路神"是匈奴的祠。

所以在"径路刀"语例中，"径路"为刀名语义在上面语例中就解释不通了。

从魏晋南北朝、隋唐时期到宋元明清，"径路"表"道路"义的用例不断增多，词频率增长加快。清朝文献中已达238次。如：

瞻径路之远而耻由之，知大道之否而不改之。《抱朴子外篇·卷之四十九》

夫行也者，举趾所由之径路也。《全三国文·卷四十二·魏四十二》

至山中，径路断绝，知必不免。《北史·卷八四·列传第七二》

行及漠南，虏骑继至，狼心犬态，一日千状，欲以戎服变革华服，又欲以王姬疾驱径路。《旧唐书卷一六三列传第一一三》

喜的是一村村径路曲折，爱的是一程程风景全别。《全元散曲·无名氏》

云以寺门多花卉，而径路窈折如"之"字形，故以为名。《分甘余话·卷三》

后属员遣人寻其处，则皆重岩绝壑，更无径路矣。《聊斋志异·卷十一》

但在以下用例中"径路"的语义不表示"道路"。如：

径路留犁，径路，匈奴宝刀也；留犁，饭匕也。《夜航船·卷十五·外国部》

休屠神相。汉书云：阳县有休屠、金、人径路神祠三所，越巫贴禳。《类编长安志·卷之五》

留犁径路衣裳会，岂为听鹂载斗柑。《晚清簃诗汇·卷一百八十二》

所谓径路修行，只是念阿弥陀佛。《脂粉斗浪·证人品》

以上用例中"径路"可释为"宝刀"和"神名"，所以用作外来词时，既可指匈奴的一种兵器"刀"，也可指匈奴的一种神。是来自匈奴语的一种概念词，但是使用了汉语中的已有词形译借表新义。

综上可见，《汉语外来词词典》中"径路"的外来词身份无疑，但将"轻吕""轻剑"认定为其同义异形词值得思考。"径路"的外来词义"刀名"或"神名"义位与"轻吕""轻剑"义位无一致性。

第十一章　两汉高频外来词的
历时发展考察

　　对于古汉语名词的研究，赵仲邑（1981）对古汉语中名词作补语进行了分析。吴国忠（1987）对名词的特指意义进行了研究。李文祥（1987）对古汉语中名词用作的动词的判断方法进行了研究。魏德胜（1998）对名词结构义的类型及特点进行了考察。周光庆（2002、2005、2009）分别对名词"时""春"进行了历史发展演变研究，并在词汇语义研究的基础上挖掘了语言哲学意义。张守军（2006）对古今名词的语法特点进行了对比考察。赵倩（2011）对人体名词的语义发展及演变跨域趋势进行了认知视角的研究。江慧（2018）对名词"水"进行了语义发展演变的认知研究。李菲、张美兰（2018）研究认为汉语学界对汉语名词的更替研究在 2000 年后成果渐丰，如汪维辉（2000）、张美兰（2013）等对名词的更替研究涉及 14 个语义类，以概念语义场为范畴进行名词发展研究表明同一事物在不同历史时期用不同的词来指称，这是词汇历时更替中的典型现象。另外对同一概念在不同文献中对照研究也是名词发展研究的一种视角。其中骆晓平（1996）、裴金伟、魏海艳（2009）分别对外来概念"猪"和"站"进行了兴替研究。

　　总体而言，学界关注古汉语名词的研究早期以名词的语法功能为主，侧重于名词动用等的考察。近些年关注名词词义演变角度的研究渐多，对部分语义场名词的词义发展研究推动了词汇语义学的发展，但目前对名词进行汉语词汇史角度的历史演变发展还有待加强。因项目时限，以下我们将选取两汉时期外来词中的部分高频外来名词"狮子""鹦鹉"进行历时层面的词汇发展研究，通过语料库中的语言事实的描写研究揭示词汇历时演变面貌。

　　前文我们考察了两汉时期外来词的异形变体分布情况。对于古汉语的外来词这既是词语的形态特点同时也是判定古汉语外来词身份的有效参数之一。以下我们在汉籍全文检索语料库中对"狮子""鹦鹉"着力于词汇的词形分布及历时发展进行考察，发现两汉时期的外来词在汉语词汇史上的演变特点。

第一节　"狮子"类词形分布发展考察

一　"狮子"共现词形的历时分布

通过对不同时期文献语料的调查分析及统计，几个主要历时时期的词频分布情况如下表 11 – 1。

表 11 – 1　　　　　　　"狮子"的共现词形历时分布

词形	两汉	隋唐	宋辽金	元	明	清
狮子	4	113	411	227	773	1542
师子	94	294	769	69	59	142
酉耳	0	4	4	2	10	4
狻麑	0	0	0	2	1	2
狻猊	1	26	55	45	132	177

从上表 11 – 1 数据分布来看，作为所指相同的 5 个不同能指在不同时期的词频分布反映出词语的不同活跃度。其中"狻麑"的使用频率最低，"酉耳"在明代相比较该词的其他时期频率较高；具有表意形旁的"狻猊"的活跃度总体呈递增发展趋势。语音相同的"狮子""师子"在各个时期的使用频率均高于其他 3 个词形。在两汉至宋辽金时期，无表意形符的"师"的构词"师子"的词频数高于"狮子"。元以后，有形符的"狮子"的使用量大幅度超过"师子"并延续使用至今。

二　"狮子"不同词形的历时发展考察

通过上文"狮子"的共现词分布情况来看，在不同时期的汉语发展过程中，"狮子"并非在每个时期都比"师子"的使用频度高。在元代以前"师子"的分布数据一直远高于"狮子"。以下我们将对这两个词形及"狻猊"在不同时期的语言事实进行描写与分析，从词语的组合发展情况考察词汇的演变特点。

（一）"狻猊"的发展

根据我们在语料中的筛选统计，"狻猊"在不同时期的组合情况如下表 11 - 2。

表 11 - 2　　　　　　　　　"狻猊"的组合分布

词条	两汉	隋唐	宋辽金	元	明	清
狻猊旗	0	1	0	0	0	0
金狻猊	0	0	2	0	0	1
石狻猊	0	0	2	3	4	8
狻猊座	0	1	2	0	0	0
狻猊爪	0	0	0	1	0	0
赤狻猊	0	0	0	1	4	0
舞青猊	0	0	0	0	5	2
青猊	0	1	1	4	1	0
金猊	0	1	49	20	28	62
白猊山	0	0	0	1	0	0
银猊	0	0	0	2	0	2
唐猊	0	0	0	5	26	3
猊糖	0	0	0	1	1	1
糖猊	0	0	0	0	0	1
猊鼎	0	0	0	1	0	5
狻猊马	0	0	0	0	21	0
火眼狻猊	0	0	0	0	11	33

"狻猊"在两汉时期文献《尔雅·释兽》中，"狻猊，如虦猫，食虎豹。"郭璞注："即师子也，出西域。"使用频率为 1。表 11 - 2 中数据显示，"狻猊"在隋唐时期只产生了"狻猊旗、狻猊座"的组合，且均只出现 1 次，也产生了缩略为"猊"后的组合"青猊、金猊"，各出现 1 次。"金猊"在后续历时发展过程中频率较高，活跃度比其他组合明显高。我们整理的 17 个"狻猊"发展组合具有以下特点。

（1）缩略后再组合生新义

"狻猊"的组合发展过程中，既不断扩展组合，也缩略再组合。其中 9 个缩略为"猊"后再组合，如"青猊、金猊、银猊"等。其中"青猊"又与"舞"再组合为"舞青猊"。并且在明清时期产生"舞青猊"表示"花名"的意义。如"大红舞青猊、桃红舞青猊、紫舞青猊、白舞青猊"这些都是不同颜色的花名。

"唐猊"在元代产生指一种铠甲，并一直使用。如：

> 铠甲唐猊喷日光，龙泉三尺耀清霜。《全元杂剧·杨景贤》
> 他那百花袍铠是唐猊。《全元杂剧·郑光祖》

在清代文献《荡寇志》中记载："身彼一副榆叶钩嵌唐猊铠，腰系一条镀金狮子蛮带。""唐猊"后增加了上位概念语素"铠"。

（2）缩略后产生正反序两种组合

缩略为"猊"后的组合中"猊糖"与"糖猊"为同语素的两种正反组合。如：

《本草纲目》果部第三十三卷中记载："石蜜，即白沙糖也。凝结作饼块如石者为石蜜，轻白如霜者为糖霜，坚白如冰者为冰糖，皆一物有精粗之异也。以白糖煎化，模印成人物狮象之形者为飨糖，后汉书注所谓猊糖是也。"

> 上皆召见，撤尚方猊糖以赐。《郎潜纪闻三笔·卷二》
> 范得糖猊夸功制，锯牙钩爪觅人看。《全史宫词·卷七》

"猊糖"与"糖猊"的组合都是因糖的外形像"猊"而得名。

（3）表象特征相关组合

动物的表象特征是主观世界最直接感知的部分。因此在词汇发展过程中产生较多与表象特征相关的语素组合，如"金狻猊、赤狻猊、金猊、银猊、青猊、白猊山"抓取动物外在形体颜色。"猊鼎、石狻猊、铁狻猊、狻猊旗、狻猊座、狻猊马"是客观社会中抓取"狻猊"整体形貌产生的其他事物或事物上附属其形貌。"狻猊爪、火眼狻猊"抓取狻猊自身的重要部分"爪、眼"组合，并且"火眼狻猊"在发展过程中产生喻指人眼像狻猊一样犀利的特点的用法。清代文献《彭公案》中出现33个人名前加"火眼狻猊"的用法，如："火眼狻猊杨治明回来了。"

（二）"狮子""师子"的历时发展

"狮子""师子"在两汉时期是外族外国进献的重要动物之一。这两个词形在两汉时期"师子"比"狮子"的使用度高，在后续历时发展过程中除了总体词形分布数量的变化，考量这两个高频词的组合发展情况有利于深入发现汉语外来名词的历时演变特点。根据我们在文献语料中的统计，两个词在不同时期产生的组合变化如下表11-3。为使表格简洁，我们直接将"狮子"与"师子"对应词形的数据列入表内。如第一行"狮仔"与"师仔"的词频数据为不同时期对应的数字。

表 11-3　　　　　　"狮子""师子"组合历时分布对比

词条	两汉	隋唐	宋辽金	元	明	清
狮仔	0—0①	0—0	0—1	0—0	0—0	43—0
狮仔头	0—0	0—0	0—0	0—0	0—0	21—0
狮仔头庄	0—0	0—0	0—0	0—0	0—0	4—0
狮仔头山	0—0	0—0	0—0	0—0	0—0	5—0
土狮仔	0—0	0—0	0—0	0—0	0—0	16—0
一头狮子	0—0	0—0	0—0	1—0	0—0	3—0
黄狮子	0—0	0—0	7—8	6—0	1—0	1—0
白狮子	0—0	0—0	3—2	5—0	3—0	0—0
石狮子	0—0	4—2	10—10	4—1	40—0	90—0
石狮	0—0	2—4	1—0	8—0	20—1	170—0
狮子林	0—0	0—0	4—0	0—4	7—0	47—13
狮子糖	0—0	0—0	2—0	0—0	0—0	0—0
狮子会	0—0	0—0	2—0	0—0	0—0	1—0
狮子镇	0—0	1—0	0—0	0—0	1—0	0—0
狮子坊	0—0	0—0	1—0	0—0	0—0	0—0
狮子潭	0—0	0—0	1—0	1—0	0—0	0—0
狮子峰	0—0	0—0	12—5	5—0	8—1	16—1
狮子窟	0—0	0—0	0—8	0—0	0—0	6—0
狮子巷	0—0	0—0	2—0	2—0	2—0	17—0
狮子岭	0—0	0—0	1—0	0—0	3—0	9—0
狮子瓶	0—0	1—0	0—0	0—0	0—0	0—0
狮子岩	0—0	0—0	10—1	4—2	12—0	17—3
狮子山	0—0	0—0	4—4	0—0	33—1	108—3
狮子床	0—0	3—5	1—3	1—0	0—0	2—0
狮子郎	0—0	1—1	0—0	0—0	0—1	0—0
毛头狮子	0—0	0—0	1—8	0—0	0—0	0—0
舞狮子	0—0	0—0	1—2	0—0	0—0	6—0

① 后面的数字为前面词形对应的"师—"词形词频，全表同。

续表

词条	两汉	隋唐	宋辽金	元	明	清
狮子吼	0—0	4—20	14—70	5—0	22—4	49—1
狮吼	0—0	0—0	0—0	4—0	62—0	86—1
狮子吼寺	0—0	0—0	2—0	0—0	0—0	0—0
狮子队	0—0	1—0	0—1	0—0	0—0	0—0
金毛狮子	0—0	0—4	19—22	0—0	12—1	19—0
金花狮子瓶	0—0	1—0	0—0	0—0	0—0	0—0
小狮子	0—0	0—0	1—2	0—0	0—0	9—0
狮皮	0—0	0—0	0—0	2—0	0—0	0—0
狮子皮	0—0	0—1	4—1	3—0	1—0	1—0
狮子口	0—0	0—2	0—2	0—0	11—0	60—0
狮子蛮王	0—0	0—0	2—0	0—0	0—0	0—0
狮子蛮	0—0	0—0	2—0	0—0	0—0	1—0
狮蛮	0—0	0—0	6—6	15—6	24—6	12—0
狮蛮带	0—0	0—0	0—0	10—0	46—0	31—0
金狮子蛮带	0—0	0—0	0—0	0—0	0—0	1—0
金狮子	0—0	5—5	9—9	27—0	12—0	25—0
金狮	0—0	0—2	3—142	8—20	30—14	38—0
金刚狮子	0—0	1—0	0—0	0—0	0—0	0—0
铜狮子	0—0	1—0	0—0	0—0	2—0	3—0
狮尾	0—0	0—0	0—0	0—0	16—0	0—0
狮尾社	0—0	0—0	0—0	0—0	0—0	3—0
狮头社	0—0	0—0	0—0	0—0	0—0	77—0
狮头山	0—0	0—0	0—0	0—0	0—0	31—1
狮子花	0—0	0—0	0—1	4—0	3—1	4—0
狮子嘴	0—0	0—0	0—0	1—0	0—0	0—0
狮子园	0—0	0—0	0—1	1—0	0—0	18—0
大红狮头	0—0	0—0	0—0	0—0	1—0	0—0
狮头屿	0—0	0—0	0—0	0—0	1—0	1—0
狮头寨	0—0	0—0	0—0	0—0	1—0	2—0
石狮头	0—0	0—0	0—0	0—0	1—0	2—0
狮头峰	0—0	0—0	0—0	0—0	6—0	0—0

词条	两汉	隋唐	宋辽金	元	明	清
狮头	0—0	0—0	1—29	10—0	7—0	225—0
狮子头	0—0	0—1	3—1	1—0	7—0	22—0
雪狮儿	0—0	0—0	13—0	1—0	0—0	15—0
雪狮子	0—0	0—0	0—3	2—0	14—0	21—0
雪狮	0—0	0—0	3—0	0—0	12—0	22—0
狮子锦	0—0	0—0	6—7	2—1	2—2	0—0
狮子旗	0—0	0—0	10—1	4—0	2—0	0—0
狮子兽	0—0	0—1	0—0	1—0	0—0	0—0
狮子桥	0—0	0—0	7—2	7—0	5—0	7—0
狮子文	0—0	1—3	1—0	3—1	0—0	2—0
狮子纹	0—0	0—0	0—0	1—0	0—0	0—0
狮了洞	0—0	0—0	1—0	1—0	1—0	0—0
毛狮王	0—0	0—0	0—0	0—0	0—0	11—0
白狮王	0—0	0—0	0—0	0—0	1—0	0—0
狮头营	0—0	0—0	0—0	0—0	0—0	2—0
狮头渡	0—0	0—0	0—0	0—0	0—0	3—0
狮子堡	0—0	0—0	1—3	0—0	0—0	0—0
狮头潭	0—0	0—0	0—0	0—0	0—0	3—0
狮头庄	0—0	0—0	0—0	0—0	0—0	2—0
狮头岭	0—0	0—0	0—0	0—0	0—0	4—0
狮尾窟	0—0	0—0	0—0	0—0	0—0	1—0
狮子乳	0—0	0—2	1—0	1—0	0—0	0—0
铁狮	0—0	0—0	0—2	0—0	2—2	36—5
铁狮子	0—0	0—0	0—0	0—0	2—0	16—1
雌狮	0—0	0—0	0—0	0—0	0—0	0—0
雄狮	0—0	0—12	0—29	0—16	0—69	6—194
狮子国	0—0	2—14	12—18	7—5	4—3	4—3
狮子王	0—0	0—9	3—14	0—4	0—2	0—2
狮子舞	0—0	0—3	0—4	2—2	0—0	0—0
狮子乐	0—0	0—2	0—4	0—0	0—0	0—0
狮子门	0—0	2—7	5—7	6—2	0—0	0—0

续表

词条	两汉	隋唐	宋辽金	元	明	清
狮子袍	0—0	0—1	0—0	0—0	0—0	0—0
狮子革	0—0	0—1	0—0	0—0	0—0	0—0
狮子坐	0—0	0—1	0—3	1—0	1—0	1—0
狮子形	0—0	1—1	2—1	0—0	3—0	2—0
狮子力	0—0	0—1	0—2	0—0	0—0	0—0
白狮子锦袄	0—0	0—0	0—1	0—0	0—0	0—0
白狮子猫	0—0	0—0	0—0	0—0	4—0	1—0
白狮子巷	0—0	0—0	0—1	0—0	0—0	0—0
黄狮子大锦	0—0	0—0	0—1	0—0	0—0	0—0
金香狮子	0—0	0—0	0—1	0—0	0—0	0—0
金狮子峰	0—0	0—0	0—1	0—0	0—0	0—0
黑狮子	0—0	0—1	3—0	3—0	4—0	21—0
金狮符	0—0	0—0	0—0	2—0	0—0	0—0
狮子筋	0—0	0—1	1—0	0—0	0—0	0—0
狮形	0—0	0—0	2—0	0—0	2—0	19—0

从上表11-3中的103个"狮子"和"师子"的组合分布情况来看，主要包括以下特点。

1. 省略为"狮—师"与未省略词形的不对称分布

两个词形省略为"狮""师"后再组合的词形包括"狮仔—师仔""石狮—石师""狮吼—师吼""狮蛮—师蛮""金狮—金师""狮头—师头""铁狮—铁师""雄狮—雄师"8组都存在的组合，另有"狮尾—无""狮形—无""雪狮—无""狮皮—无"4组无对应词形的组合。未省略的词形"石狮子—石师子""狮子吼—师子吼""金狮子—金师子""狮子头—师子头""铁狮子—铁师子""狮子形—师子形"都对称出现，但频率不同。

2. 不同时期的组合分布

两汉时期这两个外来词词形一般单独使用指称动物。隋唐后的发展组合情况包括以下情形。

（1）一个时期产生新组合后又消亡情况

在隋唐时期产生使用后期消亡的词形包括"师子筋、黑师子、师子革、师子袍、师子乳、师子兽、金花狮子瓶、狮子队、狮子郎、狮子瓶"

10 个组合。

在宋辽金时期产生使用后期消亡的词形包括"狮子糖、狮子坊、狮子堡、狮子蛮王、狮子吼寺、狮子筋、师子窟、毛头师子、舞师子、师子队、小师子、师子皮、师子园、师头、雪师子、师子旗、师子桥、师子堡、师子力、白师子锦袄、白师子巷、黄师子大锦、金香师子、金师子峰"24 个组合。

在元代时期产生使用后期消亡的词形包括"狮子纹、狮子兽、狮子园、狮皮"4 个组合。在明代时期产生使用后消失的词形包括"大红狮头"1 个组合。在清代时期产生使用的词形包括"狮仔、狮仔头、狮仔头庄、狮仔头山、土狮仔、狮子窟、狮尾、狮尾社、狮头社、狮头山、师头山、毛狮王、白狮王、狮头营、狮头渡、狮头潭、狮头庄、狮头岭、狮尾窟"19 个组合。

以上"狮子""师子"的组合产生及消亡分布情况表明词语在不同时期受社会发展及语言演变的影响,名词逐步发展出复杂语义的新组合,同时也在进展过程中不断地被淘汰。总体来看,消亡的组合一是在于组合义所指事物或社会现象的消失;二是由于语言文字发展的影响,带形符的"狮"因其表意功能强逐渐取代无形符且多义的"师",进而"师子"的相关组合逐步退出语言词汇系统。

因此在我们考察的语料中两汉、隋唐、宋辽金三个时期"师子"的生命力和活跃度高于"狮子",从元代到明清"狮子"频率开始大幅度超越"师子"。

（2）不同时期产生新组合的持续发展情况

隋唐以后至明清持续发展存在的组合包括"石狮子、石狮、黄狮子、狮子峰、狮子巷、狮子岩、狮子吼、狮蛮、金狮子、金狮、狮头、狮子头、狮子桥、黑狮子、狮子国、师子国、雄师、师子王"18 个组合。

宋辽金以后至明清持续发展存在的组合包括"狮吼、狮蛮带、狮子花、雪狮子"4 个组合。明清时期产生并持续存在的组合包括"白狮子猫、铁狮子、铁狮、铁师、石狮头、狮头寨、狮头屿、狮子口"8 个组合。仅在清代产生的组合包括"狮仔、狮仔头、狮仔头庄、狮仔头山、土狮仔、狮子窟、金狮子蛮带、狮尾、狮尾社、狮头社、狮头山、狮头营、狮头渡、狮头潭、狮头庄、狮头岭、狮尾窟"17 个组合。

从这些发展组合的分布情况可见与生命力持续时间最长的"狮子"相关有 15 个,"师子"有 3 个。这些组合在语义上一是凸显狮子外在颜色的"黄狮子、金狮子、黑狮子、金狮";二是用其造型的"石狮子、石狮"；三是凸显狮子特点的"狮头、狮子头、狮子吼、雄师、师子王"；四是与其相似或有其形象的"狮子峰、狮子巷、狮子岩、狮蛮、狮子桥"；五是盛产这种动物的异国名"狮子国、师子国"。

另外，"狮子"的组合在清代时期发展较快。新产生的组合在语义上一是抓取狮子头部发展新组合基础上产生指称场所、地名的组合，如"狮头社、狮头山、狮头营、狮头渡、狮头潭、狮头庄、狮头岭"，二是产生了用狮子尾部的组合如"狮尾、狮尾社、狮尾窟"。这些组合的发展表明语言世界的主体对外部世界的描写不断地进行词汇跨域，用动物相关词组合指称其他事物。而"狮仔、狮仔头、狮仔头庄、狮仔头山、土狮仔"这些新组合主要表现出"子"在字形上增加了形符"亻"的特点。

（3）名词组合的复杂化考察

"师"在《说文》中"二千五百人为师"，并且在先秦时期文献中的大量语言事实均为此义。因此在语言的长期发展过程中"师子"指动物的用法到近代汉语时期弱化明显。我们通过上表中狮子的组合分布情况可发现，缩略为"狮"的再组合的数量远远少于"狮子"扩展后的复杂组合。不同时期的复杂化组合包括以下几种：

前加狮子的颜色表象特征。如"黄狮子、白狮子、金狮子、金毛狮子、白狮王、黑狮子"，其中"金狮子"在多个时期高频使用。

前加材质组合表达狮子造型的其他事物。如"铁狮子、石狮头、金刚狮子、铜狮子、石狮子"，其中"石狮子"生命力强，使用频次高。

前加狮子其他特点。如"毛头狮子、小狮子、毛狮王"。

前加数量短语的有"一头狮子"。

狮子的后加组合发展更多。如：后加狮子自身某一部分的组合"狮仔头、狮子皮、狮子口、狮子嘴、狮子头、狮子文、狮子纹、狮子乳、狮子形、狮子力、狮子筋"。后加娱乐狮子相关的组合"师子舞、师子乐、狮子郎"。后加用狮子造型的事物或事物上有狮子形象的组合"狮子糖、狮子瓶、狮子床、狮子锦、狮子旗、狮子桥、师子袍、师子革、狮子坐"。因事物与狮子的部分或整体相似而后加组合"狮仔头山、狮子潭、狮子峰、狮子岭、狮子岩、狮子门、狮子山、狮头山、狮头峰、狮头岭、白狮子猫"。因所指地有狮子而后加组合"狮子国、狮尾窟、狮子洞、狮子园、狮子窟、狮子林"。后加狮子的特征组合"狮子吼、狮子王"。后加指称场所、范围等组合"狮头庄、狮头潭、狮头渡、狮头营、狮头屿、狮头寨、狮头社、狮尾社、狮子堡、狮子潭、狮子坊、狮子镇、狮子会、狮仔头庄"。

发展的组合指称其他事物。如"大红狮头、雪狮儿、雪狮子、狮儿花"。

"大红狮头"取狮子头外形大特征,指称一种花名。在明代文献中出现1次,如:

> 那花不是寻常玉楼春之类,乃五种有名异品。那五种?黄楼子、绿蝴蝶、西瓜穰、舞青猊、大红狮头。《醒世恒言·第四卷　灌园叟晚逢仙女》

"雪狮儿"在元代文献中出现1次,指的是雪做的狮子。如:

> 巧手匠雪狮儿一千般成,我盼的是泥牛儿四九里打。《全元散曲·苏彦文》

在清代出现15次,指的是词体名,如:

> 刘龙洲之四犯剪梅花,长调中犯解连环、醉蓬莱二段、雪狮儿等体。《词苑萃编·卷之九》
> 朱竹垞、钱葆酚、厉樊榭均有雪狮儿猫词。《词徵·卷六》

"雪狮子"在元代出现2次,指的是雪做的狮子。如:

> 若说我侄女儿,只教你雪狮子向火,酥了一半。《全元南戏·柯丹邱·荆钗记》

"雪狮子"在明代出现14次,有3次指的是雪白的猫。如:

> 名唤"雪里送炭"又名"雪狮子"又善会口衔汗巾儿拾扇儿。《绣像金瓶梅词话·第五十九回》

11次指的是雪做的狮子,多用于"雪狮子向火"指人在某种情况下酥了、软了等。如:

大家吓得就如雪狮子向火，酥了一半。《鼓掌绝尘·第三十七回》

在清代出现 21 次，主要用于比喻快速变化，指人在某种情况下酥了、软了等。除用于"雪狮子向火"，还用于"雪狮子见日"如：

正在浑身苏麻，笑得合眼没缝，好似雪狮子见日。《前明正德白牡丹·第二十三回》

李雷一见，犹如雪狮子烘火，都瘫了。《善恶图全传·第四回》

哎呀，好快活，听的咱似雪狮子向火哩。《长生殿·第三十八出》

满心欢喜，如雪狮子向火，不由得酥了半边。《姑妄言·第三卷》

"狮子花"在元代出现 4 次，指名马。如：

谁知百战平河北，汗血功归狮子花。《元诗选初集·辛集》

明代"狮子花"出现 3 次，"师子花"1 次，都指名马。如：

这个马却不是等闲的马，尽是些飞龙、赤兔、骏□……卷毛骝、狮子花……《三宝太监西洋记第十六回》

若未少间，更有太宗拳毛马騧，郭家师子花。《永乐大典卷之二万三百十》

清代"狮子花"出现 4 次，也是指名马。如：

围人新进天闲马。御赐仍名狮子花。《北游录纪闻上》

前后都加的组合如"金花狮子瓶、金狮子蛮带、白师子锦袄、白狮子猫、白狮子巷、黄师子大锦、金狮子峰"。其中"白狮子猫"指的是像狮子的长毛白猫。如：

不想傍边蹲踞著一个白狮子猫儿。《绣像金瓶梅词话·第五十一

回》

　　退了毛，换了个白狮子猫。《醒世姻缘·第七回》

　　"金花狮子瓶、金狮子蛮带、白师子锦袄、黄师子大锦"指的是有狮子图案的"花瓶、腰带、衣服"。如：

　　　　其所赐品目有：桑落酒、阔尾羊窟利……金花狮子瓶、平脱著足叠子……《酉阳杂俎·卷一》

　　"金狮子蛮带"是在清代产生的组合。这一组合是在"狮子蛮、狮蛮、狮蛮带"这些用法基础上的进一步复杂化。如：

　　　　身彼一副榆叶钩嵌唐猊铠，腰系一条镀金狮子蛮带。《荡寇志·第一百二十五回》

　　宋辽金时期的复杂组合"白师子锦袄、黄师子大锦"各出现1次。如：

　　　　春夏服绯罗衫，秋冬服白师子锦袄。《宋史·卷一四九·志第一〇二》
　　　　三司副使、宫观判官，黄师子大锦。《宋史·卷一五三·志第一〇六》

　　从狮子组合的前后发展情况可以看出"狮子"进入汉语后，表意功能的形符字在词形上竞争力强，而且在词语的组合上持续发展，名词复杂化表达反映出汉语发展过程中主体思维的深化和语言表达精密化的趋势。

第二节　　"鹦鹉"类词形分布发展考察

一　"鹦鹉"历时共现词形分布

　　根据我们在语料库的调查分析，两汉时期外来词中的鸟类名"鹦鹉"共有4个能指词形为"鸚鵡、鴝鵡、鹦鹉、能言鸟"，这一所指在隋唐以后出现的能指词形分布如下表11－4。

表11－4　“鹦鹉”共现词形分布

不同时期	共现词形	数量
两汉	鸜鹆　鸲鹆/鹦鹉　能言鸟	4
隋唐五代	鸜鹆　鸲鹆　慧鸟　寒皋　八八儿　吉了　吉了鸟　结辽鸟　结了鸟　秦吉了　秦吉了鸟　能言鸟　鹦鹉　瞿鹆	14
宋辽金	鸜鹆　鸲鹆　咧咧　花鹆　寒皋　鹦哥　陇客　八八儿　吉了　吉了鸟　吉了禽　秦吉了　了哥　能言鸟/宁了　鹦歌　鹦鹉	17
元	鸜鹆　鸲鹆　咧哥　咧咧　锦鹦　慧鸟　寒皋　鹦哥　吉了　秦吉了　能言鸟　鹦鹉	12
明	鸜鹆　鸲鹆　八哥　八哥儿　八哥鸟儿　咧咧鸟　锦鹦　寒皋　鹦哥　鹦哥儿　乾皋　吉了　秦吉了　了哥/了歌　能言鸟　宁了　鸚哥　鹦歌　鹦鹉	20
清	鸜鹆/鸲鹆　鹦鹆　八哥　八哥儿　咧哥　咧咧　锦鹦　慧鸟　寒皋　鹦哥　鹦哥儿　鹦歌　乾皋　塞皋　鹦谷　鸜谷　加令　陇客　吉了　秦吉了　能言鸟　鸡鸲　鸡鸲鸲　鹦哥儿　鹦鸟　鹦鹉	27

根据上表11－4中鸟名“鹦鹉”不同词形的分布情况，不同时期的词形数量总体呈递增趋势，其中元代时期略低于上一个时期。在清代时期不同词形的数量最多，反映出两汉时期只有4个能指的外来词在汉语发展历史中生命力较强，在大量的语言事实中呈现出多形态的词语外在形式。

二　词形历时分布特点

41个“鹦鹉”的能指词形在不同时期中的分布情况表现出以下特点：

（1）词形稳定持续存在

在每个历史时期都存在的词形包括“鸜鹆、鸲鹆、鹦鹉、能言鸟”4个，占9.76%。其中“鸲鹆、鹦鹉”收在《现代汉语词典》第7版中。

“鸜鹆”的语例如：

鸜鹆之羽，公在外野。《汉书·卷二七中之上·志第七中之上》①

① 语例均出自我们采用的语料库，后文同。我们不再一一注释。

舞三人，绯大袖，并画鸜鹆，冠作鸟像。《旧唐书·卷二九·志第九》

唧唧一名花鹆能为声其在瓦中色苍者为鸜鹆。《新安志·卷第二》

凤味马肝和那鸜鹆眼，无非奇巧。《全元南戏·高明·蔡伯喈琵琶记》

毛色玄如鸜鹆，微瘦而长。《客座赘语·卷一》

鸜鹆，似鸐而有帻，五月五日翦去舌端，能效人语。一名塞皋。南唐李煜谓之八哥，俗名加令。《彰化县志·卷十》

"鸲鹆"的语例如：

鸲鹆来巢，占者以为凶。《论衡校释·卷第十七》

见行有笼白乌、白鸲鹆而西者。《韩愈集·卷一·赋、古诗一》

今岭南有鸟似鸲鹆，养之，久则能言，名吉了。《太平御览·卷五百六十八》

又则见梨花枝上鸲鹆儿打盘旋，唬的那锦鸠儿不离酴醾串。《全元杂剧·无名氏·金水桥陈琳抱妆盒》

或取腊月鸲鹆眼睛。《普济方·卷八十一》

谁怜鸲鹆能言鸟，笯里长衔剪舌冤！《台湾诗钞·卷十九》

(2) 生命力较强，在多个时期存在

不同时期"鹦鹉"的 41 个词形中存在于两个以上时期的词形包括"八哥、八哥儿、唧哥、唧唧、锦鹦、慧鸟、寒皋、鹦哥、鹦哥儿、陇客、八八儿、吉了、吉了鸟、秦吉了、了哥、宁了、鸲鹆、鹦歌"18 个，占 43.9%。其中"八哥"收在《现代汉语词典》第 7 版中。不同词形在不同时期的语例如：

八哥，俗呼鸡鸲鹆。《台湾通志·物产》

身小如鹆，黑翎如八哥，能作人语。《陶庵梦忆·卷四》

"宁了"疑即"秦吉了"，蜀叙州出，能人言。《陶庵梦忆·卷四》

一名了哥。亦曰唧哥。亦曰唧唧。《广东新语卷二十·禽语》

翠车前白橐驼，雕笼内锦鹦哥。《类聚名贤乐府群玉·卷五》

怜杀锦鹦偏解语，唤人提挈避东风。《元诗选初集·壬集》

举头望云林，愧听慧鸟语。《竹斋集·卷三》

拂曙辟行宫，寒皋野望通。《李隆基·野次喜雪》

鹦哥儿飞上九层台。《情经·卷上》

须臾之间，一夥鹦哥儿吱吱喳喳嚷做一起，闹做一团。《三宝太监西洋记第五十九回》

南客，鹦鹉曰陇客。《宋朝事实类苑·卷第三十四》

所谓能言鸟，即吉了也。《旧唐书卷二九·志第九》

因养吉了鸟尝称万岁。故为乐以像之。《唐会要·卷三十三》

呼传鹦鸹令。《韩愈集·卷八·联句》

白鹦歌失素，皓鹤羽毛同。《西游记·第四十八回》

（3）只在一个时期出现过

从两汉到清时期只在一个时期使用的词形包括"八哥儿鸟、唰唰鸟、花鸹、乾皋、塞皋、鹦谷、鹮谷、瞿鸹、加令、结辽鸟、结了鸟、吉了禽、秦吉了鸟、鸡鸹、鸡鸹鸹、鹨哥、了歌、鹦歌儿、鹦鸟"19 个，占 46.34%。主要语例如：

遂封那八哥鸟儿头上一冠，所以至今八哥儿头上皆一冠。《三教偶拈·许真君旌阳宫斩蛟传》

得秦吉了鸟雄雌各一只，解人语。《朝野佥载·卷四》

唰唰一名花鸹能为声其在瓦中色苍者为鹮鸹。《新安志·卷第二》

鹮鸹，万毕术曰：一名塞皋，断舌可使言语。《台湾通志·物产》

羽之属：鸢、燕……鹦谷（俗名加令）……《嘉义管内采访册·打猫南堡》

鹮谷（俗名加令；剪去舌端，能效人语）。《云林县采访册·斗六堡》

其地冬温，多雾雨，产虎魄、猩猩兽、结辽鸟。《新唐书·卷二二二下·列传第一四七下》

八哥，俗呼鸡鸹鸹。《台湾通志·物产》

红绿鹦哥、五色鹦哥、鹩哥皆能效人言语。《瀛涯胜览·爪哇国》

了歌，数年前人自粤东笼至。《客座赘语·卷一》

俗传洋里莲花、洞中灯火与鱼篮、鹦鸟倏忽云端。《广志绎·卷之四》

三 词形的历时词频分布考察

"鹦鹉"的 41 个不同词形在不同历时时期的词频分布情况见下表 11-5，表中数字为不同词形的使用频率。

表 11-5   "鹦鹉" 不同词形的历时分布

词形	两汉	隋唐	宋辽金	元	明	清
八哥	0	0	0	0	20	159
八哥儿	0	0	0	0	3	11
八哥鸟儿	0	0	0	0	4	0
鹦鸲	19	24	32	13	31	68
鸲鸲	41	46	109	37	57	120
唎哥	0	0	0	1	0	1
唎唎	0	0	1	0	1	4
唎唎鸟	0	0	0	0	1	0
锦鹦	0	0	0	1	1	1
慧鸟	0	1	0	1	0	10
花鸲	0	0	3	0	0	0
寒皋	0	5	1	1	2	10
鹦鹉	16	445	602	311	496	1393
鹦哥	0	0	12	17	78	423
鹦哥儿	0	0	0	0	12	15
乾皋	0	0	0	0	2	2
塞皋	0	0	0	0	0	2
鹦谷	0	0	0	0	0	2
鹦谷	0	0	0	0	0	1
瞿鸲	0	5	0	0	0	0

续表

词形	两汉	隋唐	宋辽金	元	明	清
加令	0	0	0	0	0	3
陇客	0	0	11	0	1	4
八八儿	0	1	1	0	0	0
吉了	0	14	10	1	21	30
吉了鸟	0	2	2	0	0	0
结辽鸟	0	3	0	0	0	0
结了鸟	0	1	0	0	0	0
吉了禽	0	0	1	0	0	0
秦吉了	0	6	17	5	13	36
秦吉了鸟	0	1	0	0	0	0
了哥	0	0	2	97	82	189
能言鸟	4	10	8	4	2	5
宁了	0	0	1	0	6	13
鹦哥	0	0	0	0	2	0
鸲鹆	0	0	0	0	0	1
鸲鹆鸽	0	0	0	0	0	1
鹦歌	0	0	13	0	1	9
鹦鹆	0	5	2	1	10	5
了歌	0	0	0	0	1	0
鹦歌儿	0	0	0	0	2	0
鹦鸟	0	0	0	0	1	0

　　词频是词语历时发展过程中生命力强弱的重要参数之一。在语言早期阶段高频使用的词形在后续发展时期一般也呈现出强劲的活跃度。从上表11-5数据可见"鸜鹆、鸲鹆、鹦鹉、能言鸟"的历时活跃力持续，在不同时期都使用，但"能言鸟"的频率比其他三个词形要低。这反映出汉语词汇的不同能指表达同一所指时词形的双音节竞争力高于三音节词形的特点。

　　三个较高频率的"鸲鹆"在两汉时期的活跃度高于"鸜鹆"和"鹦鹉"，而在隋唐至明清的发展过程中，"鹦鹉"一直高频使用，并延续至今。三个词中的五个语素"鸲""鸜""鹆""鹦""鹉"都是鸟部字，其中"鹆"可单用表示"鸲鹆"。如在《春秋·昭公二十五年》中记载：

"有鸲来巢。"《丁卯集》卷七中"鸲未知狂客醉，鹧鸪先让美人歌"。宋代顾文荐《负暄杂录·物以讳易》中记载："'鸲'音'煜'。南唐李后主讳煜，时改鸲为八哥，亦称'八八儿'。"可见词形在发展过程中，社会客观环境及主体世界因素会干扰语言的演变进程。

四　词形发展特点考察

张志毅（1991）认为："词的理据，作为词源学的一个分支，是指事物命名的理由与根据，它反映了事物命名特征和词之间的关系。"① "鹦鹉"在两汉时期的词形"鸲鹆、鹳鹆、鹦鹉"的语素字都是"鸟"部字，这种用形旁表意字构词的方式也是词语理据的外部呈现。通过对我们整理的"鹦鹉"的41个词形发现，这些不同时期的名词具有以下命名特点。

（1）凸显声音

《聊斋志异》卷三《鸲鹆》"八哥"吕湛恩注：本草：鸲鹆身首俱黑。两翼下各有白点，飞则见，如书八字，俗谓之八哥。但根据《汉语外来词词典》中"八哥"的语源为阿拉伯语"babgha，babbagha"，"八哥"应是源词的音译词。"八、唧"为同音词。吕注的说法一是可能当时"八哥"外来词的身份已经消失，二是对鸟的这种解释也可说得通。因此"八哥"在不同时期存在加"儿"，加类语素"鸟"和语素重叠的形式。有"八哥儿、八哥鸟儿、八八儿、唧哥、唧唧、唧唧鸟"不同词形。如：

> 遂封那八哥鸟儿头上一冠，所以至今八哥儿头上皆一冠。《三教偶拈·许真君旌阳宫斩蛟传》
> 遂令社伯之神，变为一八哥鸟儿。《警世通言·第四十卷》
> 一名了哥。亦曰唧哥。亦曰唧唧。《广东新语·卷二十》

（2）字形增减形符

鹦鹉在不同词形中存在字形差异的包括"吉了鸟、结了鸟、结辽鸟""鹦哥、鹦歌""了哥、了歌""鹦谷、鹦鹆""鹳谷、鹳鹆、瞿鹆""鹦哥儿、鹦歌儿"。其中"吉、结""了、辽""哥、歌""谷、鹆""瞿、鹳"在形符上前一个字与后一个字之间的主要差异在于形符的有无。这些字符在上古汉语黄侃及王力的语音系统情况如表11-6所示。

---

① 张志毅：《〈说文〉的词源学观念——〈说文〉所释"词的理据"》，《辞书研究》1991年第4期。

表 11-6 字符在上古汉语黄侃及王力的语音系统情况

字符	吉	结	了	辽	哥	歌	谷	鸽	瞿	鸜
黄侃系统	见母屑部	见母屑部	来母豪部	来母豪部	见母歌部	见母歌部	见母屋部	影母屋部	见母模部	溪母模部
王力系统	见母质部	见母质部	来母宵部	来母宵部	见母歌部	见母歌部	见母屋部	余母屋部	见母鱼部	羣母鱼部

根据上古语音的两个系统可见"吉"与"结"、"了"与"辽"、"哥"与"歌"的声母韵母完全相同,"谷"与"鸽"、"瞿"与"鸜"韵母相同,声母有差别。因此在语言的发展过程中用来表达外来概念的不同词形尽管用字有形符增减差异,大部分仍为同音字的交替。

另外,根据这些词在语料中的数据分布来看,"鸜谷、鹦谷、瞿鸽"中去掉形符"鸟"后用"谷""瞿"的词形使用频率相对较少,且不是持续在不同时期使用。因为"鸜鸽、鹦鸽"的构词用字中的表意形符的使用既使两个语素字构形对称,又符合汉字形声字的发展要求。而"结辽鸟、结了鸟"也比"吉了鸟"的使用度低,因为语言世界主体因"鹦鹉"能说吉利的话而称其为"吉了",增加了形符的"结"难以传递鹦鹉的这一特点。

"了哥"与"了歌"用来指称鹦鹉的频率都不高,这不是由于"哥、歌"的字形变化,主要在于"了"在唐代以后大发展产生了语法助词的作用,"了哥""了歌"的名词形式竞争力逐渐减弱。

语料库中的用例如下:

> 岭南甚多瞿鸽,能言者非瞿鸽也。《旧唐书·志第九》
> 所谓能言鸟,即吉了也。《旧唐书·卷二九·志第九》
> 天后时,左卫兵曹刘景阳使岭南,得吉了鸟,雄雌各一只,解人语。《太平广记·卷四六三》
> 其地冬温,多雾雨,产虎魄、猩猩兽、结辽鸟。《新唐书·卷二二二下·列传第一四七下》
> 眼之品类不一:曰"鹦哥眼",曰"鸜鸽眼",曰"了哥眼"……然亦石之病。《游宦纪闻·卷五》
> 了歌,数年前人自粤东笼至,求售于余。《客座赘语·卷一》
> 鸜谷(俗名加令;剪去舌端,能效人语)《云林县采访册·斗

六堡》

羽之属：……鹰、伯劳、鹦谷（俗名加令）、花微、鸽（俗名粉鸟）、鸡、鸭、鹊（俗名客鸟）。《嘉义管内采访册·打猫南堡》

荻芽短爆鹦歌嘴，倏尔霜凝碧海。《听秋声馆词话·卷三》

十六不谐，十六不谐，鹦哥儿飞上九层台。《明清民歌时调集·山歌·卷一》

这些鹦哥儿叫得有些不吉。《三宝太监西洋记·第五十九回》

龙女儿又指一指，鹦歌儿又跳一跳。《三宝太监西洋记·第七十八回》

（3）上位概念构词的发展

作为鸟名，在两汉时期的不同词形"鸜鹆、鸲鹆、鹦鹉"都是采用汉字中的"鸟"部字构词进而表达词语的上位概念。"能言鸟"则是一个固定短语组合，是可分析的，以鹦鹉特征"能言"加上位概念"鸟"组合表达语言所指。

隋唐以后，除了"能言鸟"不断产生新的含有上位概念的新词形，如"慧鸟、鹦鸟、吉了鸟、结辽鸟、结了鸟、秦吉了鸟"，还有加"禽"的"吉了禽"。这些新的词形表明汉语词汇在发展的过程中，增加上位概念语素构词是一种能产的方式。

（4）"鹦""了"成词能力增强

通过对语料的分析，"鹦鹉"的高频使用促使"鹦"语素化，可独立替换"鹦鹉"，如"鹦鹉洲"可缩为"鹦洲"，"红鹦鹉"可缩为"红鹦"，"黄鹦鹉"可缩为"黄鹦"，"白鹦鹉"可缩为"白鹦"。"鹦"语素化后的构词能力不断增强，产生"鹦语、鹦声、鹦绿、鹦歌、鹦笼、鹦啼、鹦耳、鹦粟、锦鹦、晓鹦、春鹦、雏鹦"等组合。

另外"吉了、秦吉了"的大量使用促使"了"在清朝产生独立使用指"吉了"。如：

秦吉了如丈夫。嫩则口黄。老则口白。口白其声更壮。又以眼为别。眼黄者金了。白者银了。黑者铁了。铁了品最下。一名了哥。亦曰嘹哥。亦曰嘹嘹。《广东新语·卷二十》

其中"金了、银了、铁了"中的"了"即"秦吉了"的省称构词语素。当然"了"代指"鹦鹉、吉了"的生命力并不长久，主要原因在于同音语法助词"了"的快速发展。

（5）凸显产地

"鹦鹉"的不同能指中的"陇客、秦吉了、秦吉了鸟"三个词形凸显
了鹦鹉的产地，主要表现在其中的"陇、秦"语素上。如：

> 一巨商姓段者，蓄一鹦鹉，甚慧，能诵陇客诗及李白宫词、心
> 经。《宋朝事实类苑·卷第六十九》
> 所居有园林，畜五禽，皆以客为名。白鹇曰闲客，鹭曰雪客，鹤
> 曰仙客，孔雀曰南客，鹦鹉曰陇客。《宋朝事实类苑·卷第三十四》
> 梦从陇客声中断，愁向湘屏曲处生。《陆游诗全集·二》
> 白乐天亦有秦吉了诗。《能改斋漫录·卷十五》
> 今广西有秦吉了，京师谓之了哥。《谷山笔麈·卷之十五》
> 左卫兵曹刘景阳使岭南，得秦吉了鸟雄雌各一只，解人语。《朝
> 野佥载·卷四》

（6）词形的口语化

在"鹦鹉"能指的不同词形中，"鹦哥儿、鹦歌儿、加令、鸡鸰、鸜
鹆鹆"具有口语化特征，一是"鹦哥、鹦歌"的儿化；二是"加令、鸜
鹆"为俗语名称，并且"鸡鸰鸰"中"鸰"语素的重叠具有生动的口语
化特点。如：

> 鹦哥儿飞上九层台。《情经·卷上》
> 鹦歌儿也口口叫着："佛爷爷！"《三宝太监西洋记第二回》
> 鹦鸰（俗名加令；剪去舌端，能效人语）《云林县采访册·斗六
> 堡》
> 鹦鸰，似鸜而有帻，五月五日剪去舌端，能效人语。一名塞皋。
> 南唐李煜谓之八哥，俗名加令。《彰化县志·卷十》
> 八哥，俗呼鸡鸰鸰。《台湾通志·物产》

（7）喻指其他名物

鹦鹉的大量使用一是受社会环境的影响，这种能学说人语的鸟在人们
生活中必定深受喜爱，因而会视为宝贝并在语言的记录中广泛存在。同时
也逐渐用这一鸟类的不同名称喻指其他事物。如：

《咏刺桐花》云："树头树底花楚楚，风吹绿叶翠翩翩，露出几枝红鹦鹉。"亦风韵可爱也。刺桐花，云南名为鹦哥花，花形酷似之。《升庵诗话·卷一》

自此山西行七日，见鹦哥嘴山。《明史·卷三二六·列传第二一四》

螺蚌，鹦鹉螺如鹦鹉，见之者凶。《酉阳杂俎·卷十七·广动植之二》

鹦鹉螺，旋尖处屈而朱，如鹦鹉嘴，故以此名。《岭表录异·卷下》

石上有黯，青绿间，晕圆小而紧者谓之鸜鹆眼。《东轩笔录·卷之十五》

有鸜鹆眼为贵，眼，石病也，然惟此岩石则有之。《欧阳修集·卷七十五·居士外集·卷二十五》

有鹦哥鱼，形如鲤而阔，嘴勾曲，红色，周身皆绿。《东瀛识略·卷五》

上面语例中的"红鹦鹉、鹦哥花、鹦哥嘴山、鹦鹉螺、鸜鹆眼、鸜鹆眼、鹦哥鱼"并不是指鹦鹉本身或其相关部位，而是借用与鹦鹉相似的部分或特征转指其他事物。"红鹦鹉、鹦哥花"指的是像红鹦鹉颜色的花。"鹦哥嘴山、鹦鹉螺、鹦哥鱼"是因山、螺蚌、鱼嘴的形状与鹦鹉嘴的形状相似而得名。这一词语发展特点也是主体世界思维发展深化的表现，将动物显著度高的表象特征用于其他事物命名，符合语言符号的经济性原则。

（8）字形讹变

在我们搜集的词形中"乾皋、寒皋、塞皋"三个词也是鹦鹉的不同能指。

《说文解字》中"皋，气皋白之进也。礼祝曰皋，登謌曰奏。"《康熙字典》中记载"《汲冢周书》文翰者若皋鸡。《注》皋鸡似凫，冀州谓之泽特。又乾皋，鹦领别名。《埤雅》干皋断舌，则坐歌。孔雀拍尾，则立舞。又寒皋，鸜鹆别名。《本草纲目》皋，告也。天寒欲雪，羣飞如告。故名寒皋。"

可见"皋"有发出声音的义素。因此"乾皋、寒皋"的名称重在描述鹦鹉发出声音，尤其是能言。如：

拂曙辟行宫，寒皋野望通。每云低远岫，飞雪舞长空。《李隆

基·野次喜雪》

《淮南万毕术》曰：寒皋断舌，可使语。《太平御览·卷九百二十三》

但在《彰化县志》卷十中记载"鸜鹆，似誂而有帻，五月五日翦去舌端，能效人语。一名塞皋"。其中"塞皋"在语境中应指的是"鸜鹆"，"塞"应是"寒"的讹变。

五　高频词形组合发展考察

"鹦鹉"在两汉时期主要是单独使用指鸟名。如《淮南子》中"鹦鹉能言，而不可使长"等多描写此鸟能言的特点。从隋唐至明清时期除鸟名独用，出现了大量新的组合表达形式。基于语料库我们进行了考察整理，不同时期"鹦鹉"的组合分布情况见下表 11－7。

表 11－7　　　　　　　　　"鹦鹉"的组合分布

词形	两汉	隋唐	宋辽金	元	明	清
鹦鹉色	0	1	0	0	0	0
赤鹦鹉	0	2	9	1	3	3
鹦鹉洲	0	40	51	46	46	114
鹦鹉杯	0	13	20	15	15	36
鹦鹉舟	0	1	0	0	0	0
鹦鹉笼	0	2	3	1	1	11
白鹦鹉	2	16	45	24	38	47
五色鹦鹉	0	13	21	5	8	14
五色能言鹦鹉	0	2	1	0	0	0
青鹦鹉	0	2	0	0	0	1
金鹦鹉	0	5	13	4	1	6
鹦鹉嘴	0	3	2	0	0	3
鹦鹉鸟	0	8	6	1	1	2
鹦鹉谷	0	7	7	3	1	3
鹦鹉林	0	3	0	0	0	0
鹦鹉子	0	2	1	0	2	0
鹦鹉毛	0	2	2	0	0	1

续表

词形	两汉	隋唐	宋辽金	元	明	清
鹦鹉螺	0	3	17	6	6	28
鹦鹉图	0	0	0	3	0	1
桃花鹦鹉	0	0	0	3	0	1
红鹦鹉	0	4	8	0	4	12
绿鹦鹉	0	0	0	1	8	11
红绿鹦鹉	0	0	0	0	2	4
黄鹦鹉	0	0	7	1	4	6
鹦鹉舌	0	5	1	0	6	6
鹦鹉盏	0	4	0	6	0	3

　　从上表 11 - 7 的统计情况来看，"鹦鹉"从两汉时期单独使用指鸟发展到明清时期产生了 26 个组合形式，其中"赤鹦鹉、鹦鹉洲、鹦鹉杯、鹦鹉笼、白鹦鹉、五色鹦鹉、金鹦鹉、鹦鹉舌、鹦鹉鸟、鹦鹉谷、鹦鹉螺"11 个组合在两汉以后各个时期都存在。"鹦鹉舟、鹦鹉色"2 个只出现在隋唐时期的语言中。其他 13 个组合在不同时期非连续出现。从词频数据上看"鹦鹉洲、鹦鹉杯、白鹦鹉、五色鹦鹉"等为频率较高的组合形式，"鹦鹉螺"在宋辽金和清代时期频率较高，其他时期较低。其他组合相比较而言词频总体不高。

　　在"鹦鹉"的 26 个组合形式中，前加语素组合包括"赤鹦鹉、白鹦鹉、五色鹦鹉、五色能言鹦鹉、青鹦鹉、金鹦鹉、红鹦鹉、绿鹦鹉、黄鹦鹉、红绿鹦鹉、桃花鹦鹉"11 个。前加语素以表颜色义为主，其中"红绿鹦鹉"为两种颜色语素并列组合，在明清时期开始出现。"桃花鹦鹉"用植物花表示鹦鹉活动的季节。"五色能言鹦鹉"既与颜色组合又增加了鹦鹉"能言"的特点。可见，"鹦鹉"其"能言"的特点在两汉时期已被主体世界关注，语言发展过程中随着主体世界思维的发展对前加语素组合侧重于聚焦鸟的不同外部颜色，进而产生不同的组合。

　　"鹦鹉"的后加语素组合包括"鹦鹉色、鹦鹉洲、鹦鹉杯、鹦鹉舟、鹦鹉笼、鹦鹉舌、鹦鹉嘴、鹦鹉鸟、鹦鹉谷、鹦鹉图、鹦鹉螺、鹦鹉毛、鹦鹉林、鹦鹉子、鹦鹉盏"15 个。后加语素中一类是鸟自身的某一部分，如"毛、舌、嘴、色、子"是鹦鹉特色凸显的或属于它的部分。第二类是鹦鹉生活相关的事物，如"洲、笼、谷、林"。第三类是与鹦鹉外部形状有某种相似性的其他事物，如"杯、舟、螺、盏"。第四类是事物涉及鹦鹉的，如"图"。还有"鹦鹉鸟"则是后加了"鹦鹉"的上位语素字"鸟"。后加语素组合较前加语素语义分布广，表明外来名词在汉语发展过程中因语言主体表达日益丰富的需要其组合范围不断扩大，组合扩展能力不断加强，使用频度的增加也促使其外来词色彩的淡化直至消失。

第三节　两汉外来词的历时发展特点

前文我们对两汉后期魏晋时期进行了断代层面的综合发展研究可总体观测广义外来词的系统发展到魏晋时期的词汇面貌。对"狮子、鹦鹉"的外来词的长期历时发展考察，尽管因时间所限无法全部做所有外来词的演变分析，但可在一定程度上反映出早期外来词在汉语词汇发展史上生长、消亡、演变的状况。

从"狮子、鹦鹉"两个词在不同时期的词频分布考察可知不同词形的生命力及活跃度的强弱既受语言词汇系统自身发展的影响，更受社会客观因素、主体主观世界的选择与取舍。高频次词形的持续发展是名词复杂化组合的前提。"狮子"的不同词形能指从早期指称单一外来动物整体逐步发展组合指称动物各个凸显特征部位，并且产生跨域指称其他事物或场所，反映出古人思维的细化及联想投射的扩大引发词义中突显特征的转移。"鹦鹉"的发展组合则反映出因其能言而与社会、语言主体的高密度接触，高频度的语言使用率既促使指鸟类的相关词语的发展与演变，同时历时文献中出现了大量"鹦哥、鹦鹉"用作人名的语言事实。

附　　录

附录一　两汉非佛典外来词词条及释义、语例

（一）普通词

A

1. 安石　水果，同安石榴。如：葡萄安石，蔓延蒙笼，橘柚含桃，甘果成丛。全后汉文·卷五十①

2. 安石榴　水果，也称"安石"。如：安石榴不可多食，损人肺。金匮要略·果实菜谷禁忌并治第二十五

3. 安息雀　安息的一种大鸟。如：安息王满屈复献师子及条支大鸟，时谓之安息雀。后汉书·卷八八·列传第七八

B

4. 白叠布　棉布，又作白甋、白叠、帛叠、苔布、榻布、答布。如：苔布皮革千石。汉书·卷九一·列传第六一

5. 白玉琯　相传为女神西王母献给舜的白玉律管。如：《尚书·大传》："舜之时，西王母来献其白玉琯。"风俗通·声音

6. 白玉管　同"白玉琯"。如：于冷道舜祠下得生白玉管。风俗通义·声音第六

7. 白草　一种白色的草，有毒。如：国出玉，多葭苇、柽柳、胡桐、白草。汉书·卷九六上·列传第六六上

8. 白叠　同白叠布。

9. 白琯　同"白玉琯"。如：西王母来献其白琯。大戴礼记·少闲第七十六

10. 白环　西王母的白色玉器。如：纳僬侥之珍羽，受王母之白环。

---

① 语例为语料库中的文献出处。下同。

后汉书·卷六〇上·列传第五〇上

11. 白骆　白骆马。如：天子衣白衣，乘白骆。淮南子·卷五·时则训

12. 白蜃　白色大蛤。如：皆以南海白蜃为珂，紫金为华。西京杂记·卷二

13. 白菟　白色的兔子。如：南越徼外蛮夷献白雉、白菟。后汉书·卷八六·列传第七六

14. 白犀　一种动物。也称"生犀"。如：日南献白雉、白犀。东观汉记·卷二

15. 白鹇　一种白色的鸟。如：南越王献高帝石蜜五斛蜜烛二百枚。白鹇黑鹇各一双。西京杂记·卷四

16. 白雉　白色的鸟。如：风益州令塞外蛮夷献白雉，汉书·卷九九上·列传第六九上

17. 白越　细布名。如：加安车驷马，白越三千端。后汉书·卷一〇上·帝纪第一〇上

18. 白珠　东夷的白色珍珠。如：出白珠、青玉。后汉书·卷八五·列传第七五

19. 班鱼　东夷的一种鱼。如：海出班鱼，使来皆献之。后汉书·卷八五·列传第七五

20. 班罽　一种毛织物。如：其人能作旄毡、班罽、青顿、毞毲、羊羧之属。后汉书·卷八六·列传第七六

21. 蚌珠　海里的珍珠。如：哀牢人……水精、瑠璃、轲虫、蚌珠。后汉书·卷八六·列传第七六

22. 鼻饮　（外族人）用鼻子喝水。如：骆越之人父子同川而浴，相习以鼻饮。汉书·卷六四下·列传第三四下

23. 比疏　黄金做的发饰。也作"疏比"。如：服绣袷绮衣、长襦、锦袍各一。汉书·卷九四上·列传第六四上

24. 比余　同"比疏"。如：锦袷袍各一，比余一。史记·卷一一〇·列传第五〇

25. 碧鸡　传说中的神物。如：或言益州有金马、碧鸡之神，可醮祭而致。汉书·卷二五下·志第五下

26. 璧珠玑　宝石名。如：赐金钱、缯絮、绣被百领，衣五十箧，璧珠玑玉衣。汉书·卷六八·列传第三八

27. 璧流离　宝石名。如：罽宾地平……（出）珠玑、珊瑚、虎魄、

璧流离。汉书·卷九六上·列传第六六上

28. 毲氍 外族所织的一种兽毛布。如：其人能作旄毡、班罽、青顿、毲氍、羊羧之属。后汉书·卷八六·列传第七六

29. 编结 外国人习俗，代指小国。如：编结沮颜，燋齿枭瞷，翦发黥首，文身裸袒之国。全汉文·卷四十二

30. 编发 西南夷习俗，头发编在一起。如：名为嶲、昆明，编发。汉书·卷九五·列传第六五

31. 僰僮 僰族的奴隶。如：巴蜀民或窃出商贾，取其笮马、僰僮、髦牛，以此巴蜀殷富。史记·卷一一六·列传第五六

32. 帛叠 同"白叠"。如：知染采文绣，罽氍，帛叠。后汉书·卷八六·列传第七六

C

33. 长尾鸡 东夷特产，一种长尾巴鸡。如：有长尾鸡，尾长五尺。后汉书·卷八五·列传第七五

34. 畅草 东夷的一种草。如：（倭）人来献畅草。论衡校释·卷第五

35. 鬯草 同"畅草"。如：越裳献白雉，倭人贡鬯草。论衡校释·卷第八

36. 賨幏 同"賨布"。如：又其賨幏火毳驯禽封兽之赋，輶积於内府。后汉书·卷八六·列传第七六

37. 賨布 西南外族的一种布。如：槃瓠之后，输布一匹二丈，是谓賨布。风俗通义·佚文

38. 持衰 倭人禁食禁欲习俗。如：令一人不栉沐，不食肉，不近妇人，名曰"持衰"。后汉书·卷八五·列传第七五

39. 重酪 乳酪。"重"通"湩"。如：得汉食物皆去之，以视不如重酪之便美也。汉书·卷九四上·列传第六四上

40. 湩酪 同"重酪"。如：得汉食物皆去之，以示不如湩酪之便美也。史记·卷一一〇·列传第五〇

41. 樗蒲 一种棋类游戏，从外国传入。如：揣摩弄矢摇丸樗蒲之术。西京杂记·卷四

42. 穿耳 东夷打穿耳朵戴珠的习俗。如：穿耳施珠曰珰，此本出于蛮夷所为也。释名·卷二·释姿容第九

43. 吹鞭 外族的一种吹奏乐器。如：汉书旧注："箛，吹鞭也。箛者，忼也，言其节忼威仪。"风俗通义·声音第六

44. 翠鸟　外族的一种鸟。如：谨北面因使者献白璧一双，翠鸟千。汉书·卷九五·列传第六五

45. 翠羽　南越特产，翠色羽毛。如：明珠、文甲、通犀、翠羽之珍盈于后宫。汉书·卷九六下·列传第六六下

46. 错臂　南越习俗，在胳膊上刻文。如：夫剪发文身，错臂左衽。史记·卷四三·世家第一三

D

47. 荅遝　西南族的一种水果，像李子。如：荅遝离支。汉书·卷五七上·列传第二七上

48. 楉榢　同"荅遝"。如：楉榢荔枝。史记·卷一一七·列传第五七

49. 答布　同"白叠"。如：更为援制答布单衣、交让冠。东观汉记·卷十二

50. 荅布　同"白叠"。如：荅布皮革千石。汉书·卷九一·列传第六一

51. 大马爵　安息国的一种鸵鸟。如：安息国……有大马爵。汉书·卷九六上·列传第六六上

52. 大宛马　西域大宛的名马，即汗血马。如：名大宛马曰"天马"云。史记·卷一二三·列传第六三

53. 大栗　东夷的特产。如：马韩人知田蚕，作绵布。出大栗如梨。有长尾鸡，尾长五尺。后汉书·卷八五·列传第七五

54. 大狗　西域特产，红色大如驴的狗。如：出封牛、水牛、象、大狗……汉书·卷九六上·列传第六六上

55. 大爵　（1）大雀。"爵"通"雀"。如：黄口尽得，大爵独不得，何也？说苑·卷第十。（2）指鸵鸟。如：安息国遣使献师子及条枝大爵。后汉书·卷四·帝纪第四

56. 大雀　同"大爵"。如：巨象狮子猛兽大雀之群。实于外囿。前汉孝武皇帝纪·卷第十五

57. 大鸟　西域的一种鸟，下蛋特大。如：有大鸟，卵如瓮。汉书·卷九六上·列传第六六上

58. 玳瑁　外族的一种装饰品，也作"瑇瑁""毒冒"。如：故能睹犀布、玳瑁则建珠崖七郡。汉书·卷九六下·列传第六六下

59. 瑇瑁　同"玳瑁"。如：旧交阯土多珍产，明玑、翠羽、犀、象、瑇瑁、异香、美木之属。后汉书·卷三一·列传第二一

60. 毒冒　同"玳瑁"。如：其中则有神龟蛟鼍，毒冒鳖鼋。汉书·卷五七上·列传第二七上

61. 蹛林　匈奴每年秋天祭祀之处。如：大会蹛林。汉书·卷九四上·列传第六四上

62. 儋耳　（1）一种古代西南方少数民族。如：西南夷哀牢、儋耳、僬侥、槃木、白狼、动黏诸种。后汉书·卷二·帝纪第二。（2）西南少数民族的习俗，打穿耳廓。如：冠带儋耳。全后汉文·卷四十三。（3）古代南方国名。如：武帝元封元年略以为儋耳、珠厓郡。汉书·卷二八下·志第八下

63. 刀鋋　匈奴的兵器，刀和短矛。如：其长兵则弓矢，短兵则刀鋋。汉书·卷九四上·列传第六四上

64. 鞮　（1）翻译外族外国语言的人。如《周礼》："象胥掌蛮、夷、戎、翟之国，使传王之言而谕说焉，以和亲之。"郑玄注云："通夷狄之言者曰象胥，其有才智者也。此类之本名，东方曰寄，南方曰象，西方曰狄鞮，北方曰译。（2）匈奴名字常用字。如：至匈奴姓挛鞮氏。前汉孝武皇帝纪·二卷第十一

65. 狄鞮　同"鞮"。如：俳优侏儒，狄鞮之倡。汉书·卷五七上·列传第二七上

66. 颠歌　西南夷的民歌。"颠"通"滇"。如：《淮南干遮》，文成颠歌。汉书·卷五七上·列传第二七上

67. 雕题　蛮夷习俗，刻涂额头为青色。如：南方曰蛮，雕题交址。后汉书·卷八六·列传第七六

68. 雕脚　蛮夷习俗，刻涂脚。如：则缓耳雕脚之伦，兽居鸟语之类。后汉书·卷八六·列传第七六

69. 兜离　形容言语难懂。如：人似禽兮食臭腥，言兜离兮状窈停。后汉书·卷八四·列传第七四

70. 逗落　匈奴人的冢。如：其送死，有棺椁金银衣裘，而无封树丧服。史记·卷一一〇·列传第五〇

71. 都布　同"白叠"。如：使出就馆，更为援制都布单衣。后汉书·卷二四·列传第一四

72. 独白草　外国的一种草，有毒。如：西夜国生独白草，煎以为药，傅箭，所射辄死。八家后汉书辑注·司马彪续汉书卷五

73. 断发　南越习俗，割断头发。如：文身断发，以避蛟龙之害。汉书·卷二八下·志第八下

E

74. 贰师马　大宛宝马。如：且贰师马，宛宝马也。汉书·卷六一·列传第三一

75. 贰师天马　同"贰师马"。如：后得贰师天马。西京杂记·卷二

F

76. 翡翠　西南民族的宝石。如：哀牢人……孔雀、翡翠、犀、象、猩猩、貊兽。后汉书·卷八六·列传第七六

77. 辒辌　匈奴的战车，也借指匈奴。如：砰辒辌，破穹庐。汉书·卷八七下·列传第五七下

78. 封牛　西域特产，脖子上有隆起的牛。例见"大狗"。

79. 封狐　外族的大狐狸。如：翟人有封狐、文豹之皮者。说苑·卷第七

80. 封兽　南蛮的象。如：又其賨幏火毳驯禽封兽之赋，輷积于内府。后汉书·卷八六·列传第七六

81. 封橐驼　西域的骆驼。如：大月氏国……出一封橐驼。汉书·卷九六上·列传第六六上

82. 服匿　匈奴人盛酒的器皿。如：王病，赐武马畜服匿穹庐。汉书·卷五四·列传第二四

83. 符拔　西域的一种动物，似麟而无角。如：章帝章和元年，遣使献师子、符拔。后汉书·卷八八·列传第七八

84. 符枝　同"符拔"。如：章和元年，安息国遣使献师子、符枝八家。后汉书辑注·司马彪续汉书·卷一

85. 扶拔　同"符拔"。如：月氏国遣使献扶拔师子。后汉书·卷三·帝纪第三

86. 服刀　西域的一种兵器。如：兵有弓、矛、服刀、剑、甲。汉书·卷九六上·列传第六六上

G

87. 橄榄　南越的一种植物。如：龙眼、荔枝、槟榔、橄榄、千岁子、甘橘皆百余本。三辅黄图·卷之三

88. 共川　骆越习俗，父子同川洗浴。如：共川鼻饮之国。后汉书·卷八〇上·列传第七〇上

89. 筑　外族乐器，原作"柷"。汉书旧注：筑，吹鞭也。风俗通义·声音第六

90. 关头　外族习俗，从头上穿衣。如：越在九夷，劂衣关头。论衡

校释·卷第十九

91. 贯头　同"关头"。如：民皆服布如单被，穿中央为贯头。汉书·卷二八下·志第八下

92. 贯头衣　外族从头上穿的衣服。如：邑豪岁输布贯头衣二领，盐一斛，以为常赋，夷俗安之。后汉书·卷八六·列传第七六

93. 光珠　西南夷的江珠。如：出铜、钱、铅、锡、金、银、光珠。后汉书·卷八六·列传第七六

94. 光风　苜蓿的别名。如：苜蓿一名怀风，时人或谓之光风，风在其间常萧萧然。三辅黄图·卷之四

95. 桄榔木　西南夷一种外皮有毛的树。如：句町县有桄榔木。后汉书·卷八六·列传第七六

96. 果下马　东夷一种高三尺的马。如：又多文豹，有果下马。后汉书·卷八五·列传第七五

H

97. 汗血　即"汗血马"。如：氍毹琪琉蒲萄龙文鱼目汗血名马。前汉孝武皇帝纪·卷第十五

98. 汗血马　同"天马"。如：贰师将军广利斩大宛王首，获汗血马来。汉书·卷六·帝纪第六

99. 骇鸡犀　大秦的宝物，也叫通天犀。如：土多金银奇宝，有夜光璧、明月珠、骇鸡犀。后汉书·卷八八·列传第七八

100. 诃黎勒　原产印度的一种药材。如：气利，诃黎勒散主之。金匮要略·呕吐哕下利病脉证治第十七

101. 黑齿　南方民族习俗，用草染黑牙齿。如：黑齿雕题。史记·卷四三·世家第一三

102. 黑鹇　一只黑色的鸟。如：白鹇黑鹇各一双。西京杂记·卷四

103. 黑盐　天竺特产，黑色的盐。如：天竺国出石蜜、胡椒、黑盐。八家后汉书辑注·司马彪续汉书卷五

104. 胡空侯　匈奴的一种乐器。如：灵帝好胡服、胡帐、胡床、胡坐、胡饭、胡空侯、胡笛、胡舞，京都贵戚皆竞为之。后汉书·卷一○三·志第一三

105. 胡服　匈奴的衣服。如：两人皆胡服椎结。汉书·卷五四·列传第二四

106. 胡帐　匈奴的毡帐。如：灵帝好胡服、胡帐、胡床，京师皆竞为之。风俗通义·佚文

107. 胡床　匈奴的睡具。如：灵帝好胡服、胡帐、胡床，京师皆竞为之。风俗通义·佚文

108. 胡笛　匈奴的一种乐器。如：灵帝好胡服、胡帐、胡床、胡坐、胡饭、胡空侯、胡笛、胡舞，京都贵戚皆竞为之。后汉书·卷一〇三·志第一三

109. 胡坐　匈奴的坐具。如：灵帝好胡服、胡帐、胡床、胡坐、胡饭、胡空侯、胡笛、胡舞，京都贵戚皆竞为之。后汉书·卷一〇三·志第一三

110. 胡麻　匈奴的一种调料。如：以胡麻著上也蒸饼汤饼蝎饼髓饼金饼索饼之属皆随形而名之也。释名·卷二

111. 胡马　匈奴的马。如：胡马不窥于长城。前汉孝武皇帝纪·卷第十五

112. 胡饼　匈奴的一种主食。如：胡饼作之大漫沍也。释名·卷二

113. 胡笳　匈奴的一种乐器。如：胡笳动兮边马鸣，孤雁归兮声嘤嘤。后汉书·卷八四·列传第七四

114. 胡椒　天竺的一种调料。如：天竺国出石蜜、胡椒、黑盐。八家后汉书辑注·司马彪续汉书卷五

115. 胡桐　西域的一种树。如：（鄯善）国出玉，多葭苇、柽柳、胡桐、白草。汉书·卷九六上·列传第六六上

116. 胡桃　西域的一种植物。如：胡桃不可多食，令人动痰饮。金匮要略·果实菜谷禁忌并治第二十五

117. 胡荽　西域的一种蔬菜。如：胡荽久食之，令人多忘。金匮要略·果实菜谷禁忌并治第二十五

118. 胡车　西域的车。如：若胡车相随而鸣。盐铁论·卷第六

119. 胡舞　西域的舞蹈。如：汉灵帝好胡舞。风俗通义·佚文

120. 狐貉　匈奴的动物。如：鼲貂狐貉，采旄文罽，充于内府。盐铁论·卷第一

121. 琥珀　西域产的一种宝石。如：哀牢夷出光珠、琥珀、水精、火精、琉璃。八家后汉书辑注·司马彪续汉书卷五

122. 虎魄　西域产的一种宝石。例见"大狗"。

123. 琥魄　西域产的一种宝石。如：多金银、真珠、珊瑚、琥魄、琉璃、金缕、罽绣、杂色绫、涂布。后汉孝殇皇帝纪·卷第十五

124. 怀风　同"苜蓿"。如：日照其花有光采，故名苜蓿为怀风。三辅黄图·卷之四

125. 缓耳　同"儋耳"。如：则缓耳雕脚之伦，兽居鸟语之类。后汉书·卷八六·列传第七六

126. 幻人　西南夷的一种艺人。如：西南夷掸国献幻人。八家后汉书辑注·谢承后汉书卷三

127. 黄金涂　大秦的一种涂料。如：作黄金涂、火浣布。后汉书·卷八六·列传第七六

128. 䶄貂　西域的动物。如：䶄貂狐貉，采旄文罽，充于内府。盐铁论·卷第一

129. 䶄子　鲜卑的动物。如：又有貂、豽、䶄子，皮毛柔蠕。后汉书·卷九〇·列传第八〇

130. 火毳　即火浣布，西南民族的一种布。如：又其寶嵊火毳驯禽封兽之赋，軨积于内府。后汉书·卷八六·列传第七六

131. 火精　西南夷的物产。如：哀牢夷出光珠、琥珀、水精、火精、琉璃。八家后汉书辑注·司马彪续汉书卷五

132. 火浣布　同"火毳"。如：作黄金涂、火浣布。后汉书·卷八八·列传第七八

J

133. 罽绣　大秦的一种织物。如：多金银、真珠、珊瑚、琥魄、琉璃、金缕、罽绣、杂色绫、涂布。后汉孝殇皇帝纪·卷第十五

134. 罽褥　匈奴的毛织褥。如：匈奴请降，罽褥，帐幔毡裘，积如丘山。全后汉文·卷二十八

135. 罽氊　西南夷的一种毛织物。如：黼锦缋组，罽氊皮服。全后汉文·卷九十二

136. 罽氀　西南夷的一种毛织物。如：知染采文绣，罽氀帛叠。后汉书·卷八六·列传第七六

137. 罽衣　南越的毛织物衣服。如：越在九夷，罽衣关头。论衡校释·卷第十九

138. 嵊布　西南夷的一种布。如：廪君之巴氏，出嵊布八丈。全后汉文·卷三十八

139. 缣布　东夷的一种布。如：知蚕桑，作缣布。后汉书·卷八五·列传第七五

140. 翦发　南越习俗，剪短头发。如：越，方外之地，翦发文身之民也。全汉文·卷十二

141. 劗发　同"翦发"。如：越，方外之地，劗发文身之民也。汉

书·卷六四上·列传第三四上

142. 交趾　蛮夷习俗，同川洗浴。如：南方曰蛮，雕题交趾。白虎通义·卷二

143. 交址　同"交趾"。如：其俗男女同川而浴，故曰交址。后汉书·卷八六·列传第七六

144. 角端牛　鲜卑的一种牛。如：又禽兽异于中国者，野马、原羊、角端牛，以角为弓，俗谓之角端弓者。后汉书·卷九〇·列传第八〇

145. 江珠　西南夷的一种宝珠。如：于近则有瑕英菌芝，玉石江珠。全汉文·卷五十一

146. 金马　西南夷的一种马。如：青蛉有禺同山，俗谓有金马碧鸡。后汉书·卷一一三·志第二三

147. 金镣　西南夷的一种金质食器。如：先零酋长又遗金镣八枚。后汉书·卷六五·列传第五五

148. 金缕　大秦的一种物品。如：多金银、真珠、珊瑚、琥魄、琉璃、金缕、罽绣、杂色绫、涂布。后汉孝殇皇帝纪·卷第十五

149. 金缕罽　大秦的一种毛织物。如：刺金缕绣，织成金缕罽、杂色绫。后汉书·卷八八·列传第七八

150. 金人　匈奴祭祀用的天神金像。如：有休屠、金人及径路神祠三所。汉书·卷二八上·志第八上

151. 径路　匈奴人的宝刀。如：单于以径路刀金留犁挠酒。汉书·卷九四下·列传第六四下

152. 駏驉　匈奴的一种动物。如：蛩蛩駏驉必负而走。淮南子·卷十二·道应训

153. 距虚　同"駏驉"。如：蹶蛩蛩，辚距虚。汉书·卷五七上·列传第二七上

154. 巨虚　同"駏驉"。如：蛩蛩巨虚见人将来，必负蠜以走。说苑·卷第六

155. 岠虚　同"駏驉"。如：邛邛岠虚。尔雅·释地

156. 枸酱　西南夷的一种食品。如：感枸酱、竹杖则开牂柯、越巂。汉书·卷九六下·列传第六六下

157. 镶鍝　东夷习俗，穿耳打洞戴饰品。如：若夫文身鼻饮缓耳之主，椎结左衽镶鍝之君。后汉书·卷八〇上·列传第七〇上

158. 巨栗　东北夷的大栗子。如：北燕荐朔滨之巨栗。全后汉文·卷五十七

159. 句决　东胡的发饰。如：分为髻，著句决，饰以金碧。后汉书·卷九○·列传第八○

160. 駃騠　匈奴的骏马。如；其奇畜则橐驼、驴、赢、駃騠、騊駼。史记·卷一一○·列传第五○

K

161. 坎侯　西域的一种乐器。如：作二十五弦及坎侯瑟自此起。汉书·卷二五上·志第五上

162. 空侯　同"坎侯"。如：空侯取其空中。风俗通义·声音第六

163. 箜篌　同"坎侯"。如：及箜篌瑟自此起。史记·卷一二·本纪第一二

164. 轲虫　西南夷的特产。如：哀牢人……水精、瑠璃、轲虫、蚌珠。后汉书·卷八六·列传第七六

165. 孔爵　同"孔雀"。如：出封牛、水牛、象、大狗、沐猴、孔爵。汉书·卷九六上·列传第六六上

166. 孔雀　西域的一种大鸟。如：生翠四十双，孔雀二双。汉书·卷九五·列传第六五

167. 楛矢　东北夷的一种箭。如：肃慎贡楛矢。汉书·卷二七下之上·志第七下之上

168. 魁头　马韩人习俗，把头发绕成结。如：大率皆魁头露紒。后汉书·卷八五·列传第七五

169. 髡头　西域、外族的习俗，剃去头发。如：皆髡头而衣文绣，乘辎軿白盖小车，出入击鼓，建旌旗幡帜。后汉书·卷八八·列传第七八

L

170. 兰干细布　西南夷的一种布。如：知染采文绣，罽氎帛叠，兰干细布。后汉书·卷八六·列传第七六

171. 琅玕　大秦的宝石。如：土多金银奇宝，有……琉璃、琅玕、朱丹、青碧。后汉书·卷八八·列传第七八

172. 荔枝　南越的一种植物。如：龙眼、荔枝、槟榔、橄榄、千岁子、甘橘皆百余本。三辅黄图·卷之三

173. 荔支　同"荔枝"。如：南单于来朝，赐御食及橙、橘、龙眼、荔支。东观汉记卷二十

174. 离支　同"荔枝"。如：荅遝离支。汉书·卷五七上·列传第二七上

175. 连环羁　印度的马笼头。如：武帝时身毒国献连环羁。西京杂

记·卷二

176. 连枝草　同"苜蓿"。如：茂陵人谓之连枝草。西京杂记·卷一

177. 灵羊　西南夷的一种羊。如：有灵羊，可疗毒。后汉书·卷八六·列传第七六

178. 零羊　同"灵羊"。如：零羊角味咸无毒，主疗青盲、蛊毒，去恶鬼，安心气，强筋骨。本草经

179. 留犁　匈奴人的饭匕。如：单于以径路刀金留犁挠酒。汉书·卷九四下·列传第六四下

180. 琉璃　大秦的宝石。如：土多金银奇宝，有……琉璃、琅玕、朱丹、青碧。后汉书·卷八八·列传第七八

181. 瑠璃　西南夷宝石。如：哀牢人……水精、瑠璃、轲虫、蚌珠。后汉书·卷八六·列传第七六

182. 流黄簟　南越的一种竹制物品。如：会稽岁时献竹簟供御。世号为流黄簟。西京杂记·卷二

183. 龙文　西域的一种骏马。如：氍毹琪琉蒲萄龙文鱼目汗血名马。充于黄门。前汉孝武皇帝纪·卷第十五

184. 龙眼　南越的一种植物。如：龙眼、荔枝、槟榔、橄榄、千岁子、甘橘皆百余本。三辅黄图·卷之三

185. 镂体　蛮夷的文身习俗。如：镂体卉衣。后汉书·卷八六·列传第七六

186. 露紒　马韩人露出发髻的习俗。如：大率皆魁头露紒。后汉书·卷八五·列传第七五

187. 庐帐　西域人的住所。如：庐帐而居，逐水草，颇知田作。后汉书·卷八八·列传第七八

188. 庐落　匈奴人的住所。如：掩击北匈奴于阗吾陆谷，坏其庐落。后汉书·卷八八·列传第七八

189. 毾𣯣　东胡的一种毛织物。如：妇人能刺韦作文绣，织毾𣯣。后汉书·卷九〇·列传第八〇

190. 骡驴　匈奴的动物。如：驱骡驴，驭宛马。后汉书·卷八〇上·列传第七〇上

191. 骆驼　匈奴的动物。如：南单于遣使献骆驼二头，文马十匹。东观汉记·卷二十

192. 驴骡　匈奴的动物。如：得驴骡骆驼马牛羊二万余头。后汉书·卷八七·列传第七七

M

193. 玛瑙　印度的一种宝石。如：玛瑙石为勒。西京杂记·卷二

194. 马瑙　同"玛瑙"。如：珊瑚玦马瑙彄。全汉文·卷十一

195. 旄牛　西南夷的一种动物。如：巴蜀民或窃出商贾，取其莋马、僰僮、旄牛，以此巴蜀殷富。汉书·卷九五·列传第六五

196. 旄毡　西南夷的一种织物。如：其人能作旄毡、班罽、青顿、毞氀、羊羧之属。后汉书·卷八六·列传第七六

197. 髦牛　同"旄牛"。如：巴蜀民或窃出商贾，取其筰马、僰僮、髦牛，以此巴蜀殷富。史记·卷一一六·列传第五六

198. 牦牛　同"旄牛"。如：或为牦牛种，越巂羌是也。后汉书·卷八七·列传第七七

199. 毛毳　细毛。如：食肉饮酪，以毛毳为衣。后汉书·卷九〇·列传第八〇

200. 玫瑰　南越的一种石珠。如：其石则赤玉玫瑰，琳珉昆吾。汉书·卷五七上·列传第二七上

201. 蜜烛　南越的一种特产。如：南越王献高帝石蜜五斛蜜烛二百枚。西京杂记·卷四

202. 绵布　东夷的一种布。如：知种麻，养蚕，作绵布。后汉书·卷八五·列传第七五

203. 鸣镝　匈奴的一种响箭。如：冒顿乃作鸣镝。汉书·卷九四上·列传第六四上

204. 明珠　西域的一种宝物。如：是之后，明珠、文甲、通犀、翠羽之珍盈于后宫。汉书·卷九六下·列传第六六下

205. 明月珠　大秦的宝珠。如：土多金银奇宝，有夜光璧、明月珠、骇鸡犀。后汉书·卷八八·列传第七八

206. 貊兽　西南夷的一种动物。如：哀牢出……孔雀、翡翠、犀、象、猩猩、貊兽。后汉书·卷八六·列传第七六

207. 貊弓　东夷的一种弓。如：出好弓，所谓"貊弓"是也。后汉书·卷八五·列传第七五

208. 沐猴　西域产的一种动物，即弥猴。例见"大狗"。

209. 木弓弩　南越的一种兵器。如：兵则矛、盾、刀、木弓弩、竹矢，或骨为镞。汉书·卷二八下·志第八下

210. 木弓　倭人的一种兵器。如：其兵有矛、盾、木弓，竹矢或以骨为镞。后汉书·卷八五·列传第七五

211. 苜蓿　西域的一种植物。如：有苜蓿杂果奇木。前汉孝武皇帝纪·三卷第十二

212. 目宿　同"苜蓿"。如：罽宾地平，温和，有目宿。汉书·卷九六上·列传第六六上

N

213. 能言鸟　同"鹦鹉"。如：南越献驯象、能言鸟。汉书·卷六·帝纪第六

O

214. 瓯脱　匈奴边界用来瞭望的土室。如：与匈奴中间弃地莫居千余里，各居其边为瓯脱。汉书·卷九四上·列传第六四上

215. 区脱　同"瓯脱"。区脱捕得云中生口。汉书·卷五四·列传第二四

P

216. 箄船　西南夷人用竹木做的船。如：其王贤栗遣兵乘箄船。后汉书·卷八六·列传第七六

217. 被发　西南夷习俗，披散头发。如：其人皆被发左衽，言语多好譬类。后汉书·卷八六·列传第七六

218. 批把　匈奴的一种乐器。如：以手批把。风俗通义·声音第六

219. 枇杷　匈奴的一种乐器。如：枇杷本出于胡中马上所鼓也推手前曰枇引手却曰杷象其鼓时因以为名也。释名·卷四

220. 蒲梢　西域的骏马。如：蒲梢、龙文、鱼目、汗血之马充于黄门。汉书·卷九六下·列传第六六下

221. 蒲萄　西域的水果，也作"蒲陶""葡萄"。如：氍毹琪琉蒲萄龙文鱼目汗血名马。充于黄门。前汉孝武皇帝纪·卷第十五

222. 蒲陶　同"葡萄"。如：有蒲陶诸果。汉书·卷九六上·列传第六六上

223. 葡萄　水果名。如：伊吾地宜五谷、桑、麻、葡萄。后汉孝殇皇帝纪·卷第十五

224. 蒲桃　西域的一种水果。如：多蒲桃竹漆。前汉孝武皇帝纪·三卷第十二

225. 浦桃　同"蒲桃"。如：西旅献昆山之浦桃。全后汉文·卷五十七

226. 濮竹　西南夷的一种竹子。如：其竹节相去一丈，名曰濮竹。后汉书·卷八六·列传第七六

227. 蒲陶酒　大宛的葡萄酒。如：有蒲陶酒，多善马。史记·卷一二三·列传第六三

Q

228. 千岁子　南越的一种植物。如：龙眼、荔枝、槟榔、橄榄、千岁子、甘橘皆百余本。三辅黄图·卷之三

229. 千里马　匈奴的宝马。如：使使请冒顿千里马。前汉孝武皇帝纪·二卷第十一

230. 乾河马　华山神马。如：……汗血马、乾河马、天马、果下马。汉官六种·汉旧仪卷下

231. 羌笛　羌族的一种乐器。如：其后又有羌笛。风俗通义·声音第六

232. 琪琭　西域的宝石。同"琉璃"。如：氍毹琪琭蒲萄龙文鱼目汗血名马。充于黄门。前汉孝武皇帝纪·卷第十五

233. 青顿　西南夷的一种织物。如：其人能作旄毡、班罽、青顿、毞毲、羊羖之属。后汉书·卷八六·列传第七六

234. 青碧　大秦的宝石。如：土多金银奇宝，有……琉璃、琅玕、朱丹、青碧。后汉书·卷八八·列传第七八

235. 青玉　西域的一种宝石。如：有铁山，出青玉。汉书·卷九六上·列传第六六上

236. 轻毛毲鸡　西南夷的一种鸡。如：又有五角羊、麝香、轻毛毲鸡、牲牲。后汉书·卷八六·列传第七六

237. 邛笼　西南夷的一种建筑。如：皆依山居止，累石为室，高者至十余丈，为邛笼。后汉书·卷八六·列传第七六

238. 邛竹杖　西南夷竹子做的杖。如：臣在大夏时，见邛竹杖、蜀布。史记·卷一二三·列传第六三

239. 蛩蛩　匈奴的一种动物。如：蛩蛩驒騱，駃騠驴骡。汉书·卷五七上·列传第二七上

240. 邛邛　同"蛩蛩"。如：辚邛邛，蹴距虚。史记·卷一一七·列传第五七

241. 穹庐　匈奴的毡帐。如：砰輣辒，破穹庐。汉书·卷八七下·列传第五七下

242. 黥面　匈奴人的习俗，涂黑脸见单于。如：黥面入庐，单于爱之。汉书·卷九四上·列传第六四上

243. 裘褐　匈奴习俗，穿皮毛。如：于是同穴裘褐之域。后汉书·

卷八〇上·列传第七〇上

244. 屈紒　东夷女人习俗。如：女人被发屈紒。后汉书·卷八五·列传第七五

245. 鸲鹆　外国的一种鸟。如：鸲鹆来巢。史记·卷三三·世家第三

246. 鸜鹆　同"鸲鹆"。如：鸜鹆鸜鹆，往歌来哭。汉书·卷二七中之上·志第七中之上

247. 氍毹　西域的毛织物，同"罽"。如：氍毹琪琉蒲萄龙文鱼目汗血名马。充于黄门。前汉孝武皇帝纪·卷第十五

R

248. 若鞮　匈奴语义为"孝"。匈奴谓孝曰"若鞮"。汉书·卷九四下·列传第六四下

S

249. 珊瑚　西域特产。如：出封牛、水牛、象、大狗、沐猴、孔爵、珠玑、珊瑚……汉书·卷九六上·列传第六六上

250. 狮子　西域的动物。如：及有狮子辟邪凿齿天鹿长牙铜头铁额之兽。海内十洲三岛记

251. 师子　西域的动物。如：而有桃拔、师子、犀牛。汉书·卷九六上·列传第六六上

252. 师比　匈奴人的带钩。同"胥比"。

253. 石蜜　天竺的一种蜜。如：天竺国出石蜜、胡椒、黑盐。八家后汉书辑注·司马彪续汉书卷五

254. 石砮　东北夷石制的箭镞。如：肃慎来献石砮、楛矢。后汉书·卷八五·列传第七五

255. 麝香　西南夷的一种药材。如：又有五角羊、麝香、轻毛毦鸡、牲牲。后汉书·卷八六·列传第七六

256. 生犀　黄支的一种动物。如：越裳氏重译献白雉，黄支自三万里贡生犀。汉书·卷九九上·列传第六九上

257. 生犀牛　同"生犀"。如：令遣使献生犀牛。汉书·卷二八下·志第八下

258. 生鲜　同"生犀"。如：旧献龙眼、荔支及生鲜。八家后汉书辑注·谢承后汉书卷七

259. 牲牲　西南夷的一种动物。如：又有五角羊、麝香、轻毛毦鸡、牲牲。后汉书·卷八六·列传第七六

260. 生翠　西域的一种鸟。如：生翠四十双，孔雀二双。汉书·卷九五·列传第六五

261. 兽居　蛮夷人居住方式。如：兽居鸟语之类。后汉书·卷八六·列传第七六

262. 书记　西域人的书写方式。如：书革，旁行为书记。汉书·卷九六上·列传第六六上

263. 书革　西域人的书写材料。如：书革，旁行为书记。汉书·卷九六上·列传第六六上

264. 蜀布　同"细布"。如：见邛竹杖、蜀布。汉书·卷六一·列传第三一

265. 蜀枸酱　西南夷的一种食物。如：南越食蒙蜀枸酱。史记·卷一一六·列传第五六

266. 水精　西南夷的一种宝物。如：出……水精、瑠璃、轲虫、蚌珠。后汉书·卷八六·列传第七六

267. 水牛　西域产的牛。例见"大狗"。

268. 水羊毳　大秦的一种布。如：又有细布，或言水羊毳，野蚕茧所作也。后汉书·卷八八·列传第七八

269. 水羊毛　同"细布"。如：又有细布，或言水羊毛，野蚕茧所作。后汉孝殇皇帝纪·卷第十五

270. 苏涂　马韩人的信仰。如：又立苏涂。后汉书·卷八五·列传第七五

271. 苏合　大秦的一种香料。如：合会诸香，煎其汁以为苏合。凡外国诸珍异皆出焉。后汉书·卷八八·列传第七八

272. 苏合香　同"苏合"。如：欲以市月氏马、苏合香。全后汉文·卷二十五

273. 肃慎矢　东北夷的一种箭。如：先王欲昭其令德，以肃慎矢分大姬。史记·卷四七·世家第一七

T

274. 氍毹　西域的一种毛织席。如：又有细布、好氍毹。后汉书·卷八八·列传第七八

275. 榻布　同"白叠"。如：文采千匹，榻布皮革千石。史记·卷一二九·列传第六九

276. 袒跣　西南夷的习俗。光脚。如：莫不袒跣稽颡，失气虏伏。后汉书·卷八〇上·列传第七〇上

277. 駒騠　匈奴的青色骏马。如：其奇畜则橐驼、驴、骡、駃騠、駒騠。史记·卷一一〇·列传第五〇

278. 陶騠　同"駒騠"。如：轶野马而辕陶騠，乘遗风而射游骐。全汉文·卷二十一

279. 陶涂　（1）同"駒騠"。（2）小国名。如：今大汉左东海，右渠搜，前番禺，后陶涂。汉书·卷八七下·列传第五七下

280. 桃拔　西域的一种动物。如：而有桃拔、师子、犀牛。汉书·卷九六上·列传第六六上

281. 僰　蛮夷赎罪的东西。杀人者得以僰钱赎死。后汉书·卷八六·列传第七六

282. 檀弓　东夷的一种弓。如：乐浪檀弓出其地。后汉书·卷八五·列传第七五

283. 騠駃　匈奴骏马。如：鞭騠駃。后汉书·卷八〇上·列传第七〇上

284. 天马　西域的一种宝马。如：闻天马、蒲陶则通大宛、安息。汉书·卷九六下·列传第六六下

285. 条支大雀　西域的一种大鸟。如：安息王献条支大雀。东观汉记·卷二十

286. 通犀　西域的一种宝物，中间白，两头通。如：是之后，明珠、文甲、通犀、翠羽之珍盈于后宫。汉书·卷九六下·列传第六六下

287. 童牛　西南夷的一种牛。如：有旄牛，无角，一名童牛。后汉书·卷八六·列传第七六

288. 铜鼓　南越的一种铜质鼓。如：善别名马，于交阯得骆越铜鼓。后汉书·卷二四·列传第一四

289. 同穴　匈奴习俗，居住洞穴。如：于是同穴裒褐之域。后汉书·卷八〇上·列传第七〇上

290. 屠耆　匈奴语义为"贤"。如：匈奴谓贤曰"屠耆"，故常以太子为左屠耆王。汉书·卷九四上·列传第六四上

291. 涂布　大秦的一种布。如：多金银、真珠、珊瑚、琥魄、琉璃、金缕、罽绣、杂色绫、涂布。后汉孝殇皇帝纪·卷第十五

292. 徒跣　南越习俗，赤足。如：项髻徒跣，以布贯头而著之。后汉书·卷八六·列传第七六

293. 徒践　光脚。如：道中相过逢多至千数，或被发徒践。汉书·卷二七下之上·志第七下之上

294. 魋结　西南夷习俗，头发扎成结。同"椎结"。如：此皆魋结，耕田，有邑聚。史记·卷一一六·列传第五六

295. 驼　匈奴动物，即骆驼。如：驼驴马牛羊三万七千头。后汉书·卷一九·列传第九

296. 橐驼　匈奴的骆驼。如：其奇畜则橐驼、驴、蠃、駃騠、騊駼。史记·卷一一〇·列传第五〇

297. 橐它　同"橐驼"。如：民随畜牧逐水草，有驴马，多橐它。汉书·卷九六上·列传第六六上

298. 橐佗　同"橐驼"。如：得马牛驴蠃橐佗五万余匹。汉书·卷七〇·列传第四〇

299. 驒奚　匈奴的一种动物。如：其奇畜则橐佗、驴、骡、駃騠、騊駼、驒奚。汉书·卷九四上·列传第六四上

300. 驒騱　匈奴的动物。如：蛩蛩驒騱，駃騠驴骡。汉书·卷五七上·列传第二七上

301. 駝驼　同"橐驼"。如：驴骡駝驼以十万数。前汉孝武皇帝纪·卷第十四

W

302. 宛马　西域的汗血宝马。如：上甚好宛马。前汉孝武皇帝纪·卷第十四

303. 文马　匈奴的带狸文的马。如：南单于遣使献骆驼二头，文马十匹。东观汉记·卷二十

304. 文甲　西域的一种宝物，即玳瑁。如：是之后，明珠、文甲、通犀、翠羽之珍盈于后宫。汉书·卷九六下·列传第六六下

305. 文豹　东夷的一种带花纹的豹子。如：又多文豹，有果下马。后汉书·卷八五·列传第七五

306. 文身　南越习俗，身体上刻文。如：越，方外之地，劗发文身之民也。汉书·卷六四上·列传第三四上

307. 无弋　羌族人称"奴隶"。如：羌人谓奴为无弋，以爰剑常为奴隶，故因名之。后汉书·卷八七·列传第七七

308. 舞天　东夷的祭祀行为。如：常用十月祭天，昼夜饮酒歌舞，名之为"舞天"。后汉书·卷八五·列传第七五

309. 五角羊　西南夷的一种五只角的羊。如：又有五角羊、麝香、轻毛毰鸡、牲牲。后汉书·卷八六·列传第七六

310. 乌孙马　西域乌孙的宝马。如：得乌孙马好，名曰"天马"。汉

书·卷六一·列传第三一

X

311. 犀　西域的一种动物。如：牵象犀，椎蚌蛤。后汉书·卷八〇上·列传第七〇上

312. 犀毗　匈奴人的带钩。如：黄金饬具带一，黄金犀毗一。汉书·卷九四上·列传第六四上

313. 犀牛　西域的动物。如：而有桃拔、师子、犀牛。汉书·卷九六上·列传第六六上

314. 犀布　外族特产。如：故能睹犀布、玳瑁则建珠崖七郡。汉书·卷九六下·列传第六六下

315. 犀角　南越的饰品。如：又利越之犀角、象齿、翡翠、珠玑。淮南子·卷十八·人间训

316. 西极马　同"乌孙马"。如：更名乌孙马曰"西极马"，宛马曰"天马"云。汉书·卷六一·列传第三一

317. 西北极马　同"乌孙马"。如：更名乌孙马曰西北极马。前汉孝武皇帝纪·卷第十四

318. 西极天马　同"乌孙马"。如：作《西极天马之歌》。汉书·卷六·帝纪第六

319. 细布　大秦的一种布。如：又有细布，或言水羊毳，野蚕茧所作也。后汉书·卷八八·列传第七八

320. 鲜卑　本来指一种兽，即"貔"。古鲜卑人崇拜它，而用它作部族（部落）的名称。如：鲜卑者，亦东胡之支也，别依鲜卑山，故因号焉。后汉书·卷九〇·列传第八〇

321. 香罽　西域的毛织物。如：诸国侍子及督使贾胡数遗恂奴婢、宛马、金银、香罽之属。东观汉记·卷十六

322. 象　西域特产动物。如：牵象犀，椎蚌蛤。后汉书·卷八〇上·列传第七〇上

323. 象齿　南越的一种珍宝。如：又利越之犀角、象齿、翡翠、珠玑。淮南子·卷十八·人间训

324. 象牙　同"象齿"。如：大秦王安敦遣使自日南徼外献象牙、犀角、玳瑁。后汉书·卷八八·列传第七八

325. 项髻　南越习俗，脖子上留髻。如：项髻徒跣，以布贯头而著之。后汉书·卷八六·列传第七六

326. 镝箭　匈奴的一种响箭。如：冒顿乃作鸣镝。汉书·卷九四

上·列传第六四上

327. 小步马　西域的一种步子小的马。如：出小步马。汉书·卷九六上·列传第六六上

328. 猩猩　西南夷的动物。如：（哀牢夷）出……孔雀、翡翠、犀、象、猩猩。后汉书·卷八六·列传第七六

329. 熊子　西南夷的物产。如：永昌献象牙、熊子。东观汉记·卷三

330. 胥纰　匈奴人的带钩，也作"犀毗""犀比""师比"。如：黄金胥纰一。史记·卷一一〇·列传第五〇

331. 眩人　同"幻人"。如：因发使随汉使者来观汉地，以大鸟卵及犁靬眩人献于汉。汉书·卷九六上·列传第六六上

332. 驯象　南越的大象。如：南越献驯象、能言鸟。汉书·卷六·帝纪第六

333. 驯禽　即鹦鹉。如：又其寶嗛火毳驯禽封兽之赋，轺积于内府。后汉书·卷八六·列传第七六

Y

334. 豻　匈奴的野狗。如：其下则有白虎玄豹，蝬蜒貙豻。史记·卷一一七·列传第五七

335. 羊羢　西南夷的一种织物。如：其人能作旄毡、班罽、青顿、毲毦、羊羢之属。后汉书·卷八六·列传第七六

336. 夜光璧　大秦的宝物。如：土多金银奇宝，有夜光璧、明月珠、骇鸡犀。后汉书·卷八八·列传第七八

337. 野马　鲜卑的一种马。如：又禽兽异于中国者，野马……后汉书·卷九〇·列传第八〇

338. 鹦鹉　西南夷的一种会说话的鸟，也叫"能言鸟"。如：多出鹦鹉、孔雀。后汉书·卷八六·列传第七六

339. 迎鼓　东夷人的祭祀活动。如：以腊月祭天，大会连日，饮食歌舞，名曰"迎鼓"。后汉书·卷八五·列传第七五

340. 鱼目　西域的一种骏马。如：鼮鼭琪琭蒲萄龙文鱼目汗血名马。充于黄门。前汉孝武皇帝纪·卷第十五

341. 駃马　匈奴的一种马。如：而不能与胡人骑駃马而服騊駼。淮南子·卷九·主术训

342. 原羊　鲜卑的一种羊。如：又禽兽异于中国者，野马、原羊、角端牛，以角为弓，俗谓之角端弓者。后汉书·卷九〇·列传第八〇

Z

343. 杂色绫　大秦的一种织物。如：刺金缕绣，织成金缕罽、杂色绫。后汉书·卷八八·列传第七八

344. 责祸　东夷的一种处罚行为。如：邑落有相侵犯者，辄相罚，责生口牛马，名之为"责祸"。后汉书·卷八五·列传第七五

345. 毡裘　匈奴的毛织衣服。如：斩其渠帅以下万九千级，获牛马驴骡毡裘庐帐什物。后汉书·卷六五·列传第五五

346. 杖邛竹　西南夷用竹子做的杖。如：见枸酱番禺，大夏杖邛竹。史记·卷一一六·列传第五六

347. 桢松　西域的树木。如：土气温和，多桢松。后汉书·卷八八·列传第七八

348. 真珠　大秦的一种珠。如：多金银、真珠、珊瑚、琥魄、琉璃、金缕、罽绣、杂色绫、涂布。后汉孝殇皇帝纪·卷第十五

349. 椎结　匈奴发式，头发扎成椎形。如：两人皆胡服椎结。汉书·卷五四·列传第二四

350. 椎髻　同"椎结"。　如：椎髻箕坐。论衡校释·卷第二

351. 朱丹　大秦的宝石。如：土多金银奇宝，有……琉璃、琅玕、朱丹、青碧。后汉书·卷八八·列传第七八

352. 珠玑　西域产的一种宝石。如：出封牛……珠玑、珊瑚、虎魄、璧流离。汉书·卷九六上·列传第六六上

353. 侏离　蛮夷语言的声音。如：衣裳斑兰，语言侏离。后汉书·卷八六·列传第七六

354. 竹漆　西域的物产。如：多蒲桃竹漆。前汉孝武皇帝纪·三卷第十二

355. 竹矢　东夷的一种箭。如：其兵有矛、盾、木弓，竹矢或以骨为镞。后汉书·卷八五·列传第七五

356. 竹簟　南越的一种竹席。如：会稽岁时献竹簟供御。世号为流黄簟。西京杂记·卷二

357. 竹杖　西南夷的植物。如：感枸酱、竹杖则开牂柯、越嶲。汉书·卷九六下·列传第六六下

358. 麈麝　南越的一种动物。如：山多麈麝。汉书·卷二八下·志第八下

359. 诸香　西域的香料。如：西域出诸香、石蜜。八家后汉书辑注·司马彪续汉书卷四

360. 觜觿　一种大龟。如：甲瑇瑁，戗觜觿。后汉书·卷八〇上·列传第七〇上

361. 紫贝　西域的一种紫质黑纹的贝类珍品。如：罔毒冒，钓紫贝。汉书·卷五七上·列传第二七上

362. 莋马　西南夷的一种马。如：巴蜀民或窃出商贾，取其莋马、僰僮、旄牛，以此巴蜀殷富。汉书·卷九五·列传第六五

363. 左衽　西南夷的穿衣习惯。如：夷狄之人贪而好利，被发左衽。汉书·卷九四下·列传第六四下

364. 爛蠡　匈奴的干酪。如：驱橐它，烧爛蠡。汉书·卷八七下·列传第五七下

（二）专有名词非人名类

A

1. 哀牢　西南夷名。如：方今匈奴、善鄯、哀牢贡献牛马。论衡校释·卷第十九

2. 安国侯　西域官名。如：安国侯……左右力辅君各一人。汉书·卷九六下·列传第六六下

3. 安息　西域国名。如：而康居、大月氏、安息、罽宾、乌弋之属，皆以绝远不在数中。汉书·卷九六下·列传第六六下

4. 奥鞬　康居王名。如：匈奴遣左右奥鞬各六千骑。汉书·卷九四上·列传第六四上

B

5. 白山　匈奴的山，即天山。如：击破白山虏于蒲类海上，遂入车师。后汉书·卷二·帝纪第二

6. 白羊　匈奴的国名。如：西击走月氏，南并楼烦、白羊河南王。汉书·卷九四上·列传第六四上

7. 白屋　外族名。如：鲜卑、丁零，重译而至，单于白屋。后汉孝献皇帝纪·卷第三十

8. 白狼　西南夷之一。如：白狼，莽曰伏狄。汉书·卷二八下·志第八下

9. 白翟　外族名。如：号曰赤翟、白翟。史记·卷一一〇·列传第五〇

10. 白夷　外族名。如：夷有九种，曰畎夷，于夷，方夷，黄夷，白夷，赤夷，玄夷，风夷，阳夷。后汉书·卷八五·列传第七五

11. 白狼山　匈奴地名。如：曹操登白狼山，与匈奴蹋顿战。后汉孝献皇帝纪·卷第三十

12. 白龙堆　匈奴地名。如：岂为康居、乌孙能逾白龙堆而寇西边哉？汉书·卷九四下·列传第六四下

13. 白马　西南夷名。如：自冉駹以东北，君长以什数，白马最大。史记·卷一一六·列传第五六

14. 白马氏　同"白马"。如：白马氏者，武帝元鼎六年开。后汉书·卷八六·列传第七六

15. 白马国　同"白马"。如：自冉駹东北有白马国，氐种是也。后汉书·卷八六·列传第七六

16. 白马羌　同"白马"。如：牦牛、白马羌在蜀、汉。后汉书·卷八七·列传第七七

17. 百长　匈奴的官名。如：而左右贤王、左右谷蠡最大国，左右骨都侯辅政，诸二十四长，亦各自置千长、百长、什长、裨小王、相、都尉、当户、且渠之属。书·卷九四上·列传第六四上

18. 板楯　西南蛮名。如：益州刺史率板楯蛮讨破之。后汉书·卷七·帝纪第七

19. 卑陆　西域国名。如：卑陆国，王治天山东乾当国。汉书·卷九六下·列传第六六下

20. 卑陵　西域国名。如：皆在匈奴之西。婼羌国沮沫国精绝国戎卢国渠勒国皮山国乌秅国西夜国蒲犁国依耐国无雷国捐毒国桃槐国休循国疏勒国尉头国乌贪国卑陵国渠类谷国隋立师国单桓国蒲类国西沮弥国劫日国孙胡国三山国车师山国。前汉孝武皇帝纪·三卷第十二

21. 卑品城　西域地名。如：戎卢国，王治卑品城。汉书·卷九六上·列传第六六上

22. 卑陆后王　西域国名。如：卑陆后王，国治番渠类谷。汉书·卷九六下·列传第六六下

23. 北女　西域国名。如：大夏之西，东韅、北女，来贡其珍。法言义疏·二十

24. 北狄　匈奴的别名。如：仁声惠于北狄，武义动于南邻。汉书·卷八七上·列传第五七上

25. 北戎　匈奴的别名。如：北戎伐齐，齐使求救。史记·卷四二·世家第一二

26. 鼻息　外族名。如：戎者，凶也，其类有六：一曰侥夷，二曰戎

夷，三曰老白，四曰耆羌，五曰鼻息，六曰天刚。风俗通义·佚文

27. 裨小王　匈奴的官名。如：而左右贤王、左右谷蠡最大国，左右骨都侯辅政，诸二十四长，亦各自置千长、百长、什长、裨小王、相、都尉、当户、且渠之属。汉书·卷九四上·列传第六四上

28. 弁辰　三韩之一名。如：韩有三种：一曰马韩，二曰辰韩，三曰弁辰。后汉书·卷八五·列传第七五

29. 僰　西南夷名。如：散币于邛僰以辑之。汉书·卷二四下·志第四下

30. 僰中　西南外族名。如：会唐蒙使略通夜郎、僰中。汉书·卷五七下·列传第二七下

31. 不周　西域山名。如：回车揭来兮，绝道不周。史记·卷一一七·列传第五七

C

32. 谌离国　外国名。如：又船行可二十余日，有谌离国。汉书·卷二八下·志第八下

33. 单桓（1）匈奴的王。如：得单于单桓、酋涂王。汉书·卷五五·列传第二五。（2）西域国名。如：东与单桓、南与且弥、西与乌孙接。汉书·卷九六下·列传第六六下

34. 鞮于　外族狄名。如：重译而至，鞮于白屋。后汉孝献皇帝纪·卷第三十

35. 单于　（1）狄之一。如：狄者，辟也，其行邪辟，其类有五：一曰月支，二曰秽貊，三曰匈奴，四曰单于，五曰白屋。风俗通义·佚文。（2）匈奴天子号。如：遣公主嫁匈奴单于。汉书·卷五·帝纪第五

36. 朝鲜　东夷名。如：南与朝鲜、濊貊，东与沃沮，北与夫余接。后汉书·卷八五·列传第七五

37. 车师　西域国名。如：坚昆东去单于庭七千里，南去车师五千里，郅支留都之。汉书·卷九四下·列传第六四下

38. 车师前国　西域国名。如：车师前国，王治交河城。河水分流绕城下，故号交河。汉书·卷九六下·列传第六六下

39. 车师山国　西域国名。例见"卑陵"。

40. 车师都尉国　西域国名。如：车师都尉国，户四十。汉书·卷九六下·列传第六六下

41. 车师后城长国　西域国名。如：车师后城长国，户百五十四。汉书·卷九六下·列传第六六下

42. 臣智　辰韩官名。如：大者名臣智，次有俭侧，次有樊祗，次有杀奚，次有邑借。后汉书·卷八五·列传第七五

43. 辰韩　三韩之一名。如：韩有三种：一曰马韩，二曰辰韩，三曰弁辰。后汉书·卷八五·列传第七五

44. 辰国　同"辰韩"。如：真番、辰国欲上书见天子。汉书·卷九五·列传第六五

45. 赤夷　夷名。例见"方夷"。

46. 赤水羌　羌族名。如：又去胡来王唐兜，国比大种赤水羌。汉书·卷九六下·列传第六六下

47. 赤谷城　西域地名。如：乌孙国，大昆弥治赤谷城。汉书·卷九六下·列传第六六下

48. 城长　西域官名。如：辅国侯、左右将、左右骑君、东西城长、译长各一人。汉书·卷九六上·列传第六六上

49. 仇犹　夷狄国名。如：智伯之伐仇犹。史记·卷七一·列传第一一

50. 穿胸　蛮名。如：蛮者，慢也，其类有八：一曰天竺，二曰垓首，三曰僬侥，四曰跂踵，五曰穿胸，六曰儋耳，七曰狗轵，八曰旁脊。风俗通义·佚文

51. 淳维　匈奴始祖名。如：匈奴，其先祖夏后氏之苗裔也，曰淳维。史记·卷一一〇·列传第五〇

52. 赐支　羌族河名。如：有河曲，羌谓之赐支。八家后汉书辑注·司马彪续汉书卷五

53. 葱岭　西域山名，多长葱。如：西则限以葱岭。汉书·卷九六上·列传第六六上

54. 葱极　同"葱岭"。如：奄息葱极泛滥水娱兮。汉书·卷五七下·列传第二七下

55. 葱岭山　西域山名。如：其河有两原：一出葱岭山，一出于阗。汉书·卷九六上·列传第六六上

D

56. 大都尉丞　西域官名。如：大都尉丞……左右力辅君各一人。汉书·卷九六下·列传第六六下

57. 大宛　西域国名。如：大宛在匈奴西南。史记·卷一二三·列传第六三

58. 大夏　西域国名。如：又西通月氏、大夏。汉书·卷九四上·列

传第六四上

59. 大秦   西域国名。如：大秦国一名犁靬，以在海西，亦云海西国。后汉书·卷八八·列传第七八

60. 大荔   戎名。如：在岐、梁、泾、漆之北有义渠、大荔、乌氏、朐衍之戎。汉书·卷九四上·列传第六四上

61. 大禄   乌孙的官名。如：相，大禄，左右大将二人。汉书·卷九六下·列传第六六下

62. 大当户   匈奴官名。如：遣左大当户乌夷泠将五千骑击乌孙。汉书·卷九四下·列传第六四下

63. 大昆弥   匈奴官名。如：元贵靡子星靡代为大昆弥。汉书·卷九六下·列传第六六下

64. 大头痛   西域山名。如：又历大头痛、小头痛之山。汉书·卷九六上·列传第六六上

65. 大月氏   西域国名。如：而康居、大月氏、安息、罽宾、乌弋之属，皆以绝远不在数中。汉书·卷九六下·列传第六六下

66. 儋耳   蛮名。如：蛮者，慢也，其类有八：一曰天竺，二曰垓首，三曰僬侥，四曰跂踵，五曰穿胸，六曰儋耳，七曰狗轵，八曰旁脊。风俗通义·佚文

67. 澹林   匈奴胡名。如：破东胡，灭澹林。汉书·卷五〇·列传第二〇

68. 襜褴   外族名。如：灭襜褴，破东胡。史记·卷八一·列传第二一

69. 丹渠谷   西域地名。如：劫国，王治天山东丹渠谷。汉书·卷九六下·列传第六六下

70. 掸国   西南夷名。如：西南夷掸国王献乐及幻人。后汉书·卷五一·列传第四一

71. 弹汗山   西域地名。如：檀石槐乃立庭于弹汗山歠仇水上。后汉书·卷九〇·列传第八〇

72. 兜衔山   西域地名。如：左贤王驱其人民度余吾水六七百里，居兜衔山。汉书·卷九四上·列传第六四上

73. 当户   匈奴的官名。如：而左右贤王、左右谷蠡最大国，左右骨都侯辅政，诸二十四长，亦各自置千长、百长、什长、裨小王、相、都尉、当户、且渠之属。汉书·卷九四上·列传第六四上

74. 当煎羌   羌族名。如：迷吾子迷唐及其种人向塞号哭，与烧何、

当煎、当阗等相结。后汉书·卷八七·列传第七七

75. 当阗羌　羌族名。如：迷吾子迷唐及其种人向塞号哭，与烧何、当煎、当阗等相结。后汉书·卷八七·列传第七七

76. 滇　西南夷名。如：靡莫之属以十数，滇最大。汉书·卷九五·列传第六五

77. 丁零　西域国名。如：后北服浑窳、屈射、丁零、隔昆、龙新犁之国。汉书·卷九四上·列传第六四上

78. 丁灵　匈奴国名。如：后北服浑庾、屈射、丁灵、鬲昆、薪犁之国。史记·卷一一〇·列传第五〇

79. 都密　匈奴的官名。如：分其国为休密、双靡、贵霜、肸顿、都密，凡五部翕侯。后汉书·卷八八·列传第七八

80. 都尉　匈奴的官名。如：而左右贤王、左右谷蠡最大国，左右骨都侯辅政，诸二十四长，亦各自置千长、百长、什长、裨小王、相、都尉、当户、且渠之属。汉书·卷九四上·列传第六四上

81. 都元国　外国名。如：有都元国。汉书·卷二八下·志第八下

82. 兜訾　匈奴地名。如：击破车师兜訾城。汉书·卷七〇·列传第四〇

83. 东鞮　外族名。如：大夏之西，东鞮、北女，来贡其珍。法言义疏·二十

84. 东鳀　外族名。如：会稽海外有东鳀人。汉书·卷二八下·志第八下

85. 东胡　外族名。如：而晋北有林胡、楼烦之戎，燕北有东胡、山戎。汉书·卷九四上·列传第六四上

86. 东瓯　外族名。如：闽越围东瓯。汉书·卷六·帝纪第六

87. 东蒲类王　匈奴王号。如：匈奴东蒲类王兹力支将人众千七百余人降都护。汉书·卷九六上·列传第六六上

88. 东越　外族名。如：东越王余善反，攻杀汉将吏。汉书·卷六·帝纪第六

89. 东屠　东北夷名。如：夷者，抵也，其类有九：一曰玄菟，二曰乐浪，三曰高骊，四曰满饰（一作蒲饰），五曰凫臾，六曰索家，七曰东屠，八曰倭人，九曰天鄙。风俗通义·佚文

90. 东且弥　西域国名。东且弥国，王治天山东兑虚谷。汉书·卷九六下·列传第六六下

91. 东沃沮　外族名。如：东沃沮在高句骊盖马大山之东。后汉书·

卷八五・列传第七五

92. 动黏　西南夷名。如：西南夷哀牢、……动黏诸种。后汉书・卷二・帝纪第二

93. 兑虚谷　西域地名。如：东且弥国，王治天山东兑虚谷。汉书・卷九六下・列传第六六下

94. 对卢　高句骊的官名。如：其置官，有相加、对卢、沛者、古邹大加、主簿、优台、使者、帛衣先人。后汉书・卷八五・列传第七五

E

95. 贰师　大宛地名。如：后得贰师天马。西京杂记・卷二

96. 贰师城　大宛的地名。如：言大宛有善马在贰师城。汉书・卷六一・列传第三一

F

97. 番渠类谷　西域地名。如：卑陆后王，国治番渠类谷。汉书・卷九六下・列传第六

98. 樊秖　辰韩官名。如：大者名臣智，次有俭侧，次有樊秖，次有杀奚，次有邑借。后汉书・卷八五・列传第七五

99. 方夷　夷名。如：夷有九种，曰畎夷，于夷，方夷，黄夷，白夷，赤夷，玄夷，风夷，阳夷。后汉书・卷八五・列传第七五

100. 风夷　夷名。例见"方夷"。

101. 封养　牢姐羌族名。如：时先零羌与封养牢姐种解仇结盟。后汉书・卷八七・列传第七七

102. 肥王　匈奴王号。如：翁归靡既立，号肥王。汉书・卷九六下・列传第六六下

103. 夫余　东夷名。如：南与朝鲜、濊貊，东与沃沮，北与夫余接。后汉书・卷八五・列传第七五

104. 夫渠王　匈奴官名。如：于是温犉须、日逐、温吾、夫渠王柳鞮等八十一部率众降者，前后二十余万人。后汉书・卷二三・列传第一三

105. 夫甘都卢　外国名。如：步行可十余日，有夫甘都卢国。汉书・卷二八下・志第八下

106. 凫臾　东北夷名。如：夷者，抵也，其类有九：一曰玄菟，二曰乐浪，三曰高骊，四曰满饰（一作蒲饰），五曰凫臾，六曰索家，七曰东屠，八曰倭人，九曰天鄙。风俗通义・佚文

107. 伏狄　同"白狼"。如：白狼，莽曰伏狄。汉书・卷二八下・志第八下

108. 辅国侯　西域官名。如：辅国侯、左右将、左右骑君、东西城长、译长各一人。汉书·卷九六上·列传第六六上

109. 附墨　康居王名。如：二曰附墨王，治附墨城。汉书·卷九六上·列传第六六上

110. 傅难种羌　羌名。如：且冻、傅难种羌等遂反叛。后汉书·卷八七·列传第七七

G

111. 垓首　蛮名。如：蛮者，慢也，其类有八：一曰天竺，二曰垓首，三曰僬侥，四曰跂踵，五曰穿胸，六曰儋耳，七曰狗轵，八曰旁脊。风俗通义·佚文

112. 高骊　东北夷名。如：夷者，抵也，其类有九：一曰玄菟，二曰乐浪，三曰高骊，四曰满饰（一作蒲饰），五曰凫臾，六曰索家，七曰东屠，八曰倭人，九曰天鄙。风俗通义·佚文

113. 高昆　匈奴国名。如：北服浑窳屈射丁零高昆新黎之国。前汉孝武皇帝纪·二卷第十一

114. 高句骊　东夷名。如：高句骊、马韩、秽貊围玄菟城。后汉书·卷五·帝纪第五

115. 高句丽　同“高句骊”。如：其异种满离、高句丽之属，遂骆驿款塞。后汉书·卷二○·列传第一○

116. 高附　大夏官名。如：五曰高附翕侯。汉书·卷九六上·列传第六六上

117. 皋兰　匈奴山名。如：过焉支山千有余里，合短兵，鏖皋兰下。汉书·卷五五·列传第二五

118. 皋林王　匈奴官名。如：单于遣右皋林王伊邪莫演等奉献朝正月。汉书·卷九四下·列传第六四下

119. 隔昆　西域国名。如：后北服浑窳、屈射、丁零、隔昆、龙新犁之国。汉书·卷九四上·列传第六四上

120. 鬲昆　匈奴国名。如：后北服浑庾、屈射、丁灵、鬲昆、薪犁之国。史记·卷一一○·列传第五○

121. 钩町　西南夷名。如：其立毋波为钩町王。汉书·卷七·帝纪第七

122. 句骊　同“高句骊”。如：高句骊，莽曰下句骊。汉书·卷二八下·志第八下

123. 句林王　匈奴官名。如：乃使句林王将数千骑迎芳。后汉书·

卷一二·列传第二

124. 句就种羌　羌族名。如：句就种羌滇吾素为勋所厚。后汉书·卷五八·列传第四八

125. 狗轵　蛮名。如：蛮者，慢也，其类有八：一曰天竺，二曰垓首，三曰僬侥，四曰跂踵，五曰穿胸，六曰儋耳，七曰狗轵，八曰旁脊。风俗通义·佚文

126. 谷蠡王　匈奴官名。如：屠耆单于还，以其长子都涂吾西为左谷蠡王。汉书·卷九四下·列传第六四下

127. 姑墨　西域国名。如：龟兹、姑墨、温宿国皆降。后汉孝和皇帝纪上·卷第十三

128. 姑师　西域国名。如：楼兰、姑师小国，当空道。汉书·卷六一·列传第三一

129. 姑缯　西南夷名。如：益州廉头、姑缯、牂牁、谈指、同并二十四邑皆反。汉书·卷七·帝纪第七

130. 姑且水　匈奴水名。如：单于自将精兵左安侯度姑且水。汉书·卷九四上·列传第六四上

131. 股奴王　匈奴官名。如：遣子右股奴王乌鞮牙斯入侍。汉书·卷九四下·列传第六四下

132. 古邹大加　东夷官名。如：其置官，有相加、对卢、沛者、古邹大加。后汉书·卷八五·列传第七五

133. 灌奴部　高句骊的族名。如：凡有五族，有消奴部，绝奴部，顺奴部，灌奴部，桂娄部。后汉书·卷八五·列传第七五

134. 桂娄部　高句骊的族名。如：凡有五族，有消奴部，绝奴部，顺奴部，灌奴部，桂娄部。后汉书·卷八五·列传第七五

135. 广汉羌　羌名。如：或为白马种，广汉羌是也。后汉书·卷八七·列传第七七

136. 绲戎　外族名。如：故自陇以西有绵诸、绲戎、翟、獂之戎。史记·卷一一〇·列传第五〇

137. 谷蠡　匈奴官名。如：置左右贤王，左右谷蠡。汉书·卷九四上·列传第六四上

138. 骨都　匈奴姓，代匈奴。如：计高胡，斩铜马，破骨都。全后汉文·卷四十四

139. 骨都侯　匈奴官名。如：而左右贤王、左右谷蠡最大国，左右骨都侯辅政。汉书·卷九四上·列传第六四上

140. 妫塞　西域王号。如：贤击灭之，立其国贵人驷鞬为妫塞王。后汉书·卷八八·列传第七八

141. 妫水　西域地名。如：击大夏而臣之。国都妫水。前汉孝武皇帝纪·三卷第十二

142. 贵霜　匈奴的官名。如：三曰贵霜翕侯。汉书·卷九六上·列传第六六上

H

143. 海西　同"大秦"。如：大秦国一名犁鞬，以在海西，亦云海西国。后汉书·卷八八·列传第七八

144. 韩王　匈奴王号。如：获屯头王、韩王等三人。汉书·卷五五·列传第二五

145. 捍弥　西域国名。如：捍弥国于阗国难完国莎东国温宿国龟兹国尉梨国危项国鄢耆国。前汉孝武皇帝纪·三卷第十二

146. 扞罙　西域国名。如：东北则乌孙，东则扞罙。史记·卷一二三·列传第六三

147. 扜泥　西域地名。如：鄯善国，本名楼兰，王治扜泥城。汉书·卷九六上·列传第六六上

148. 罕羌　羌族名。如：先击罕羌，先零必助之。汉书·卷六九·列传第三九

149. 汗鲁王　西域官名。如：众八百余落，自称汗鲁王。后汉书·卷九〇·列传第八〇

150. 旱陆　西域国名。如：此通车师前、后王及车且弥、旱陆、蒲类、条支是为车师六国。后汉孝殇皇帝纪·卷第十五

151. 郝宿王　匈奴官名。如：郝宿王刑未央使人召诸王。汉书·卷九四上·列传第六四上

152. 河云　匈奴地名。如：左部北过西海至河云北。后汉书·卷八九·列传第七九

153. 和渠北鞮海　匈奴地名。如：与北匈奴战于稽落山，大破之，追至和渠北鞮海。后汉书·卷四·帝纪第四

154. 狐胡　西域国名。如：狐胡国，王治车师柳谷。汉书·卷九六下·列传第六六下

155. 狐奴　匈奴水名。如：讨遨濮，涉狐奴。汉书·卷五五·列传第二五

156. 呼揭　西域国名。如：楼兰、乌孙、呼揭及其旁二十六国，皆

已为匈奴。汉书·卷九四上·列传第六四上

157. 呼偈　匈奴国名。如：郅支由是遂西破呼偈、坚昆、丁令。汉书·卷七〇·列传第四〇

158. 呼速累　匈奴王号。如：单于阏氏子孙昆弟及呼速累单于、名王、右伊秩訾、且渠、当户以下将众五万余人来降归义。全汉文·卷六

159. 呼衍王　匈奴官名。如：击呼衍王，斩首千余级。后汉书·卷二三·列传第一三

160. 呼遬累　匈奴官名。如：呼韩邪单于左大将乌厉屈与父呼遬累乌厉温敦皆见匈奴乱。汉书·卷九四下·列传第六四下

161. 呼犍谷　西域地名。如：西夜国，王号子合王，治呼犍谷。汉书·卷九六上·列传第六六上

162. 缓耳　西南夷名。如：连缓耳，瑣雕题。后汉书·卷八〇上·列传第七〇上

163. 黄夷　夷名。例见"方夷"。

164. 黄支国　西域国名。如：黄支国献犀牛。汉书·卷一二·帝纪第一二

165. 湟中义从　外族名。如：诏参将降羌及湟中义从胡七千人。后汉书·卷五一·列传第四一

166. 湟中月氏胡　西域外族名。如：湟中月氏胡，其先大月氏之别也。后汉书·卷八七·列传第七七

167. 湟中杂种羌　羌族名。如：攻金城，与西塞及湟中杂种羌胡大寇三辅。后汉书·卷八七·列传第七七

168. 煇渠侯　匈奴官名。如：军长史与决眭都尉煇渠侯谋。汉书·卷九四上·列传第六四上

169. 濊貊　东夷名。如：南与朝鲜、濊貊，东与沃沮，北与夫余接。后汉书·卷八五·列传第七五

170. 濊州　东夷名。如：朝夜郎，降羌僰，略濊州。史记·卷一一二·列传第五二

171. 秽貊　东夷名。如：高句骊、马韩、秽貊围玄菟城。后汉书·卷五·帝纪第五

172. 濊貉　东夷名。如：汉东拔濊貉、朝鲜以为郡。汉书·卷九四上·列传第六四上

173. 薉貉　东夷名。如：东定薉貉、朝鲜。汉书·卷七五·列传第四五

174. 濊　东北夷名。如：于是濊、貊、倭、韩万里朝献。后汉书·卷八五·列传第七五

175. 浑窳　西域国名。如：后北服浑窳、屈射、丁零、隔昆、龙新犁之国。汉书·卷九四上·列传第六四上

176. 浑庾　匈奴国名。如：后北服浑庾、屈射、丁灵、鬲昆、薪犁之国。史记·卷一一〇·列传第五〇

177. 浑邪　匈奴官名。如：其后骠骑将军击破匈奴右地，降浑邪、休屠王。汉书·卷九六上·列传第六六上

178. 浑耶王　匈奴官名。如：单于怒浑耶王、休屠王居西方为汉所杀虏数万人。史记·卷一一〇·列传第五〇

179. 混邪王　匈奴官名。如：匈奴混邪王果将十万众来降汉。史记·卷一二六·列传第六六

180. 荤允　匈奴的别名。如：躬将所获荤允之士。汉书·卷五五·列传第二五

181. 荤粥　匈奴的别名。如：北逐荤粥。史记·卷一·本纪第一

J

182. 罽　康居王名。如：四曰罽王，治罽城。汉书·卷九六上·列传第六六上

183. 罽宾　西域国名。如：而康居、大月氏、安息、罽宾、乌弋之属，皆以绝远不在数中。汉书·卷九六下·列传第六六下

184. 鸡秩山　匈奴地名。如：至鸡秩山，斩首捕虏十九级。汉书·卷九四上·列传第六四上

185. 击胡侯　西域官名。如：击胡侯、……左右力辅君各一人。汉书·卷九六下·列传第六六下

186. 击车师都尉　西域官名。如：击车师都尉、……左右力辅君各一人。汉书·卷九六下·列传第六六下

187. 稽落山　匈奴地名。如：与北匈奴战于稽落山，大破之，追至和渠北鞮海。后汉书·卷四·帝纪第四

188. 稽且王　匈奴官名。如：再从票骑将军斩速濮王，捕稽且王，右千骑将王、王母各一人。汉书·卷五五·列传第二五

189. 交河　西域地名。如：车师前国，王治交河城。河水分流绕城下，故号交河。汉书·卷九六下·列传第六六下

190. 僬侥　蛮名。如：蛮者，慢也，其类有八：一曰天竺，二曰垓首，三曰僬侥，四曰跂踵，五曰穿胸，六曰儋耳，七曰狗轵，八曰旁脊。

风俗通义·佚文

191. 焦侥　同"僬侥"。如：及狗国与人身而鸟面，及焦侥。新书·卷第九

192. 侥夷　外族名。如：戎者，凶也，其类有六：一曰侥夷，二曰戎夷，三曰老白，四曰耆羌，五曰鼻息，六曰天刚。风俗通义·佚文

193. 监氏　西域地名。如：大月氏国，治监氏城。汉书·卷九六上·列传第六六上

194. 俭侧　辰韩官名。如：大者名臣智，次有俭侧，次有樊秖，次有杀奚，次有邑借。后汉书·卷八五·列传第七五

195. 渐将　匈奴官名。如：时比弟渐将王在单于帐下。后汉书·卷八九·列传第七九

196. 劫国　西域国名。如：东与郁立师、北与匈奴、西与劫国、南与车师接。汉书·卷九六下·列传第六六下

197. 劫日　西域国名。例见"卑陵"。

198. 坚昆　西域国名。如：坚昆东去单于庭七千里，南去车师五千里，郅支留都之。汉书·卷九四下·列传第六四下

199. 监氏　西域地名。如：大月氏国，治监氏城。汉书·卷九六上·列传第六六上

200. 精绝　西域国名。例见"卑陵"。

201. 拘弥　西域国名。如：拘弥国居宁弥城。后汉书·卷八八·列传第七八

202. 居次　匈奴的公主号。如：获单于父行及嫂居次。汉书·卷七〇·列传第四〇

203. 捐毒　西域国名。例见"卑陵"。

204. 绝奴部　高句骊的族名。如：凡有五族，有消奴部，绝奴部，顺奴部，灌奴部，桂娄部。后汉书·卷八五·列传第七五

K

205. 康居　西域国名。如：而康居、大月氏、安息、罽宾、乌弋之属，皆以绝远不在数中。汉书·卷九六下·列传第六六下

206. 狂王　乌孙王号。如：立岑陬子泥靡代为昆弥，号狂王。汉书·卷九六下·列传第六六下

207. 昆明　西南夷名。如：南方闭巂、昆明。汉书·卷六一·列传第三一

208. 昆邪　西域官名。如：昆邪、休屠恐，谋降汉。汉书·卷九四

上·列传第六四上

209. 昆莫　匈奴人名。如：昆莫父难兜靡本与大月氏俱在祁连、焞煌间，小国也。汉书·卷六一·列传第三一

210. 昆弥　乌孙王号。如：乌孙昆弥及公主因国使者上书。汉书·卷八·帝纪第八

L

211. 蓝氏城　西域地名。如：大月氏国，居蓝氏城。后汉书·卷八八·列传第七八

212. 蓝市城　大夏地名。如：其都曰蓝市城，有市贩贾诸物。史记·卷一二三·列传第六三

213. 狼居胥山　匈奴地名。如：封狼居胥山，禅于姑衍。史记·卷一一一·列传第五一

214. 狼望　匈奴地名。如：快心于狼望之北哉？汉书·卷九四下·列传第六四下

215. 老白　外族名。如：戎者，凶也，其类有六：一曰侥夷，二曰戎夷，三曰老白，四曰耆羌，五曰鼻息，六曰天刚。风俗通义·佚文

216. 牢姐羌　羌族名。如：及诸郡兵、属国湟中月氏诸胡、陇西牢姐羌。后汉书·卷八七·列传第七七

217. 乐浪　东北夷名。如：夷者，抵也，其类有九：一曰玄菟，二曰乐浪，三曰高骊，四曰满饰（一作蒲饰），五曰凫臾，六曰索家，七曰东屠，八曰倭人，九曰天鄙。风俗通义·佚文

218. 乐越匿地　西域地名。如：康居国，王冬治乐越匿地。汉书·卷九六上·列传第六六上

219. 䱇得　匈奴地名。如：攻祁连山，扬武乎䱇得。汉书·卷五五·列传第二五

220. 䱇得　同"䱇得"。如：䱇得，千金渠西至乐涫入泽中。汉书·卷二八下·志第八下

221. 䱇得渠　匈奴水名。如：应劭曰："䱇得渠西入泽羌谷。"汉书·卷二八下·志第八下

222. 勒姐羌　羌族名。如：勒姐羌围允街。后汉书·卷七·帝纪第七

223. 累姐　羌族名。如：累姐种附汉，迷唐怨之。后汉书·卷八七·列传第七七

224. 黎轩　同"大秦"。如：大秦国，一名黎轩。后汉孝殇皇帝纪·

卷第十五

225. 犁靬　同"大秦"。如：东与罽宾、北与扑桃、西与犁靬、条支接。汉书·卷九六上·列传第六六上

226. 犁鞬　同"大秦"。如：大秦国一名犁鞬。后汉书·卷八八·列传第七八

227. 犛轩　同"大秦"。如：因发使抵安息、奄蔡、犛轩、条支、身毒国。汉书·卷六一·列传第三一

228. 骊靬　同"大秦"。如：骊靬，莽曰揭虏。汉书·卷二八下·志第八下

229. 犁鞬鞬　同"大秦"。如：大秦国，名犁鞬鞬，在西海之西。八家后汉书辑注·司马彪续汉书卷五

230. 林胡　外族名。如：而晋北有林胡、楼烦之戎，燕北有东胡、山戎。汉书·卷九四上·列传第六四上

231. 临屯　朝鲜地名。如：朝鲜斩其王右渠降，以其地为乐浪、临屯、玄菟、真番郡。汉书·卷六·帝纪第六

232. 廉头　西南夷名。如：益州廉头、姑缯、牂柯、谈指、同并二十四邑皆反。汉书·卷七·帝纪第七

233. 龙堆　同"白龙堆"。如：近有龙堆。远则葱岭。前汉孝武皇帝纪·卷第十五

234. 龙新犁　西域国名。如：后北服浑窳、屈射、丁零、隔昆、龙新犁之国。汉书·卷九四上·列传第六四上

235. 龙城　匈奴地名。如：青至龙城。汉书·卷六·帝纪第六

236. 笼城　同"龙城"。如：五月，大会笼城。史记·卷一一〇·列传第五〇

237. 楼烦　外族名。如：而晋北有林胡、楼烦之戎，燕北有东胡、山戎。汉书·卷九四上·列传第六四上

238. 轮台　西域国名。如：乌孙、轮台易苦汉使。汉书·卷六一·列传第三一

239. 骆越　外族名。如：骆越之人父子同川而浴。汉书·卷六四下·列传第三四下

240. 楼兰　西域国名。如：楼兰、乌孙、呼揭及其旁二十六国，皆已为匈奴。汉书·卷九四上·列传第六四上

241. 鹿蠡　匈奴官名。如：赐鹿蠡王玉具剑。东观汉记·卷二十

242. 卢侯　匈奴国名。如：杀折兰王，斩卢侯王。汉书·卷五五·

列传第二五

243. 卢朐　匈奴山名。如：筑城障列亭至卢朐。汉书·卷九四上·列传第六四上

244. 卢山　匈奴山名。如：前入围口，后陈卢山。汉书·卷八七上·列传第五七上

245. 卢城　西域地名。如：无雷国，王治卢城。汉书·卷九六上·列传第六六上

246. 卢水　外族名。如：元和三年，卢水胡反畔。后汉书·卷一六·列传第六

247. 卢水羌　羌族名。如：卢水羌反，以城门校尉马防行车骑将军，与长水校尉耿恭率师征之。后汉孝章皇帝纪·上卷第十一

248. 卢水胡　外族名。如：其西又有三河、槃于虏，北有黄石、北地、卢水胡，其表乃为徼外。后汉书卷·八六·列传第七六

249. 卢屠王　匈奴王名。如：谋击匈奴。卢屠王告之。汉书·卷九四上·列传第六四上

250. 庐胡　西域国名。如：杀折兰王，斩庐胡王。史记·卷一一一·列传第五一

251. 庐朐　匈奴地名。如：筑城鄣列亭，至庐朐。史记·卷一一〇·列传第五〇

252. 鹿蠡　匈奴王名。如：会北单于弟左鹿蠡王于除鞬自立为单于。后汉书·卷一九·列传第九

M

253. 马韩　三韩之一名。如：高句骊、马韩、秽貊围玄菟城。后汉书·卷五·帝纪第五

254. 满饰　东夷名。如：夷者，抵也，其类有九：一曰玄菟，二曰乐浪，三曰高骊，四曰满饰（一作蒲饰），五曰凫臾，六曰索家，七曰东屠，八曰倭人，九曰天鄙。风俗通义·佚文

255. 满离　东夷名。如：其异种满离、高句丽之属，遂骆驿款塞。后汉书·卷二〇·列传第一〇

256. 牦牛　西南夷名。如：牦牛、白马羌在蜀、汉。后汉书·卷八七·列传第七七

257. 駹　西南夷名。如：出駹，出莋，出徙、邛，出僰。汉书·卷六一·列传第三一

258. 绵诸　戎名。如：故陇以西有绵诸、畎戎、狄獂之戎。汉书·

卷九四上·列传第六四上

259. 闽粤 外族名。如：遣两将军往讨闽粤。汉书·卷九五·列传第六五

260. 貊 东北夷名。如：于是濊、貊、倭、韩万里朝献。后汉书·卷八五·列传第七五

261. 貊耳 同"句骊"。如：句骊一名貊耳，有别种，依小水为居，因名曰小水貊。后汉书·卷八五·列传第七五

262. 沐楼山 西域山名。如：击［句］（匈）林王。到沐楼山。后汉孝明皇帝纪下·卷第十

N

263. 南羌 羌族名。如：患其兼从西国，结党南羌。汉书·卷九六下·列传第六六下

264. 南城 西域地名。如：姑墨国，王治南城。汉书·卷九六下·列传第六六下

265. 难兜 西域国名。如：北与子合、蒲犁，西与难兜接。汉书·卷九六上·列传第六六上

266. 难完 西域国名。例见"捍弥"。

267. 鸟飞谷 西域地名。如：休循国，王治鸟飞谷。汉书·卷九六上·列传第六六上

268. 宁弥 同"拘弥"。如：而乌弋山离、罽宾、莎车、于寘、宁弥诸国相接。后汉孝殇皇帝纪·卷第十五

269. 宁弥城 西域地名。如：拘弥国居宁弥城。后汉书·卷八八·列传第七八

270. 内咄谷 匈奴地名。如：郁立师国，王治内咄谷。汉书·卷九六下·列传第六六下

271. 诺水 匈奴地名。如：昌、猛与单于及大臣俱登匈奴诺水东山。汉书·卷九四下·列传第六四下

O

272. 瓯骆 越号。如：平氏羌、昆明、瓯骆两越。汉书·卷七五·列传第四五

P

273. 盘木 西南夷名。如：白狼、盘木、唐菆等百余国。后汉书·卷八六·列传第七六

274. 槃木 西南夷名。如：西南夷……槃木、白狼、动黏诸种。后

汉书·卷二·帝纪第二

275. 旁脊　蛮名。如：蛮者，慢也，其类有八：一曰天竺，二曰垓首，三曰僬侥，四曰跂踵，五曰穿胸，六曰儋耳，七曰狗轵，八曰旁脊。风俗通义·佚文

276. 沛者　高句骊的官名。如：其置官，有相加、对卢、沛者、古邹大加、主簿、优台、使者、帛衣先人。后汉书·卷八五·列传第七五

277. 皮山　西域国名。例见"卑陵"。

278. 漂沙　西域国名。如：西夜国一名漂沙。后汉书·卷八八·列传第七八

279. 扑桃　西域国名。如：东与罽宾、北与扑桃、西与犁靬、条支接。汉书·卷九六上·列传第六六上

280. 蒱类　西域国名。如：破白山，临蒱类。全后汉文·卷六

281. 濮达　西域国名。如：又灭濮达、罽宾，悉有其国。后汉书·卷八八·列传第七八

282. 蒲饰　东北夷名。如：夷者，抵也，其类有九：一曰玄菟，二曰乐浪，三曰高骊，四曰满饰（一作蒲饰），五曰凫臾，六曰索家，七曰东屠，八曰倭人，九曰天鄙。风俗通义·佚文

283. 蒲犁　西域国名。例见"卑陵"。

284. 蒲犁谷　西域地名。如：蒲犁国，王治蒲犁谷。汉书·卷九六上·列传第六六上

285. 蒲类　西域国名。例见"卑陵"。

286. 蒲类王　匈奴王名。如：匈奴东蒲类王兹力支将人众千七百余人降都护。汉书·卷九六上·列传第六六上

287. 蒲类海　匈奴地名。如：击破白山虏于蒲类海上，遂入车师。后汉书·卷二·帝纪第二

288. 蒲类后国　西域国名。如：蒲类后国，王去长安八千六百三十里。汉书·卷九六下·列传第六六下

289. 蒲昌海　西域地名。如：蒲昌海，一名盐泽者也。汉书·卷九六上·列传第六六上

Q

290. 祁连　同"天山"。贰师将军李广利将三万骑击匈奴右贤王祁连天山。史记·卷一〇九·列传第四九

291. 祁连山　同"天山"。如：骠骑将军逾居延，至祁连山。史记·卷一一一·列传第五一

292. 跂踵　蛮名。如：蛮者，慢也，其类有八：一曰天竺，二曰垓首，三曰僬侥，四曰跂踵，五曰穿胸，六曰儋耳，七曰狗轵，八曰旁脊。风俗通义·佚文

293. 耆羌　外族名。如：戎者，凶也，其类有六：一曰侥夷，二曰戎夷，三曰老白，四曰耆羌，五曰鼻息，六曰天刚。风俗通义·佚文

294. 千长　匈奴的官名。如：而左右贤王、左右谷蠡最大国，左右骨都侯辅政，诸二十四长，亦各自置千长、百长、什长、禆小王、相、都尉、当户、且渠之属。汉书·卷九四上·列传第六四上

295. 乾当　西域国名。如：卑陆国，王治天山东乾当国。汉书·卷九六下·列传第六六下

296. 峭王　乌桓王号。如：又辽东苏仆延，众千余落，自称峭王。后汉书·卷九〇·列传第八〇

297. 且渠　匈奴的官名。如：而左右贤王、左右谷蠡最大国，左右骨都侯辅政，诸二十四长，亦各自置千长、百长、什长、禆小王、相、都尉、当户、且渠之属。汉书·卷九四上·列传第六四上

298. 且末　西域国名。如：且末国，王治且末城。汉书·卷九六上·列传第六六上

299. 且冻　羌名。如：且冻、傅难种羌等遂反叛。后汉书·卷八七·列传第七七

300. 且居　匈奴官名。如：使当户且居雕渠难。史记·卷一一〇·列传第五〇

301. 且弥　西域小国名。如：东与单桓、南与且弥、西与乌孙接。汉书·卷九六下·列传第六六下

302. 沮沫　西域国名。例见"卑陵"。

303. 酋涂　匈奴的王。如：得单于单桓、酋涂王。汉书·卷五五·列传第二五

304. 酋涂王　同"酋涂"。

305. 邛西　南夷名。如：散币于邛僰以辑之。汉书·卷二四下·志第四下

306. 邛都　西南夷名。如：自滇以北，君长以十数，邛都最大。汉书·卷九五·列传第六五

307. 朐衍　戎名。如：在岐、梁、泾、漆之北有义渠、大荔、乌氏、朐衍之戎。汉书·卷九四上·列传第六四上

308. 渠类谷　西域国名。例见"卑陵"。

309. 畎夷　夷名。例见"方夷"。

310. 畎戎　外族名。如：周西伯昌伐畎夷。汉书·卷九四上·列传第六四上

311. 犬夷　同"畎夷"。如：文王诛犬夷。盐铁论·卷第九

312. 犬戎　同"畎戎"。如：犬戎杀幽王。史记·卷三二·世家第二

313. 却胡都尉　西域官名。如：却胡都尉、……左右力辅君各一人。汉书·卷九六下·列传第六六下

314. 龟兹　西域国名。例见"捍弥"。

315. 渠勒　西域国名。例见"卑陵"。

316. 渠犁　西域国名。如：渠犁，城都尉一人。汉书·卷九六下·列传第六六下

317. 渠黎　同"渠犁"。如：渠黎六国使使来献。汉书·卷六·帝纪第六

318. 屈射　西域国名。如：后北服浑窳、屈射、丁零、隔昆、龙新犁之国。汉书·卷九四上·列传第六四上

319. 去胡来王　西域王号。如：会西域车师后王句姑、去胡来王唐兜。汉书·卷九四下·列传第六四下

R

320. 冉駹　西南夷名。如：君长以什数，冉駹最大。史记·卷一一六·列传第五六

321. 日逐　匈奴官名。如：日逐王请降于吉。前汉孝宣皇帝纪·卷第十九

322. 戎夷　外族名。如：戎者，凶也，其类有六：一曰侥夷，二曰戎夷，三曰老白，四曰耆羌，五曰鼻息，六曰天刚。风俗通义·佚文

323. 戎卢　西域国名。例见"卑陵"。

324. 嗫种　羌族名。如：今发三辅、河东、弘农越骑、迹射、伏飞、毂者、羽林孤儿及呼速累、嗫种。汉书·卷七九·列传第四九

325. 婼羌　西域国名。例见"卑陵"。

326. 弱水　西域水名。如：安息长老传闻条支有弱水西王母。汉书·卷九六上·列传第六六上

327. 若苴王　匈奴官名。如：以小月氏若苴王将众降。史记·卷二〇·表第八

S

328. 三木楼山　匈奴山名。如：耿秉、秦彭绝漠六百余里，至三木

楼山。后汉书·卷二三·列传第一三

329. 三山　西域国名。例见"卑陆"。

330. 莎车　西域国名。如：而乌弋山离、罽宾、莎车、于寘、宁弥诸国相接。后汉孝殇皇帝纪·卷第十五

331. 莎东　西域国名。例见"捍弥"。

332. 杀奚　辰韩官名。如：大者名臣智，次有俭侧，次有樊秖，次有杀奚，次有邑借。后汉书·卷八五·列传第七五

333. 山国　西域国名。如：至山国千三百六十五里。汉书·卷九六上·列传第六六上

334. 山戎　外族名。如：而晋北有林胡、楼烦之戎，燕北有东胡、山戎。汉书·卷九四上·列传第六四上

335. 善鄯　西域国名。如：方今匈奴、善鄯、哀牢贡献牛马。论衡校释·卷第十九

336. 鄯善　西域国名。如：鄯善国，本名楼兰，王治扜泥城。汉书·卷九六上·列传第六六上

337. 烧当羌　羌族名。如：烧当羌种号多等皆降。后汉书·卷五一·列传第四一

338. 烧何羌　羌族名。如：迷吾子迷唐及其种人向塞号哭，与烧何、当煎、当阗等相结。后汉书·卷八七·列传第七七

339. 沈氏　羌族名。如：沈氏羌寇张掖。后汉书·卷五·帝纪第五

340. 身热　西域山名。如：远则葱岭，身热、头痛、县度之阨。汉书·卷九六下·列传第六六下

341. 尸逐　匈奴王号。如：斩温禺以衅鼓，血尸逐以染锷。后汉书·卷二三·列传第一三

342. 沛者　高句骊的官名。如：其置官，有相加、对卢、沛者、古邹大加、主簿、优台、使者、帛衣先人。后汉书·卷八五·列传第七五

343. 什长　匈奴官名。如：亦各自置千长、百长、什长、裨小王、相、都尉、当户、且渠之属。汉书·卷九四上·列传第六四上

344. 疏勒　西域国名。例见"卑陆"。

345. 疏榆谷　西域地名。如：蒲类国，王治天山西疏榆谷。汉书·卷九六下·列传第六六下

346. 双靡　匈奴的官名。如：有五翕侯：……二曰双靡翕侯。汉书·卷九六上·列传第六六上

347. 顺奴部　高句骊的族名。如：凡有五族，有消奴部，绝奴部，

顺奴部，灌奴部，桂娄部。后汉书·卷八五·列传第七五

348. 斯榆　西南夷名。如：邛、筰、冉、駹、斯榆之君皆请为内臣。史记·卷一一七·列传第五七

349. 私渠比鞮海　匈奴的海名。如：追击诸部，遂临私渠比鞮海。后汉书·卷二三·列传第一三

350. 肃慎　外族名。如：肃慎来献石砮、楛矢。后汉书·卷八五·列传第七五

351. 肃慎氏　同"肃慎"。如：昔肃慎氏不贡楛矢。全后汉文·卷八十三

352. 速濮王　匈奴官名。如：再从票骑将军斩速濮王，捕稽且王，右千骑将王、王母各一人。汉书·卷五五·列传第二五

353. 速邪乌　匈奴地名。如：引兵还至速邪乌燕然山。汉书·卷九四上·列传第六四上

354. 隋立师　西域国名。例见"卑陵"。

355. 遬濮　匈奴部落名。如：讨遬濮，涉狐奴。汉书·卷五五·列传第二五

356. 巂　西南夷名。如：南方闭巂、昆明。汉书·卷六一·列传第三一

357. 孙胡　西域国名。例见"卑陵"。

T

358. 蹋顿　匈奴王号。如：曹操大破乌桓于柳城，斩其蹋顿。后汉书·卷九·帝纪第九

359. 台耆　匈奴人名。如：南匈奴左部大人句龙吾斯与奥鞬台耆等反叛。后汉书·卷六·帝纪第六

360. 檀国　西域国名。如：日南塞外檀国献幻人。后汉孝殇皇帝纪·卷第十五

361. 谈指　西南夷名。如：益州廉头、姑缯、牂柯、谈指、同并二十四邑皆反。汉书·卷七·帝纪第七

362. 桃槐　西域国名。例见"卑陵"。

363. 题王　匈奴王号。如：乃使题王都犁胡次等入汉。汉书·卷九四上·列传第六四上

364. 天鄙　东北夷名。如：夷者，抵也，其类有九：一曰玄菟，二曰乐浪，三曰高骊，四曰满饰（一作蒲饰），五曰凫臾，六曰索家，七曰东屠，八曰倭人，九曰天鄙。风俗通义·佚文

365. 天刚　外族名。如：戎者，凶也，其类有六：一曰侥夷，二曰戎夷，三曰老白，四曰耆羌，五曰鼻息，六曰天刚。风俗通义·佚文

366. 天山　匈奴山名。如：与右贤王战于天山。汉书·卷六·帝纪第六

367. 天笃　西域国名。如：南与天笃接，北至姑墨千四百五十里。汉书·卷九六上·列传第六六上

368. 天竺　西域国名。如：浮屠者，佛也，西域天竺有佛道焉。后汉孝明皇帝纪下·卷第十

369. 天督　同"天竺"。如：摧天督，牵象犀。后汉书·卷八〇上·列传第七〇上

370. 条支　西域国名。如：因发使抵安息、奄蔡、犛轩、条支、身毒国。汉书·卷六一·列传第三一

371. 条枝　同"条支"。如：大宛之马，黄支之犀，条枝之鸟。后汉书·卷四〇上·列传第三〇上

372. 同并　西南夷名。如：益州廉头、姑缯、牂柯、谈指、同并二十四邑皆反。汉书·卷七·帝纪第七

373. 僮仆都尉　西域官名。如：匈奴西边日逐王置僮仆都尉。汉书·卷九六上·列传第六六上

374. 屠各　外族名。如：续为屠各所杀。后汉书·卷七三·列传第六三

375. 屠耆王　匈奴官名。如：匈奴谓贤曰"屠耆"，故常以太子为左屠耆王。汉书·卷九四上·列传第六四上

376. 颓当城　匈奴地名。如：及至颓当城，生子，因名曰颓当。史记·卷九三·列传第三三

377. 涿邪山　匈奴地名。如：攻皋林温禺犊王于涿邪山。后汉书·卷八九·列传第七九

378. 屯头王　匈奴王号。如：获屯头王、韩王等三人。汉书·卷五五·列传第二五

W

379. 危须　西域国名。如：危须国，王治危须城。汉书·卷九六下·列传第六六下

380. 危须城　西域地名。如：危须国，王治危须城。汉书·卷九六下·列传第六六下

381. 危项　西域国名。例见"捍弥"。

382. 尉头　西域国名。例见"卑陵"。

383. 尉头谷　西域地名。如：尉头国，王治尉头谷。汉书·卷九六上·列传第六六上

384. 尉犁　西域国名。例见"捍弥"。

385. 尉犁　西域国名。如：尉犁国，王治尉犁城。汉书·卷九六下·列传第六六下

386. 尉黎　同"尉犁"。如：匈奴西边……常居焉耆、危须、尉黎间。汉书·卷九六上·列传第六六上

387. 尉犁城　西域地名。如：尉犁国，王治尉犁城。汉书·卷九六下·列传第六六下

388. 温宿　西域国名。例见"捍弥"。

389. 温吾　匈奴官名。如：于是温犊须、日逐、温吾、夫渠王柳鞮等八十一部率众降者，前后二十余万人。后汉书·卷二三·列传第一三

390. 温禺　匈奴官名。同"温禺鞮"。如：断温禺，分尸逐。全后汉文·卷二十六

391. 温禺鞮　匈奴官名。如：北单于遣弟右温禺鞮王奉奏贡献。后汉书·卷四·帝纪第四

392. 温禺犊　同"温禺鞮"。如：攻皋林温禺犊王于涿邪山。后汉书·卷八九·列传第七九

393. 温禹犊　同"温禺鞮"。如：击温禹犊王于涿邪山。后汉孝明皇帝纪下·卷第十

394. 温禺鞬　同"温禺鞮"。如：将右温禺鞬王、骨都侯已下众数千人。后汉书·卷八九·列传第七九

395. 温宿城　西域地名。如：温宿国，王治温宿城。汉书·卷九六下·列传第六六下

396. 温偶駼　匈奴官名。如：此温偶駼王所居地也。汉书·卷九四下·列传第六四下

397. 温犊须　匈奴官名。如：于是温犊须、日逐、温吾、夫渠王柳鞮等八十一部率众降者，前后二十余万人。后汉书·卷二三·列传第一三

398. 吾斯　匈奴人名。如：郅支名呼屠吾斯。全汉文·卷六十三

399. 吾西　匈奴人名。如：屠耆单于还，以其长子都涂吾西为左谷蠡王。汉书·卷九四下·列传第六四下

400. 倭　东北夷名。如：于是濊、貊、倭、韩万里朝献。后汉书·卷八五·列传第七五

401. 倭国 东北夷名。如：倭国遣使奉献。后汉孝安皇帝纪上·卷第十六

402. 倭人 东北夷名。如：夷者，抵也，其类有九：一曰玄菟，二曰乐浪，三曰高骊，四曰满饰（一作蒲饰），五曰凫臾，六曰索家，七曰东屠，八曰倭人，九曰天鄙。风俗通义·佚文

403. 倭奴国 同“倭”。如：倭奴国奉贡朝贺。后汉书·卷八五·列传第七五

404. 倭人国 同“倭”。如：闻倭人善网捕，于是东击倭人国。后汉书·卷九〇·列传第八〇

405. 沃沮 东夷名。如：南与朝鲜、濊貊，东与沃沮，北与夫余接。后汉书·卷八五·列传第七五

406. 无雷 西域国名。例见“卑陵”。

407. 乌秅 西域国名。如：乌秅国，王治乌秅城。汉书·卷九六上·列传第六六上

408. 乌孙 西域国名。如：东与单桓、南与且弥、西与乌孙接。汉书·卷九六下·列传第六六下

409. 乌垒 西域国名。如：乌垒，户百一十。汉书·卷九六下·列传第六六下

410. 乌弋 西域国名。如：而康居、大月氏、安息、罽宾、乌弋之属，皆以绝远不在数中。汉书·卷九六下·列传第六六下

411. 乌揭 西域国名。如：因北击乌揭。汉书·卷九四下·列传第六四下

412. 乌氏 戎名。如：在岐、梁、泾、漆之北有义渠、大荔、乌氏、朐衍之戎。汉书·卷九四上·列传第六四上

413. 乌浒 蛮夷名。如：郁林乌浒民相率内属。后汉书·卷八·帝纪第八

414. 乌盭 西域山名。如：骠骑将军率戎士逾乌盭。史记·卷一一一·列传第五一

415. 乌戾 同“乌盭”。如：逾乌戾，讨速濮。全汉文·卷四

416. 乌丸 西域国名。如：北隙乌丸、夫余。汉书·卷二八下·志第八下

417. 乌桓 西域国名。如：蹈乌桓之垒，探姑缯之壁。汉书·卷九四下·列传第六

418. 乌员 匈奴地名。如：前将军出塞千二百余里，至乌员。汉

书·卷九四上·列传第六四上

419. 乌吾　羌族名。如：陇西牢姐、乌吾诸种羌共寇并凉二州。后汉书·卷六五·列传第五五

420. 乌贪　西域国名。例见"卑陵"。

421. 乌秅　西域国名。如：乌秅国，王治乌秅城。汉书·卷九六上·列传第六六上

422. 乌秅城　西域地名。如：乌秅国，王治乌秅城。汉书·卷九六上·列传第六六上

423. 乌桓山　西域山名。如：余类保乌桓山，因以为号焉。后汉书·卷九〇·列传第八〇

424. 乌弋山离　西域国名。如：而乌弋山离、罽宾、莎车、于寘、宁弥诸国相接。后汉孝殇皇帝纪·卷第十五

425. 乌贪訾离　西域国名。如：乌贪訾离国，王治于娄谷。汉书·卷九六下·列传第六六下

426. 乌桓大人　乌桓官名。如：乌桓大人郝且等率众贡献。后汉光武帝纪·卷第八

427. 扜零　西域地名。如：小宛国，王治扜零城。汉书·卷九六上·列传第六六上

428. 扜罙　西域国名。如：东则扜罙。史记·卷一二三·列传第六三

429. 武都羌　羌族名。如：或为参狼种，武都羌是也。后汉书·卷八七·列传第七七

430. 武陵蛮夷　蛮夷名。如：又武陵蛮夷悉反。后汉书·卷三八·列传第二八

431. 务涂谷　西域地名。如：车师后王国，治务涂谷。汉书·卷九六下·列传第六六下

X

432. 析支　外族名。如：织皮昆仑、析支、渠叟，西戎即叙。汉书·卷二十八上·志第八上

433. 析枝　外族名。如：南抚交址、北发西戎、析枝、渠廋、氐、羌。史记·卷一·本纪第一

434. 徙　西南夷名。如：出駹，出莋，出徙、邛，出僰。汉书·卷六一·列传第三一

435. 西夜　西域国名。例见"卑陵"。

436. 西瓯　蛮夷名。如：蛮夷中西有西瓯。全汉文·卷六十三

437. 西且弥　西域国名。如：西且弥国，王治天山东于大谷。汉书·卷九六下·列传第六六下

438. 西沮弥　西域国名。例见"卑陵"。

439. 西祁王　匈奴官名。如：击匈奴，获西祁王。汉书·卷六九·列传第三九

440. 肸顿　匈奴的官名。如：四曰肸顿翕侯。汉书·卷九六上·列传第六六上

441. 翎侯　西域的官名。如：傅父布就翎侯抱亡置草中。汉书·卷六一·列传第三一

442. 翕侯　同"翎侯"。如：小女素光，为若呼翕侯妻。汉书·卷九六下·列传第六六下

443. 歙侯　同"翎侯"。如：随长罗侯常惠屯田乌孙赤谷城，与歙侯战。汉书·卷六九·列传第三九

444. 下句骊　同"高句骊"。如：其更名高句骊为下句骊。汉书·卷九九中·列传第六九中

445. 小水貊　东夷名。如：依小水为居，因名曰小水貊。出好弓，所谓"貊弓"是也。后汉书·卷八五·列传第七五

446. 鲜卑　西域族名。如：鲜卑者，亦东胡之支也，别依鲜卑山，故因号焉。后汉书·卷九○·列传第八○

447. 鲜卑山　西域山名。如：鲜卑者，亦东胡之支也，别依鲜卑山，故因号焉。后汉书·卷九○·列传第八○

448. 先零羌　羌族名。如：时先零羌与封养牢姐种解仇结盟。后汉书·卷八七·列传第七七

449. 彡姐羌　羌族名。如：自彡姐羌降之后数十年，四夷宾服。后汉书·卷八七·列传第七七

450. 猃狁　匈奴别名。如：匈奴始祖名薰粥氏。山戎猃狁是也。前汉孝武皇帝纪·二卷第十一

451. 玁狁　同"猃狁"。如：昔玁狁、獯粥之敌中国，其所由来尚矣。全后汉文·卷五

452. 猃允　同"猃狁"。如：唐虞以上有山戎、猃允、薰粥。汉书·卷九四上·列传第六四上

453. 新黎　匈奴国名。如：北服浑窳屈射丁零高昆新黎之国。前汉孝武皇帝纪·二卷第十一

454. 薪犁　匈奴国名。如：后北服浑庾、屈射、丁灵、鬲昆、薪犁之国。史记·卷一一〇·列传第五〇

455. 象林　蛮夷名。如：象林蛮夷二千余人寇掠百姓。后汉书·卷八六·列传第七六

456. 相　匈奴的官名。如：而左右贤王、左右谷蠡最大国，左右骨都侯辅政，诸二十四长，亦各自置千长、百长、什长、裨小王、相、都尉、当户、且渠之属。汉书·卷九四上·列传第六四上

457. 相加　高句骊的官名。如：其置官，有相加、对卢、沛者、古邹大加、主簿、优台、使者、帛衣先人。后汉书·卷八五·列传第七五

458. 消奴部　高句骊的族名。如：凡有五族，有消奴部，绝奴部，顺奴部，灌奴部，桂娄部。后汉书·卷八五·列传第七五

459. 小宛　西域国名。如：小宛国，王治圩零城。汉书·卷九六上·列传第六六上

460. 小头痛　西域山名。如：又历大头痛、小头痛之山。汉书·卷九六上·列传第六六上

461. 小昆弥　匈奴官名。如：遣使见小昆弥乌就屠。汉书·卷九四下·列传第六四下

462. 匈奴　北方外族名。如：匈奴，其先夏后氏之苗裔，曰淳维。汉书·卷九四上·列传第六四上

463. 休循　西域国名。例见"卑陵"。

464. 休密　大夏的官名。如：有五翕侯：一曰休密翕侯。汉书·卷九六上·列传第六六上

465. 休屠　（1）匈奴祭祀神。如：有休屠、金人及径路神祠三所。汉书·卷二八上·志第八上。（2）匈奴官名。如：降浑邪、休屠王。汉书·卷九六上·列传第六六上。（3）匈奴胡名。如：休屠各胡叛。后汉书·卷八·帝纪第八

466. 休修　西域国名。如：东南与山离国接，其余危须、尉黎、龟兹、姑墨、温宿、疏勒、休修……诸国转相通。后汉孝殇皇帝纪·卷第十五

467. 休屠黄石　匈奴种名。如：令将杂种胡骑休屠黄石屯据要害。后汉书·卷七六·列传第六六

468. 胘雷　匈奴地名。如：又北益广田至胘雷为塞。史记·卷一一〇·列传第五〇

469. 县度　西域石山名。如：县度者，石山也，溪谷不通，以绳索

相引而度云。汉书·卷九六上·列传第六六上

470. 悬度　同"县度"。如：涉悬度，历罽宾。后汉书·卷八八·列传第七八

471. 玄菟　东北夷名。如：夷者，抵也，其类有九：一曰玄菟，二曰乐浪，三曰高骊，四曰满饰（一作蒲饰），五曰凫臾，六曰索家，七曰东屠，八曰倭人，九曰天鄙。风俗通义·佚文

472. 玄夷　夷名。例见"方夷"。

473. 薰粥　匈奴别名。如：唐虞以上有山戎、猃允、薰粥。汉书·卷九四上·列传第六四上

474. 獯粥　同"薰粥"。如：昔獗狁、獯粥之敌中国，其所由来尚矣。全后汉文·卷五

475. 熏鬻　同"薰粥"。如：其后熏鬻作虐。汉书·卷八七下·列传第五七下

476. 循鲜城　匈奴地名。如：罽宾国，王治循鲜城。汉书·卷九六上·列传第六六上

Y

477. 牙斯　匈奴人名。如：次曰囊知牙斯。汉书·卷九四下·列传第六四下

478. 阏氏　匈奴的皇后名称。如：王昭君号宁胡阏氏。汉书·卷九四下·列传第六四下

479. 焉耆　西域国名。如：焉耆国，王治员渠城。汉书·卷九六下·列传第六六下

480. 鄢耆　西域国名。例见"捍弥"。

481. 焉提　同"阏氏"。如：武帝图其母于甘泉殿上，署曰"休屠王焉提。论衡校释·卷第十六

482. 奄蔡　西域国名。如：因发使抵安息、奄蔡、犛轩、条支、身毒国。汉书·卷六一·列传第三一

483. 延城　匈奴地名。如：龟兹国，王治延城。汉书·卷九六下·列传第六六下

484. 盐泽　西域地名。如：蒲昌海，一名盐泽者也。汉书·卷九六上·列传第六六上

485. 燕然山　匈奴地名。如：引兵还至速邪乌燕然山。汉书·卷九四上·列传第六四上

486. 焉支山　匈奴山名。如：过焉支山千有余里，合短兵，鏖皋兰

下。汉书·卷五五·列传第二五

487. 鄾耆山　同"焉支山"。如：过鄾耆山千有余里。前汉孝武皇帝纪·四卷第十三

488. 焉耆山　同"焉支山"。如：过焉耆山千余里，得胡首虏八千余级。汉书·卷九四上列传第六四上

489. 焉耆国　西域国名。如：焉耆国，王治员渠城。汉书·卷九六下·列传第六六下

490. 姎徒　蛮夷女子的称呼。如：名渠曰精夫，相呼为姎徒。风俗通义·佚文

491. 阳夷　夷名。例见"方夷"。

492. 夜郎　西南外族名。如：会唐蒙使略通夜郎、僰中。汉书·卷五七下·列传第二七下

493. 伊列　西域国名。如：北击伊列，西取安息。汉书·卷七〇·列传第四〇

494. 伊吾　匈奴地名。如：将兵别击伊吾，战于蒲类海。东观汉记·卷十六

495. 伊秩訾　匈奴官名。如：左伊秩訾王为呼韩邪计，劝令称臣入朝事汉。汉书·卷九四下·列传第六四下

496. 伊和谷　匈奴地名。如：击走匈奴伊蠡王于伊和谷。后汉书·卷四七·列传第三七

497. 伊蠡王　匈奴官名。如：击走匈奴伊蠡王于伊和谷。后汉书·卷四七·列传第三七

498. 依耐　西域国名。例见"卑陵"。

499. 已程不国　外国名。如：黄支之南，有已程不国。汉书·卷二八下·志第八下

500. 挹娄　东夷名。如：挹娄，古肃慎之国也。后汉书·卷八五·列传第七五

501. 义渠　戎名。如：在岐、梁、泾、漆之北有义渠、大荔、乌氏、朐衍之戎。汉书·卷九四上·列传第六四上

502. 义渠氏　同"义渠"。如：义渠氏，狄国，为秦所灭。风俗通义·佚文

503. 译长　西域官名。如：辅国侯、左右将、左右骑君、东西城长、译长各一人。汉书·卷九六上·列传第六六上

504. 邑借　辰韩官名。如：大者名臣智，次有俭侧，次有樊秪，次

有杀奚，次有邑借。后汉书·卷八五·列传第七五

505. 邑卢没国　外国名。如：又船行可四月，有邑卢没国。汉书·卷二八下·志第八下

506. 优台　高句骊的官名。如：其置官，有相加、对卢、沛者、古邹大加、主簿、优台、使者、帛衣先人。后汉书·卷八五·列传第七五

507. 右渠　朝鲜王名。如：朝鲜斩其王右渠降。汉书·卷六·帝纪第六

508. 右贤王　匈奴官名。如：与右贤王战于天山。汉书·卷六·帝纪第六

509. 右苴王　匈奴官名。如：以小月氏右苴王将众降。汉书·卷一七·表第五

510. 右千骑将　匈奴官名。如：再从票骑将军斩速濮王，捕稽且王，右千骑将王、王母各一人。汉书·卷五五·列传第二五

511. 扜弥　西域国名。如：西通扜弥四百六十里。汉书·卷九六上·列传第六六上

512. 于阗　西域国名。例见"捍弥"。

513. 于窴　西域国名。如：而乌弋山离、罽宾、莎车、于窴、宁弥诸国相接。后汉孝殇皇帝纪·卷第十五

514. 于夷　夷名。例见"方夷"。

515. 于大谷　西域地名。如：西且弥国，王治天山东于大谷。汉书·卷九六下·列传第六六下

516. 于娄谷　西域地名。如：乌贪訾离国，王治于娄谷。汉书·卷九六下·列传第六六下

517. 于林闟顿王　匈奴王号。如：又降匈奴于林闟顿王。后汉书·卷一七·列传第七

518. 于涂仇掸王　匈奴王号。如：车牙单于立，遣子右于涂仇掸王乌夷当入侍。汉书·卷九四下·列传第六四下

519. 于骒仇掸王　匈奴王号。如：复遣子左于骒仇掸王稽留昆入侍。汉书·卷九四下·列传第六四下

520. 余吾　匈奴水名。如：复以因杅将军再出击匈奴，至余吾。史记·卷一一一·列传第五一

521. 余吾水　匈奴水名。如：从军击匈奴，至余吾水上而还。史记·卷一二六·列传第六六

522. 窳匿　康居王名。如：三曰窳匿王，治窳匿城。汉书·卷九六

上·列传第六六上

523. 奠鞬　匈奴官名。如：及匈奴奠鞬日逐王比自立为呼韩邪单于。后汉书·卷一九·列传第九

524. 奠鞬　匈奴官名。如：于是南单于复令奠鞬日逐王师子将轻骑数千出塞掩击北虏。后汉书·卷八九·列传第七九

525. 郁立师　西域国名。如：东与郁立师、北与匈奴、西与劫国、南与车师接。汉书·卷九六下·列传第六六下

526. 越嶲　西南夷名。如：感枸酱、竹杖则开牂柯、越嶲。汉书·卷九六下·列传第六六下

527. 越嶲羌　羌族名。如：或为牦牛种，越嶲羌是也。后汉书·卷八七·列传第七七

528. 月氏　西域外族名。如：东胡强而月氏盛。汉书·卷九四上·列传第六四上

529. 员渠城　西域地名。如：焉耆国，王治员渠城。汉书·卷九六下·列传第六六下

530. 身毒　印度古名。如：从东南身毒国，可数千里，得蜀贾人市。汉书·卷九五·列传第六五

Z

531. 牂柯　西南夷名。如：益州廉头、姑缯、牂柯、谈指、同并二十四邑皆反。汉书·卷七·帝纪第七

532. 牂柯　西南夷名。如：感枸酱、竹杖则开牂柯、越嶲。汉书·卷九六下·列传第六六下

533. 折兰　匈奴国名。如：杀折兰王，斩卢侯王。汉书·卷五五·列传第二五

534. 真番　朝鲜地名。如：朝鲜斩其王右渠降，以其地为乐浪、临屯、玄菟、真番郡。汉书·卷六·帝纪第六

535. 主簿　高句骊的官名。如：其置官，有相加、对卢、沛者、古邹大加、主簿、优台、使者、帛衣先人。后汉书·卷八五·列传第七五

536. 子合　西域国名。如：北与子合、蒲犁，西与难兜接。汉书·卷九六上·列传第六六上

537. 子合王　西域王号。如：西夜国，王号子合王，治呼犍谷。汉书·卷九六上·列传第六六上

538. 总极　西域山名。如：奄息总极。史记·卷一一七·列传第五七

539. 莋　西南夷名。如：出駹，出莋，出徙、邛，出僰。汉书·卷六一·列传第三一

540. 莋都　西南夷名。如：君长以十数，徙、莋都最大。汉书·卷九五·列传第六五

541. 左贤王　匈奴官名。如：南单于遣左贤王击北单于。东观汉记·卷二十

542. 致卢儿王　匈奴官名。如：复株累若鞮单于立，遣子右致卢儿王醢谐屠奴侯入侍。汉书·卷九四下·列传第六四下

543. 祝都韩王　匈奴官名。如：搜谐单于立，遣子左祝都韩王昫留斯侯入侍。汉书·卷九四下·列传第六四下

（三）专有名词姓名、称号类

A

1. 阿坚　西域人名。如：乌桓大人阿坚、羌渠等与南匈奴左部句龙吾斯反叛。后汉书·卷九〇·列传第八〇

2. 阿罗多　西域人名。如：后阿罗多复从匈奴中还，与卑君争国。后汉书·卷八八·列传第七八

3. 安犁靡　西域人名。如：末振将兄安日子安犁靡代为小昆弥。汉书·卷九六下·列传第六六下

4. 安国　西域人名。如：疏勒王安国以舅臣磐有罪。后汉书·卷八八·列传第七八

5. 安日　西域人名。如：末振将兄安日子安犁靡代为小昆弥。汉书·卷九六下·列传第六六下

B

6. 拔　匈奴人名。如：乌稽侯尸逐鞮单于拔，延光三年立。后汉书·卷八九·列传第七九

7. 白霸　西域人名。如：废其王尤利多而立白霸。后汉书·卷四七·列传第三七

8. 白英　西域人名。如：而龟兹王白英犹自疑未下。后汉书·卷四七·列传第三七

9. 保苏匿　西域人名。如：康居太子保苏匿率众万余人欲降。汉书·卷七〇·列传第四〇

10. 抱瞋　西域人名。如：而康居副王抱瞋将数千骑，寇赤谷城东。汉书·卷七〇·列传第四〇

11. 卑君　西域人名。如：后阿罗多复从匈奴中还，与卑君争国。后汉书·卷八八·列传第七八

12. 贝色子　西域人名。如：复捕得康居贵人贝色子男开牟以为导。汉书·卷七〇·列传第四〇

13. 比　匈奴人名。如：单于比，匈奴头曼十八代孙。东观汉记·卷二十

14. 不居徵　匈奴人名。如：匈奴复遣兵将贤质子不居徵立为莎车王。后汉书·卷八八·列传第七八

15. 薄胥堂　匈奴人名。如：都隆奇与右贤王共立日逐王薄胥堂为屠耆单于。汉书·卷九四下·列传第六四下

C

16. 车牙若鞮单于　匈奴王号。如：弟且莫车立，为车牙若鞮单于。汉书·卷九四下·列传第六四下

17. 车牙单于　匈奴王号。如：车牙单于立，遣子右于涂仇掸王乌夷当入侍。汉书·卷九四下·列传第六四下

18. 车利　匈奴人名。如：北匈奴大人车利、涿兵等亡来入塞。后汉书·卷八九·列传第七九

19. 臣磐　西域人名。如：疏勒王安国以舅臣磐有罪。后汉书·卷八八·列传第七八

20. 臣盘　同"臣磐"。如：徐由遣疏勒王臣盘发二万人击子阗。后汉书·卷八八·列传第七八

21. 撑犁孤涂单于　匈奴王号。如：单于姓挛鞮氏，其国称之曰"撑犁孤涂单于"。汉书·卷九四上·列传第六四上

22. 成国　西域人名。如：更立兴宗人成国为拘弥王而还。后汉书·卷八八·列传第七八

23. 丞德　西域人名。如：绛宾死，其子丞德自谓汉外孙。汉书·卷九六下·列传第六六下

24. 淳维　匈奴祖先名。如：匈奴，其先夏后氏之苗裔，曰淳维。汉书·卷九四上·列传第六四上

25. 雌栗靡　乌孙人名。如：立雌栗靡季父公主孙伊秩靡为大昆弥。汉书·卷九六下·列传第六六下

26. 持至尸逐侯单于　匈奴王号。如：持至尸逐侯单于于扶罗，中平五年立。后汉书·卷八九·列传第七九

D

27. 大乐　匈奴人名。如：次曰大乐，为左大将。汉书·卷九六下·列传第六六下

28. 当于居次　匈奴公主姓。如：小女为当于居次。汉书·卷九四下·列传第六四下

29. 鞮汗单于　匈奴王号。如：与鞮汗单于战。前汉孝武皇帝纪·卷第十四

30. 狄孥　匈奴人名。如：秺侯狄孥，虔恭忠信。汉书·卷一〇〇下·列传第七〇下

31. 鸥靡　匈奴人名。如：狂王复尚楚主解忧，生一男鸥靡。汉书·卷九六下·列传第六六下

32. 弟泽　羌族人名。如：及诸豪弟泽、阳雕、良儿、靡忘皆帅煎巩、黄羝属四千余人降汉。汉书·卷六九·列传第三九

33. 弟史　匈奴人名。如：长女弟史，为龟兹王绛宾妻。汉书·卷九六下·列传第六六下

34. 雕陶莫皋　匈奴人名。如：长曰雕陶莫皋，次曰且麋胥。汉书·卷九四下·列传第六四下

35. 雕渠难　匈奴人名。如：使当户且居雕渠难。史记·卷一一〇·列传第五〇

36. 滇良　羌族人名。如：滇良者，烧当之玄孙也。后汉书·卷八七·列传第七七

37. 滇吾　羌族人名。如：滇良子滇吾立。后汉书·卷八七·列传第七七

38. 滇岸　羌族人名。如：烧当羌滇吾与弟滇岸率步骑五千寇陇西塞。后汉书·卷八七·列传第七七

39. 东吾　羌族人名。如：滇吾子东吾立。后汉书·卷八七·列传第七七

40. 东号　羌族人名。如：东吾子东号立。后汉书·卷八七·列传第七七

41. 都隆奇　匈奴人名。如：都隆奇与右贤王共立日逐王薄胥堂为屠耆单于。汉书·卷九四下·列传第六四下

42. 都犁胡次　匈奴人名。如：乃使题王都犁胡次等入汉。汉书·卷九四上·列传第六四上

43. 都涂吾西　匈奴人名。如：屠耆单于还，以其长子都涂吾西为左

谷蠡王。汉书·卷九四下·列传第六四下

44. 兜楼储　匈奴人名。如：呼兰若尸逐就单于兜楼储先在京师，汉安二年立之。后汉书·卷八九·列传第七九

45. 兜题　西域人名。如：自以龟兹左侯兜题为疏勒王。后汉书·卷八八·列传第七八

E

46. 儿单于　匈奴王号。如：子詹师庐立，年少，号为儿单于。汉书·卷九四上·列传第六四上

F

47. 放前　西域人名。如：于阗王放前杀拘弥王兴，自立其子为拘弥。后汉书·卷八八·列传第七八

48. 封离　西南夷人名。如：卷夷大牛种封离等反叛，杀遂久令。后汉书·卷八六·列传第七六

49. 复株累若鞮　匈奴王号。如：呼韩邪死，雕陶莫皋立，为复株累若鞮单于。汉书·卷九四下·列传第六四下

G

50. 句黎湖单于　匈奴王号。如：句黎湖单于立一岁死，其弟左大都尉且鞮侯立为单于。汉书·卷九四上·列传第六四上

51. 句龙吾斯　西域人名。如：乌桓大人阿坚、羌渠等与南匈奴左部句龙吾斯反叛。后汉书·卷九〇·列传第八〇

52. 句姑　西域人名。如：会西域车师后王句姑、去胡来王唐兜。汉书·卷九四下·列传第六四下

53. 呴犁湖单于　匈奴王号。如：呴犁湖单于立，汉使光禄徐自为出五原塞。史记·卷一一〇·列传第五〇

54. 姑瞀楼头　匈奴人名。如：少子姑瞀楼头为右谷蠡王。汉书·卷九四下·列传第六四下

55. 姑翼　西域人名。如：乃我先王时为贵人姑翼所误。汉书·卷九六下·列传第六六下

56. 广德　西域人名。如：兄子广德立，后遂灭莎车。后汉书·卷八八·列传第七八

H

57. 汗　匈奴人名。如：伊伐于虑鞮单于汗，中元二年立。后汉书·卷八九·列传第七九

58. 号吾　羌族人名。如：迷唐伯父号吾乃将其母及种人八百户，自

塞外来降。后汉书·卷一六·列传第六

59. 呼征　匈奴人名。如：单于薨，子呼征立。后汉书·卷八九·列传第七九

60. 呼厨泉　匈奴人名。如：单于于扶罗立七年死，弟呼厨泉立。后汉书·卷八九·列传第七九

61. 呼完厨　匈奴人名。如：故大举天师百万之众，与匈奴南单于呼完厨，及六郡乌桓、丁令、屠各、湟中羌僰，霆奋席卷。全后汉文·卷九十二

62. 呼毒尼　匈奴人名。如：封其裨王呼毒尼为下摩侯。汉书·卷五五·列传第二五

63. 呼兰若尸逐就单于　匈奴王号。如：呼兰若尸逐就单于兜楼储先在京师，汉安二年立之。后汉书·卷八八·列传第七九

64. 湖邪尸逐侯鞮单于　匈奴王号。如：湖邪尸逐侯鞮单于长，永平六年立。后汉书·卷八九·列传第七九

65. 胡邪尸逐侯鞮单于　匈奴王号。如：胡邪尸逐侯鞮单于之弟，章和二年立为休兰尸逐侯鞮单于，在位六年。全后汉文·卷一百六

66. 呼屠吾斯　匈奴人名。如：乃收其兄呼屠吾斯在民间者立为左谷蠡王。汉书·卷九四下·列传第六四下

67. 呼韩邪单于　匈奴王号。如：骨肉大臣立虚闾权渠单于子为呼韩邪单于。汉书·卷八·帝纪第八

68. 乎韩邪单于　同"呼韩邪单于"。如：乎韩邪单于不忘恩德。全汉文·卷七

69. 呼韩耶　同"呼韩邪单于"。如：遣使款居延塞，欲修呼韩耶故事。后汉书·卷四〇下·列传第三〇下

70. 呼屠徵　西域人名。如：莎车王弟呼屠徵杀万年。汉书·卷九六上·列传第六六上

71. 壶衍鞮单于　匈奴王号。如：与贵人饮盟，更立子左谷蠡王为壶衍鞮单于。汉书·卷九四上·列传第六四上

72. 狐鹿姑单于　匈奴王号。如：狐鹿姑单于立，以左大将为左贤王。汉书·卷九四上·列传第六四上

J

73. 稽侯狦　匈奴人名。如：虚闾权渠单于子稽侯狦既不得立。汉书·卷九四上·列传第六四上

74. 稽侯姗　匈奴人名。如：呼韩邪名稽侯姗，虚闾权渠单于子。全

汉文·卷六十三

75. 稽留昆　匈奴人名。如：复遣子左于駼仇掸王稽留昆入侍。汉书·卷九四下·列传第六四下

76. 加特奴　匈奴人名。如：车师后部司马率部王加特奴等掩击匈奴。后汉书·卷六·帝纪第六

77. 绛宾　西域人名。如：绛宾死，其子丞德自谓汉外孙。汉书·卷九六下·列传第六六下

78. 九隆　西南夷人名。如：其母鸟语，谓背为九，谓坐为隆，因名子曰九隆。后汉书·卷八六·列传第七六

79. 驹于利　匈奴人名。如：郅支单于亦遣子右大将驹于利受入侍。汉书·卷九四下·列传第六四下

80. 居车儿　匈奴人名。如：伊陵尸逐就单于居车儿，建和元年立。后汉书·卷八九·列传第七九

81. 军须靡　匈奴人名。如：岑陬者，官号也，名军须靡。汉书·卷九六下·列传第六六下

82. 军臣　匈奴人名。如：老上单于死，子军臣单于立。汉书·卷九四上·列传第六四上

83. 军就　匈奴人名。如：击后部王军就，大破之。后汉书·卷四七·列传第三七

L

84. 老上单于　匈奴王号。如：至冒顿单于攻破月氏，而老上单于杀月氏。汉书·卷九六上·列传第六六上

85. 离留　羌族人名。如：封若零、弟泽二人为帅众王，离留、且种二人为侯。汉书·卷六九·列传第三九

86. 良儿　羌族人名。如：及诸豪弟泽、阳雕、良儿、靡忘皆帅煎巩、黄羝属四千余人降汉。汉书·卷六九·列传第三九

87. 猎骄靡　匈奴人名。如：昆莫，王号也，名猎骄靡。汉书·卷九六下·列传第六六下

88. 楼班　匈奴人名。如：丘力居死，子楼班年少。后汉书·卷九〇·列传第八〇

89. 挛鞮　匈奴姓。如：单于姓挛鞮氏。汉书·卷九四上·列传第六四上

M

90. 麻奴　羌族人名。如：东号子麻奴立。后汉书·卷八七·列传第

七七

91. 冒顿　匈奴王号。如：至冒顿单于攻破月氏，而老上单于杀月氏。汉书·卷九六上·列传第六六上

92. 莫　匈奴人名。如：单于莫子苏立，是为丘除车林鞮单于。后汉书·卷八九·列传第七九

93. 迷吾　羌族人名。如：迷吾子迷唐及其种人向塞号哭，与烧何、当煎、当阗等相结。后汉书·卷八七·列传第七七

94. 迷唐　羌族人名。如：迷吾子迷唐及其种人向塞号哭，与烧何、当煎、当阗等相结。后汉书·卷八七·列传第七七

95. 靡忘　羌族人名。如：及诸豪弟泽、阳雕、良儿、靡忘皆帅煎巩、黄羝属四千余人降汉。汉书·卷六九·列传第三九

96. 末振将　西域人名。如：大昆弥翕侯难栖杀末振将。汉书·卷九六下·列传第六六下

N

97. 难兜靡　匈奴人名。如：昆莫父难兜靡本与大月氏俱在祁连、焞煌间，小国也。汉书·卷六一·列传第三一

98. 难楼　匈奴王号。如：绍矫制赐蹋顿、难楼、苏仆延、乌延等，皆以单于印绶。后汉书·卷九〇·列传第八〇

99. 难氏　匈奴人名。如：听后义卢侯难氏等计。史记·卷一一〇·列传第五〇

100. 难支　匈奴人名。如：听后义卢侯难支等计。汉书·卷九四上·列传第六四上

101. 囊知牙斯　匈奴人名。如：弟囊知牙斯立，为乌珠留若鞮单于。汉书·卷九四下·列传第六四下

102. 泥靡　匈奴人名。如：岑陬胡妇子泥靡尚小。汉书·卷九六下·列传第六六下

103. 宁胡阏氏　匈奴皇后号。如：王昭君号宁胡阏氏，生一男伊屠智牙师。汉书·卷九四下·列传第六四下

104. 农奇　匈奴人名。如：立涿鞮弟农奇为王。后汉书·卷八八·列传第七八

P

105. 蒲奴　匈奴人名。如：弟左贤王蒲奴立为单于。后汉书·卷八九·列传第七九

Q

106. 齐黎　匈奴人名。如：广德又攻杀之，更立其弟齐黎为莎车王。后汉书·卷八八·列传第七八

107. 桥塞提　匈奴人名。如：贤因将还国，徙拘弥王桥塞提为大宛王。后汉书·卷八八·列传第七八

108. 羌渠　西域人名。如：乌桓大人阿坚、羌渠等与南匈奴左部句龙吾斯反叛。后汉书·卷九〇·列传第八〇

109. 且糜胥　匈奴人名。如：长曰雕陶莫皋，次曰且糜胥。汉书·卷九四下·列传第六四下

110. 且种　羌族人名。如：封若零、弟泽二人为帅众王，离留、且种二人为侯。汉书·卷六九·列传第三九

111. 且莫车　匈奴人名。如：弟且莫车立，为车牙若鞮单于。汉书·卷九四下·列传第六四下

112. 且鞮侯单于　匈奴王号。如：句黎湖单于立一岁死，其弟左大都尉且鞮侯立为单于。汉书·卷九四上·列传第六四上

113. 丘浮尤鞮单于　匈奴王号。如：丘浮尤鞮单于莫，中元元年立，一年薨，弟汗立。后汉书·卷八九·列传第七九

114. 丘除车林鞮单于　匈奴王号。如：单于莫子苏立，是为丘除车林鞮单于。后汉书·卷八九·列传第七九

R

115. 若零　羌族人名。如：封若零、弟泽二人为帅众王，离留、且种二人为侯。汉书·卷六九·列传第三九

S

116. 烧当　羌族人名。如：滇良者，烧当之玄孙也。后汉书·卷八七·列传第七七

117. 少夫　乌孙人名。如：岑陬尚江都公主，生一女少夫。汉书·卷九六下·列传第六六下

118. 师子　匈奴人名。如：安国立一年，单于适之子师子立。后汉书·卷八九·列传第七九

119. 适　匈奴人名。如：安国立一年，单于适之子师子立。后汉书·卷八九·列传第七九

120. 驷鞬　西域人名。如：龟兹国人共杀则罗、驷鞬。后汉书·卷八八·列传第七八

121. 搜谐若鞮单于　匈奴王号。如：弟且糜胥立，为搜谐若鞮单于。

汉书·卷九四下·列传第六四下

122. 搜谐单于　同"搜谐若鞮单于"。如：搜谐单于立，遣子左祝都韩王昫留斯侯入侍。汉书·卷九四下·列传第六四下

123. 苏　匈奴人名。如：单于莫子苏立，是为丘除车林鞮单于。后汉书·卷八九·列传第七九

124. 苏仆延　匈奴王号。如：绍矫制赐蹋顿、难楼、苏仆延、乌延等，皆以单于印绶。后汉书·卷九〇·列传第八〇

125. 素光　匈奴人名。如：小女素光，为若呼翕侯妻。汉书·卷九六下·列传第六六下

T

126. 檀　匈奴人名。如：单于师子立四年薨，单于长之子檀立。后汉书·卷八九·列传第七九

127. 檀石槐　鲜卑人名。如：鲜卑檀石槐者，其父投鹿侯。后汉书·卷九〇·列传第八〇

128. 唐菆　西南夷名。如：白狼、盘木、唐菆等百余国。后汉书·卷八六·列传第七六

129. 唐兜　匈奴人名。如：会西域车师后王句姑、去胡来王唐兜。汉书·卷九四下·列传第六四下

130. 亭独尸逐侯鞮单于　匈奴王号。如：亭独尸逐侯鞮单于师子，永元六年立。后汉书·卷八九·列传第七九

131. 头曼　匈奴人名。如：单于比，匈奴头曼十八代孙。东观汉记·卷二十

132. 投鹿侯　鲜卑人名。如：鲜卑檀石槐者，其父投鹿侯。后汉书·卷九〇·列传第八〇

133. 屠特若尸逐就单于　匈奴王号。如：屠特若尸逐就单于某，熹平元年立。后汉书·卷八九·列传第七九

134. 屠耆单于　匈奴王号。如：都隆奇与右贤王共立日逐王薄胥堂为屠耆单于。汉书·卷九四下·列传第六四下

135. 屠耆堂　匈奴人名。如：立右贤王屠耆堂为握衍朐鞮单于。汉书·卷九四上·列传第六四上

136. 屠墨　匈奴人名。如：贝色子即屠墨母之弟。汉书·卷七〇·列传第四〇

137. 涿鞮　匈奴人名。如：立涿鞮弟农奇为王。后汉书·卷八八·列传第七八

138. 涿兵　匈奴人名。如：北匈奴大人车利、涿兵等亡来入塞。后汉书·卷八九·列传第七九

139. 屯屠何　匈奴人名。如：屯屠何，呼韩邪曾孙。全后汉文·卷一百六

W

140. 万氏尸逐鞮单于　匈奴王号。如：万氏尸逐鞮单于檀，永元十年立。后汉书·卷八九·列传第七九

141. 万年　匈奴人名。如：曰万年，为莎车王。汉书·卷九六下·列传第六六下

142. 唯犁　匈奴人名。如：西方呼揭王来与唯犁当户谋。汉书·卷九四下·列传第六四下

143. 尉卑大　西域人名。如：因反击尉卑大，获其妻子。后汉书·卷八八·列传第七八

144. 翁归靡　西域人名。如：岑陬且死，以国与季父大禄子翁归靡。汉书·卷九六下·列传第六六下

145. 握衍朐鞮单于　匈奴王号。如：立右贤王屠耆堂为握衍朐鞮单于。汉书·卷九四上·列传第六四上

146. 乌延　匈奴王号。如：绍矫制赐蹋顿、难楼、苏仆延、乌延等，皆以单于印绶。后汉书·卷九〇·列传第八〇

147. 乌维　匈奴人名。如：伊稚斜单于立十三年死，子乌维立为单于。汉书·卷九四上·列传第六四上

148. 乌师庐　匈奴人名。如：乌维单于立十岁而死，子乌师庐立为单于。史记·卷一一〇·列传第五〇

149. 乌禅幕　西域国名。如：乌禅幕者，本乌孙、康居间小国。汉书·卷九四上·列传第六四上

150. 乌珠留若鞮单于　匈奴王号。如：弟囊知牙斯立，为乌珠留若鞮单于。汉书·卷九四下·列传第六四下

151. 乌珠留单于　同"乌珠留若鞮单于"。如：乌珠留单于立，以第二阏氏子乐为左贤王，以第五阏氏子舆为右贤王。汉书·卷九四下·列传第六四下

152. 乌稽侯尸逐鞮单于　匈奴王号。如：乌稽侯尸逐鞮单于拔，延光三年立。后汉书·卷八九·列传第七九

153. 乌鞮牙斯　匈奴人名。如：遣子右股奴王乌鞮牙斯入侍。汉书·卷九四下·列传第六四下

154. 乌达鞮侯　匈奴人名。如：单于舆死，子左贤王乌达鞮侯立为单于。后汉书·卷八九·列传第七九

155. 乌就屠　匈奴人名。如：遣使见小昆弥乌就屠。汉书·卷九四下·列传第六四下

156. 乌夷泠　匈奴人名。如：遣左大当户乌夷泠将五千骑击乌孙。汉书·卷九四下·列传第六四下

157. 乌夷当　匈奴人名。如：车牙单于立，遣子右于涂仇掸王乌夷当入侍。汉书·卷九四下·列传第六四下

158. 毋波　西南夷人名。如：其立毋波为钩町王。汉书·卷七·帝纪第七

X

159. 先贤掸　匈奴人名。如：其子先贤掸不得代。汉书·卷九四上·列传第六四上

160. 贤　匈奴人名。如：匈奴复遣兵将贤质子不居徵立为莎车王。后汉书·卷八八·列传第七八

161. 兴　西域人名。如：于阗王放前杀拘弥王兴，自立其子为拘弥。后汉书·卷八八·列传第七八

162. 星靡　匈奴人名。如：元贵靡子星靡代为大昆弥。汉书·卷九六下·列传第六六下

163. 刑未央　匈奴人名。如：郝宿王刑未央使人召诸王。汉书·卷九四上·列传第六四上

164. 休兰尸逐侯鞮单于　匈奴王号。如：胡邪尸逐侯鞮单于之弟，章和二年立为休兰尸逐侯鞮单于，在位六年。全后汉文·卷一百六

165. 虚闾权渠单于　匈奴王号。如：呼韩邪名稽侯姗，虚闾权渠单于子。全汉文·卷六十三

166. 须訾　匈奴人名。如：遣左谷蠡王师子、左呼衍日逐王须訾将万骑出朔方。后汉书·卷八九·列传第七九

167. 须卜居次　匈奴公主号。如：复株累单于复妻王昭君，生二女，长女云为须卜居次。汉书·卷九四下·列传第六四下

168. 须卜当　匈奴人名。如：匈奴用事大臣右骨都侯须卜当，即王昭君女伊墨居次云之婿也。汉书·卷九四下·列传第六四下

169. 宣　匈奴人名。如：伊屠于闾鞮单于宣，元和二年立。后汉书·卷八九·列传第七九

170. 薰粥氏　匈奴始祖名。如：匈奴始祖名薰粥氏。山戎猃狁是也。

前汉孝武皇帝纪·二卷第十一

Y

171. 阳雕　羌族人名。如：及诸豪弟泽、阳雕、良儿、靡忘皆帅煎巩、黄羝属四千余人降汉。汉书·卷六九·列传第三九

172. 伊奴毒　匈奴人名。如：又捕得抱阗贵人伊奴毒。汉书·卷七〇·列传第四〇

173. 伊稚斜　匈奴人名。如：伊稚斜单于立十三年死，子乌维立为单于。汉书·卷九四上·列传第六四上

174. 伊屠于闾鞮单于　匈奴王号。如：伊屠于闾鞮单于宣，元和二年立。后汉书·卷八九·列传第七九

175. 伊酉若　匈奴人名。如：遣弟伊酉若王胜之入汉献见。汉书·卷九四上·列传第六四上

176. 伊伐于虑鞮单于　匈奴王号。如：伊伐于虑鞮单于汗，中元二年立。后汉书·卷八九·列传第七九

177. 伊陵尸逐就单于　匈奴王号。如：伊陵尸逐就单于居车儿，建和元年立。后汉书·卷八九·列传第七九

178. 伊屠智牙师　匈奴人名。如：王昭君号宁胡阏氏，生一男伊屠智牙师。汉书·卷九四下·列传第六四下

179. 伊屠知牙师　匈奴人名。如：单于弟右谷蠡王伊屠知牙师以次当左贤王。后汉书·卷八九·列传第七九

180. 伊墨居次　匈奴公主号。如：匈奴用事大臣右骨都侯须卜当，即王昭君女伊墨居次云之婿也。汉书·卷九四下·列传第六四下

181. 伊邪莫演　匈奴人名。如：单于遣右皋林王伊邪莫演等奉献朝正月。汉书·卷九四下·列传第六四下

182. 伊秩靡　乌孙人名。如：立雌栗靡季父公主孙伊秩靡为大昆弥。汉书·卷九六下·列传第六六下

183. 优留　匈奴王号。如：斩优留单于，取其匈奴皮而还。后汉书·卷八九·列传第七九

184. 优孤涂奴　西域人名。如：憧即遣南单于兄子优孤涂奴将兵迎之。后汉书·卷四七·列传第三七

185. 尤利多　西域人名。如：废其王尤利多而立白霸。后汉书·卷四七·列传第三七

186. 犹非　羌族人名。如：共斩先零大豪犹非、杨玉首。汉书·卷六九·列传第三九

187. 于单　匈奴人名。如：攻破军臣单于太子于单。史记·卷一一〇·列传第五〇

188. 于扶罗　匈奴人名。如：持至尸逐侯单于扶罗，中平五年立。后汉书·卷八九·列传第七九

189. 元贵靡　匈奴人名。如：长男曰元贵靡。汉书·卷九六下·列传第六六下

Z

190. 则罗　西域人名。如：龟兹国人共杀则罗、驷鞬。后汉书·卷八八·列传第七八

191. 兹力支　匈奴人名。如：匈奴东蒲类王兹力支将人众千七百余人降都护。汉书·卷九六上·列传第六六上

192. 詹师庐　匈奴人名。如：乌维单于立十岁死，子詹师庐立，年少，号为儿单于。汉书·卷九四上·列传第六四上

193. 知牙斯　匈奴王号。如：初匈奴右日逐王比，单于知牙斯之长子也。后汉光武皇帝纪·卷第八

194. 知牙师　匈奴人名。如：舆立，欲传其子，然其弟知牙师以次当为单于者也。后汉光武皇帝纪·卷第八

195. 郅支单于　匈奴王名。如：郅支单于亦遣子右大将驹于利受入侍。汉书·卷九四下·列传第六四下

196. 铢娄渠堂　匈奴人名。如：呼韩邪从其计，引众南近塞，遣子右贤王铢娄渠堂入侍。汉书·卷九四下·列传第六四下

197. 颛渠阏氏　匈奴皇后号。如：长女颛渠阏氏，生二子，长曰且莫车。汉书·卷九四下·列传第六四下

198. 醢落尸逐鞮单于　匈奴王号。如：南匈奴醢落尸逐鞮单于比者，呼韩邪单于之孙。后汉书·卷八九·南匈奴列传第七九

附录二　两汉非佛典外来词变体分布①

1. 一个变体词形

龙城 22 ［笼城 3］；瓯脱 14 ［区脱 7］；穹庐 26 ［毡帐 1］；
珠玑 42 ［璧珠玑 1］；象牙 34 ［象齿 8］；玳瑁 42 ［文甲 4］；
火浣布 7 ［火毳 2］；楛矢 15 ［肃慎矢 3］；木弓 11 ［木弓弩 3］；
鸣镝 22 ［髐箭 3］；畅草 9 ［邑草 5］；苔遷 2 ［楛椟 1］；
枸酱 8 ［蜀枸酱 2］；竹簟 4 ［流黄簟 1］；玛瑙 3 ［马瑙 2］；
璓瑁 13 ［毒冒 6］；徒跣 59 ［徒践 1］；大栗 1 ［巨栗 1］；
驴骡 15 ［骡驴 9］；贰师马 2 ［贰师天马 1］；駏駼 25 ［陶涂 3］；
灵羊 1 ［零羊 1］；幻人 7 ［眩人 5］；笮马 5 ［莋马 2］；
稽侯狦 7 ［稽侯姗 1］；搜谐单于 2 ［搜谐若鞮单于 1］；
詹师庐 1 ［乌师庐 1］；乌珠留单于 9 ［乌珠留若鞮单于 4］；
句黎湖单于 3 ［呴犁湖单于 2］；车牙单于 2 ［车牙若鞮单于 1］；
安犁靡 2 ［乌犁靡 1］；胡邪尸逐侯鞮单于 1 ［湖邪尸逐侯鞮单于 1］；
难氏 3 ［难支 2］；臣磐 9 ［臣盘 1］；郁立师 2 ［隋立师 1］；
且末 13 ［沮沫 1］；西且弥 3 ［西沮弥 1］；西夜 14 ［漂沙 1］；
车师 252 ［姑师 13］；劫国 2 ［劫日国 1］；东且弥 8 ［车且弥 2］；
駹 29 ［冉駹 18］；孙胡国 1 ［狐胡 1］；危须 24 ［危项 1］；
东越 98 ［东瓯 55］；莎车 12 ［莎东国 1］；难兜国 3 ［难完国 1］；
焉耆 91 ［鄢耆 3］；月氏 255 ［月氐 6］；卢侯 7 ［庐胡 2］；
掸国 15 ［檀国 3］；东鳀 4 ［东鞮 4］；邛 ［邛都 31］；
象林 23 ［林邑 7］；槃木 6 ［盘木 1］；辰韩 9 ［辰国 2］；
牂柯 61 ［牂牁 19］；蒲饰 1 ［满饰 1］；义渠 105 ［义渠氏 2］；
乌贪訾离 3 ［乌贪国 1］；鳞得 4 ［鱗得 3］；越巂 62 ［巂 32］；
三木楼山 1 ［沐楼山 1］；乌秅 4 ［乌戾 1］；县度 20 ［悬度 8］；
谷蠡 59 ［鹿蠡 17］；且渠 35 ［且居 2］；呼衍 46 ［呼延 3］；
昆弥 124 ［昆莫 73］；若苴王 1 ［右苴王 1］；薁鞬 21 ［奥鞬 12］；
安石榴 3 ［安石 1］；明珠 48 ［明月珠 18］；鸲鹆 41 ［鹳鹆 19］；

---

① 数字为词条在语料库中的词频。

通犀 2［骇鸡犀 2］；鼲貂 4［鼲子 1］；囊知牙斯 12［知牙斯 2］；
师子 94［狮子 4］；侏离 6［兜离 4］；渠搜 26［渠叟 2］；
苲 47［苲都 19］；僬侥 25［焦侥 7］；乌秅 8［乌耗 1］；
比余 2［比疏 2］；琅玕 24［真珠 17］；枇杷 16［批把 2］；
鲜卑 370［络］；浑窳 3［浑庾 1］；儋耳 50［缓耳 7］；
盐泽 28［蒲昌海 11］；龙堆 13［白龙堆 13］；阏氏 130［焉提 3］

2. 二个变体词形

虎魄 17［琥珀 10、琥魄 1］；湩 12［重酪 1、湩酪 1］；
光珠 5［江珠 2、蚌珠 1］；细布 21［水羊毛 1、水羊毳 1］；
竹杖 17［邛竹杖 7、杖邛竹 1］；拍髀 5［服刀 2、短刀 2］；
独白草 1［白草 1、独自草 1］；荔支 18［荔枝 12、离支 7］；
水牛 12［沈牛 4、吴牛 4］；鹓雏 7［宛雏 4、鹓鶵 2］；
旄牛 33［童牛 5、髦牛 1］；鹦鹉 26［能言鸟 4、驯禽 1］；
猩猩 19［狌狌 15、牲牲 1］；驒騱 7［驒奚 2、陶駼 1］；
知牙师 6［伊屠智牙师 1、伊屠知牙师 1］；
丁令 17［丁零 14、丁灵 5］；卑陆 5［早陆 2、卑陵 1］；
呼揭 12［乌揭 3、呼偈 2］；湟中 64［湟中义从 16、湟中月氏胡 4］；
龙新犂 1［新黎 1、薪犂 1］；吾斯 19［牙斯 15、吾西 1］；
私渠海 4［和渠北鞮海 1、私渠比鞮海 1］；
温禺 16［温禺鞮 2、温吾 1］；赐支 10［析支 8、析枝 2］；
纰 6［毞氉 1、毞 1］；蓝氏城 2［蓝市城 2、监氏 2］；
呼韩邪 153［乎韩邪 1、呼韩耶 1］；卢山 8［卢朐 5、庐朐 1］；
蒲类海 14［蒱类 1、蒲类泽 2］；金缕 8［罽绣 2、金缕罽 1］；
翕侯 51［翖侯 11、歙侯 5］；瓯骆 23［骆越 19、西瓯 11］；
于阗 74［于窴 17、于寘 16］

3. 三个词形变体

符拔 6［扶拔 5、桃拔 2、符枝 1］；
琉璃 29［璧流离 2、瑠璃 1、琪琉 1］；
天马 75［宛马 18、汗血马 12、大宛马 4］；
坚昆 6［鬲昆 1、隔昆 1、高昆 1］；
葱岭 42［葱岭山 5、葱极 3、总极 2］；
白马 40［白马羌 9、白马氐 8、白马国 1］；

温禺犊 9［温偶騟 2、温禺犊 1、温禺鞮 1］；

浑邪 67［昆邪 34、混邪 6、浑耶 4］；

椎结 13［魋结 7、椎头结 2、椎髻 1］；

箜篌 37［坎侯 21、空侯 13、胡空侯 1］；

焉耆 91［焉支山 7、焉耆山 1、鄢耆山 1］；

乌孙马 5［西极天马 2、西北极马 1、西极马 1］；

鲜卑 370［山戎 69、北狄 63、北戎 8］；

林胡 18［蹛林 7、襜褴 4、澹林 4］；

猕猴 25［沐猴 21、弥猴 8、猱狙 1］；

犬戎 76［畎夷 8、犬夷 5、畎戎 4］；

白屋 46［肃慎 52、挹娄 12、肃慎氏 9］；

鄯善 10［楼兰 83、善鄯 1、楼湟 1］；

祁连 84［天山 42、白山 32、祁连山 25］

4. 四个变体词形

拘弥 26［宁弥 6、扜弥 5、扜罙 5、捍弥 1］；

倭 60［倭国 12、倭人 10、倭奴国 5、倭人国 1］；

筑 19［筘 15、吹鞭 10、胡筑 6、胡乐 3］；

单于［樆黎孤涂单于 2、樆黎 2、撑犁孤涂单于 2、撑犁孤屠 1］；

白玉琯 7［白环 5、白琯 2、玉琯 1、白玉管 1］；

濊貊 23［秽貊 17、濊貉 2、濊州 2、薉貉 1］

5. 五个变体词形

苜蓿 13［目宿 5、怀风 4、牧宿 3、光风 2、连枝草 2］；

生犀 13［生鲜 4、生犀牛 2、白犀 1、白雍 1、犀］；

蒲陶 22［蒲萄 9、葡萄 4、蒲桃 3、浦桃 1、扑桃 1］；

高句骊 40［高句丽 22、句骊 16、下句骊 5、高骊 4、貊耳 1］；

身毒 47［天竺 47、捐毒 7、天笃 3、天督 2、乾毒 1］；

大鸟 60［大雀 18、大爵 6、条支大雀 3、安息雀 3、大马爵 1］

6. 六个变体词形

鲜卑 370［金犀 9、犀毗 8、师比 4、黄金犀毗 3、犀比 2、胥纰 2］；

白叠 7［答布 6、都布 4、荅布 2、榻布 2、帛叠 1、白叠布 1］

7. 八个变体词形

罽 118［毲 47、毛布 6、氍毹 5、氁 2、毾𣯙 1、甊毿 1、罽毺 1、𣰰 1］；

驼 70［橐驼 25、骆驼 17、封牛 13、橐佗 7、橐它 5、白骆 4、馲驼 4、封橐驼 1］

8. 十一个变体词形

大秦 54［条支 42、海西 40、条枝 11、黎轩 6、秦海 5、犁轩 4、移支 4、犂轩 3、骊轩 3、犁鞬 3、犁鞬鞬 1］

9. 十三个变体词形

匈奴 3652［乌桓 351、东胡 80、山戎 69、猃狁 52、乌丸 45、荤粥 16、猃允 14、玁狁 14、淳维 10、獯粥 7、熏鬻 7、薰粥 5、荤允 2］

附录三 两汉非佛典外来词词价分布

1. 外来词普通词词长价分布

单音节词价：豻、箛、鞬、驼、幕、犀、倿、象

双音节词价：白草 白叠 白环 白琄 白骆 白犀 白蜃 白莬
白鹇 白雉 白越 白珠 班罽 班鱼 鼻饮 比余 比疏 蚌珠 碧鸡
毾𣯙 编发 编结 帛叠 㼂㼆 畅草 邕草 賨幏 賨布 垂棘 吹鞭
持衰 湩酪 重酪 翠鸟 翠羽 樗蒲 楮橪 荅布 荅逯 答布 大狗
大栗 大爵 大雀 大鸟 璹珸 玳瑁 毒冒 蹲林 刀鋋 儋耳 颠歌
狄鞮 雕脚 雕题 兜离 断发 都布 逗落 翡翠 辐辐 封牛 封狐
封兽 封橐 符拔 服匿 扶拔 符枝 服刀 橄榄 共川 关头 贯头
光风 光珠 汗血 黑鹇 黑盐 黑齿 胡床 胡服 胡帐 胡马 胡笛
胡坐 胡麻 胡饼 胡椒 胡箛 胡桐 胡荾 胡桃 胡车 胡舞 虎魄
琥魄 琥珀 狐貉 缓耳 怀风 幻人 驒子 驒貂 火毳 火精 罽褥
罽𣯙 罽绣 罽毺 缣布 幏布 翦发 交址 交趾 江珠 金镂
金缕
金马 金人 径路 駏驉 岠虚 距虚 巨栗 巨虚 罽衣 枸酱 镂鍋

句决 駃騠 坎侯 空侯 箜篌 軻虫 孔爵 孔雀 琅玕 楛矢 髡头
髡发 魁头 荔支 荔枝 灵羊 零羊 离支 留犁 瑠璃 琉璃 龙眼
龙文 露紒 镂体 庐落 庐帐 甗瓹 骡驴 驴骡 骆驼 马瑙 玛瑙
貊弓 旄毡 旄牛 犛牛 牦牛 毛毳 玫瑰 绵布 鸣镝 蜜烛 明珠
貊兽 沐猴 木弓 目宿 苜蓿 瓯脱 区脱 箄船 被发 批把 枇杷
蒲陶 蒲梢 蒲萄 葡萄 蒲桃 浦桃 濮竹 羌笛 琪琉 青顿 青碧
青玉 邛邛 邛笼 蚕蚕 鼲面 穹庐 屈紒 裘褐 鹳鸽 鸲鸽 氍毹
沙漠 若鞮 珊瑚 师比 师子 狮子 石蜜 石砮 生犀 生鲜 麝香
生翠 牲牲 兽居 书革 书记 蜀布 水精 水牛 苏合 苏涂 髢毦
榻布 祖跣 陶涂 駏騄 陶騄 同穴 檀弓 桃拔 天马 騠駃 童牛
通犀 屠耆 铜鼓 涂布 徒跣 徒践 橐它 橐驼 橐佗 魋结 驒騱
駝驼 驒騱 宛马 文甲 文豹 文马 文身 舞天 无弋 犀毗 犀牛
犀角 犀布 歙侯 翕侯 细布 鲜卑 香闠 象齿 象牙 项髻 髐箭
熊子 猩猩 眩人 驯禽 胥纰 驯象 羊羧 迎鼓 鹦鹉 鱼目 野马
驙马 原羊 责祸 毡裘 桢松 真珠 椎髻 椎结 朱丹 侏离 珠玑
竹漆 竹矢 竹簟 竹杖 紫贝 诸香 觜觿 麈麎 劗发 荐马 左衽
爔蠡

三音节词价：安息雀 安石榴 壁珠玑 壁流离 白叠布 白玉琯
白玉管 长尾鸡 大马爵 大宛马 贰师马 独白草 贯头衣 果下马
桃椋木 汗血马 骇鸡犀 诃黎勒 胡空侯 火浣布 黄金涂 角端牛
金缕绣 金缕罽 连环羁 连枝草 流黄簟 明月珠 木弓弩 能言鸟
蒲陶酒 千岁子 千里马 乾河马 邛竹杖 生犀牛 蜀枸酱 水羊毳
水羊毛 苏合香 肃慎矢 乌孙马 五角羊 西极马 夜光璧 小步马
杂色绫 杖邛竹

四音节词价：贰师天马 轻毛毻鸡 兰干细布 条支大雀 西极天马
西北极马

2. 外来词专有名词词长价分布

单音节词价：棘 滇 卢 駼 濊 罽 巂 倭 貊 邛 相 徙
荏

双音节词价：哀牢 安息 安石 安国 奥鞬 白马 白屋 白山
白羊 白狼 白翟 白夷 板楯 百长 阜陵 阜陆 北狄 北女 北戎
鼻息 不周 弁辰 单桓 单于 岑陬 朝鲜 臣智 车师 辰韩 辰国
赤夷 城长 穿胸 赐支 仇犹 淳维 葱极 葱岭 大宛 大秦 大禄

大夏　大荔　儋耳　襜褴　澹林　掸国　当户　氐池　丁令　丁零　丁灵
兜訾　都密　都尉　东鳀　东胡　东鞮　东瓯　东越　东屠　动黏　对卢
方夷　贰师　樊祇　风夷　肥王　伏狄　夫余　凫臾　附墨　高昆　高骊
高附　皋兰　垓首　钩町　隔昆　鬲昆　句骊　狗轵　姑墨　姑师　姑缯
谷蠡　绲戎　骨都　贵霜　奶水　奶塞　海西　韩王　捍弥　旱陆　河云
罕羌　呼揭　呼偈　狐奴　狐胡　黄夷　缓耳　秽貊　濊貊　濊州　薉貉
濊貉　浑窳　浑庾　浑邪　浑耶　荤粥　荤允　混邪　罽宾　交河　焦侥
僬侥　侥夷　监氏　渐将　俭侧　劫国　精绝　拘弥　居次　坚昆　捐毒
狂王　康居　昆邪　昆明　昆弥　昆莫　老白　狼望　乐浪　鳞得　鳞得
黎轩　犛轩　犁鞬　犁轩　骊轩　廉头　林胡　临屯　流沙　龙堆　龙城
笼城　楼兰　楼烦　轮台　鹿蠡　骆越　卢胸　卢山　卢侯　卢水　卢城
庐胸　庐胡　鹿蠡　满离　马韩　满饰　闽粤　绵诸　牦牛　貊耳　南羌
南城　难兜　宁弥　瓯骆　诺水　槃木　盘木　沛者　旁脊　漂沙　皮山
蒲犁　蒱类　蒲饰　蒲类　跂踵　企踵　祁连　耆羌　千长　酋涂　乾当
峭王　且渠　且弥　且居　且末　且冻　沮沫　朐衍　秦海　邛都　畎戎
畎夷　犬戎　犬夷　渠黎　渠勒　渠犁　龟兹　屈射　冉駹　戎卢　戎夷
日逐　嗕种　婼羌　弱水　莎车　杀奚　鄯善　善鄯　山国　山戎　身热
沈氏　尸逐　什长　斯榆　疏勒　双靡　肃慎　索家　逯濮　蹋顿　檀国
台耆　桃槐　谈指　屠各　题王　危须　危项　尉黎　尉头　尉梨　尉犁
条支　条枝　同并　温宿　温禺
温吾　吾西　吾斯　倭国　倭人　沃沮　无雷　乌秅　乌孙　乌垒　乌弋
乌揭　乌氏　乌浒　乌丸　乌鳌　乌戾　乌员　乌桓　扜弥　扜零　扜罙
捍弥　析枝　析支　西瓯　西夜　胅顿　翎侯　翕侯　歙侯　鲜卑　玁犹
猃允　猃狁　薪犁　新黎　象林　小宛　匈奴　休密　休循　休屠　休修
胘雷　县度　悬度　相加　玄夷　玄菟　獯粥　熏鬻　薰粥　牙斯　阏氏
焉耆　焉提　鄢耆　盐泽　奄蔡　延城　姎徒　阳夷　夜郎　依耐　伊吾
伊列　移支　挹娄　义渠　译长　邑借　右渠　优台　扜弥　扜泥　于阗
于寘　于夷　余吾　窳匿　薁鞬　薁鞮　月氏　越巂　身毒　牂河　牂柯
折兰　真番　主簿　子合　莝都　总极

三音节词汇：白狼山　白马氏　白龙堆　白马国　白马羌　禅小王
卑品城　谌离国　赤谷城　葱岭山　赤水羌　大头痛　大当户　大月氏
大昆弥　丹渠谷　弹汗山　兜衔山　当煎羌　当阗羌　都元国　东且弥
东沃沮　兑虚谷　辅国侯　贰师城　夫渠王　高句骊　高句丽　皋林王
句林王　谷蠡王　股奴王　姑且水　桂娄部　灌奴部　骨都侯　广汉羌

郝宿王　贵山城　汗鲁王　呼邀累　呼速累　呼犍谷　呼衍王　煇渠侯
黄支国　稽且王　稽落山　鸡秩山　击胡侯　绝奴部　劫日国　蓝市城
蓝氏城　麟得渠　牢姐羌　累姐羌　犁靬鞬　勒姐羌　龙新犂　卢水羌
卢水胡　卢屠王　鸟飞谷　沐楼山　难完国　内咄谷　宁弥城　蒲类王
蒲昌海　蒲犂谷　蒲类海　祁连山　酋涂王　若苴王　三山国　莎东国
烧当羌　烧何羌　顺奴部　疏榆谷　速邪乌　速濮王　隋立师　肃慎氏
孙胡国　颓当城　涿邪山　屠耆王　屯头王　尉头谷　尉犂城　危须城
温禺犊　温禺鞮　温禹犊　温禹鞮　温犊须　温宿城　温偶騄　倭人国
倭奴国　乌贪国　乌耗国　乌吾羌　乌桓山　乌秅城　务涂谷　武都羌
西沮弥　西祁王　西且弥　下句骊　乡姐羌　鲜卑山　先零羌　消奴部
小水貊　小头痛　小昆弥　燕然山　循鲜城　鄴耆山　焉耆山　焉支山
焉耆国　伊秩訾　伊和谷　伊蠡王　右苴王　右贤王　义渠氏　于大谷
于娄谷　余吾水　越巂羌　郁立师　左贤王　子合王

四音节词价：帛衣先人　卑陆后国　车师前国　车师柳谷
车师山国　大都尉丞　东蒲类王　番渠类谷　傅难种羌
狼居胥山　夫甘都卢　古邹大加　句就种羌　湟中义从　乐越匿地
却胡都尉　蒲类后国　去胡来王　渠类谷国　三木楼山　僮仆都尉
乌贪訾离　乌弋山离　乌桓大人　祝都韩王　致卢儿王　邑卢没国
已程不国　武陵蛮夷　休屠黄石　右千骑将

五音节词价：于林闿顿王　于驎仇掸王　于涂仇掸王　击车师都尉
私渠比鞮海

六音节词价：车师后城长国

3. 姓名、封号、称号词词长价

单音节词价：汗　拔　比　莫　苏　适　檀　兴　贤　宣
双音节词价：安日　安国　阿坚　抱圜　白英　白霸　车利　卑君
成国　淳维　臣盘　臣磐　丞德　鸥靡　大乐　狄牚　东吾　东号　滇吾
滇良　滇岸　弟泽　弟史　句姑　兜题　放前　广德　姑翼　呼征　号吾
绛宾　九隆　离留　良儿　军就　军臣　挛鞮　麻奴　楼班　冒顿　靡忘
迷唐　迷吾　难支　难氏　难楼　泥靡　齐黎　蒲奴　农奇　羌渠　若零
烧当　且种　少夫　駃鞮　师子　素光　头曼　屠墨　唐兜　唐菆　涿兵
涿鞮　唯犁　万年　毋波　乌维　乌延　阳雕　须訾　星靡　优留　犹非
右渠　身毒　则罗　于单
三音节词价：安犁靡　阿罗多　贝色子　不居徵　保苏匿　都隆奇

薄胥堂　雌栗靡　儿单于　兜楼储　呼完厨　呼毒尼　呼厨泉　呼屠徵
呼韩耶　稽侯姍　稽侯狦　稽留昆　驹于利　居车儿　加特奴　军须靡
猎骄靡　末振将　难兜靡　桥塞提　且麋胥　且莫车　苏仆延　檀石槐
屠耆堂　投鹿侯　屯屠何　翁归靡　尉卑大　乌禅幕　乌就屠　乌师庐
乌夷泠　乌夷当　先贤掸　须卜当　刑未央　薰粥氏　伊秩靡　伊酋若
伊奴毒　伊稚斜　元贵靡　尤利多　于扶罗　詹师庐　知牙斯　知牙师
兹力支　雕渠难

四音节词价：车牙单于　当于居次　鞮汗单于　雕陶莫皋
都犁胡次　都涂吾西　句龙吾斯　姑督楼头　呼屠吾斯　老上单于
屠耆单于　囊知牙斯　宁胡阏氏　搜谐单于　乌鞮牙斯　乌达鞮侯
颛渠阏氏　须卜居次　伊墨居次　伊邪莫演　优孤涂奴　郅支单于
铢娄渠堂

五音节词价：呴犁湖单于　句黎湖单于　复株累若鞮　壶衍鞮单于
呼韩邪单于　狐鹿姑单于　乌珠留单于　且鞮侯单于　伊屠知牙师　伊屠
智牙师

六音节词价：车牙若鞮单于　丘浮尤鞮单于　撑犁孤涂单于　握衍朐
鞮单于　搜谐若鞮单于　虚闾权渠单于

七音节词价：丘除车林鞮单于　乌珠留若鞮单于　万氏尸逐鞮单于
醯落尸逐鞮单于　伊屠于闾鞮单于　伊伐于虑鞮单于　伊陵尸逐就单于

八音节词价：胡邪尸逐侯鞮单于　呼兰若尸逐就单于　湖邪尸逐侯鞮
单于　亭独尸逐侯鞮单于　休兰尸逐侯鞮单于　屠特若尸逐就单于　乌稽
侯尸逐鞮单于

附录四　两汉非佛典外来词语义分布

1. 普通词语义分布

动物类语义词：豜　安息雀　白蠹　白菟　白骆　白雉　白犀　白鹇
翠鸟　班鱼　长尾鸡　碧鸡　大马爵　大雀　大宛马　大狗　大鸟　大爵
毒冒　瑇瑁　贰师马　贰师天马　封狐　封牛　封橐驼　封兽　符枝
扶拔　符拔　汗血　汗血马　果下马　诃黎勒　黑鹇　狐貉　胡马　黄门
驸马　𤟪貓　𤟪子　角端牛　岠虚　駏驉　距虚　巨虚　駃騠　轲虫
孔爵　孔雀　龙文　灵羊　零羊　骆驼　骡驴　驴骡　旄牛　牦牛　髦牛

沐猴　貃兽　千里马　能言鸟　乾河马　轻毛毻鸡　蒲梢　蚤蚤　邛邛
鸲鹆　鹦鹆　氍毹　狮子　师子　牲牲　狌狌　生犀　生鲜　生生
生水牛　犀牛　陶涂　陶騄　驹騄　桃拔　条支大雀　驒騄　驒奚　騠駃
天马　童牛　驼　橐佗　橐驼　橐它　馲驼　宛马　文豹　文马　乌孙马
五角羊　西极天马　西极马　西北极马　犀　犀牛　象　猩猩　熊子
驯象　驯禽　小步马　野马　鹦鹉　驎马　原羊　莋马　鱼目　麢麖
觲觸

　　植物类语义词：安石　安石榴　白草　畅草　邑草　苔遳　楉榝
独白草　大栗　橄榄　桃根木　光风　胡麻　胡桐　胡椒　胡桃　胡蓤
目宿　苜蓿　怀风　巨栗　连枝草　离支　荔枝　荔支　龙眼　蒲萄　蒲陶
蒲桃　葡萄　浦桃　濮竹　千岁子　邛竹杖　杖邛竹　苏合　桢松　竹杖
　　珠宝饰品类语义词：白玉琯　白环　白珠　白玉管　白琯　蚌珠
比疏　比余　璧流离　璧珠玑　玳瑁　垂棘　光珠　翠羽　翡翠　琥魄
琥珀　虎魄　骇鸡犀　火精　金马　江珠　狼干　琅玕　瑠璃　琉璃
连环羁　马瑙　玛瑙　明珠　明月珠　玫瑰　琪琈　青碧　青玉　青精
胜　水精　珊瑚　生翠　通犀　犀角　文甲　鑢鍜　玉琯　象齿　象牙
夜光璧　珠玑　真珠　紫贝
　　生活用品类语义词：白叠布　白叠　白越　班罽　帛叠　毳罽　答布
荅布　都布　㲲布　㲲幭　贯头衣　服匿　胡帐　胡床　胡服　胡坐
黄金涂　火毳　火浣布　罽衣　罽绣　罽毹　罽褥　罽毻　缣布　㲲布
金缕罽　金缕绣　金缕　㲲毺　兰干细布　留犁　毛毳　旄毡　绵布
青顿　蜜烛　师比　麝香　蜀布　水羊毳　水羊毛　苏合香　倓　榻布
毻毺　金镂　涂布　犀毗　鲜卑　香罽　犀布　细布　胥纰　羊羧
杂色绫　毡裘　竹漆　朱丹　诸香　流黄簟　爆蠶　竹簟
　　宗教风俗习惯语义词：鼻饮　编发　编结　持衰　错臂　穿耳　蹲林
儋耳　雕脚　雕题　断发　关头　金人　贯头　共川　黑齿　翦发　交阯
交趾　交址　缓耳　魁头　魋结　髠头　髡发　镂体　被发　露紒　裘褐
屈紒　黥面　兽居　书记　苏涂　书革　祖跣　徒践　徒跣　同穴　舞天
文身　项髻　迎鼓　责祸　椎髻　椎结　椎头结　劗发　左衽
　　军事用品类语义词：刀鋋　楛矢　径路　服刀　鸣镝　木弓　木弓弩
貃弓　轻剑　石砮　檀弓　肃慎矢　铜鼓　髐箭　竹矢
　　乐器类语义词：吹鞭　筑　胡笛　胡空侯　胡笳　坎侯　箜篌　空侯
枇杷　批把　羌笛
　　人物类语义词：僰僮　鞮　狄鞮　幻人　无弋　眩人　句决

交通用具语义词：篼船　轒辒　胡车

食品类语义词：胡饼　黑盐　湩酪　重酪　蒲陶酒　石蜜　蜀枸酱枸酱

自然物语义词：沙漠

娱乐行为语义词：颠歌　樗蒲　胡舞

居所类语义词：庐落　庐帐　逗落　邛笼　区脱　瓯脱　穹庐

性质特点语义词：若鞮　兜离　侏离　屠耆

2. 专有名词的语义分布

外国外族名词：安息　安石　哀牢　白羊　白屋　白狼　白夷　白翟　白马氏　白马羌　白马国　白马　卑陆后国　板楯　卑陆　北女　北狄　北戎　弁辰　僰　鼻息　谌离国　单桓　车师前国　车师山国　车师后城　长国　车师都尉国　车师　朝鲜　辰国　辰韩　穿胸　赤水羌　赤夷　淳维　仇犹　赐支　大秦　大月氏　大宛　大夏　襜褴　澹林　儋耳　掸国　当煎羌　当阗羌　滇　丁灵　丁零　丁令　都密　都元国　东鳀　东胡　东鞮　东瓯　东越　东屠　东且弥　东沃沮　动黏　风夷　封羌牢姐　方夷　夫余　夫甘都卢　伏狄　傅难种羌　附墨　高昆　高骊　高附　高句骊　高句丽　隔昆　鬲昆　钩町　句就种羌　句骊　狗轵　姑墨　姑缯　姑师　凫臾　垓首　灌奴部　桂娄部　广汉羌　贵霜　妫塞　绳戎　海西　罕羌　捍弥　狐胡　呼揭　呼偈　旱陆　缓耳　黄支国　黄夷　湟中月氏胡　湟中杂种羌　湟中义从　秽貊　濊州　濊貊　濊　薉貉　濊貉　荤允　浑窳　浑庾　荤粥　罽　罽宾　僬侥　焦侥　侥夷　坚昆　劫日国　劫国　精绝　捐毒　拘弥　康居　昆邪　昆明　绝奴部　牢姐羌　乐浪　累姐羌　勒姐羌　骊靬　黎轩　犁鞬　犂轩　犁靬　犁鞬鞬　林胡　廉头　楼烦　骆越　轮台　龙新薐　楼兰　庐胡　卢水胡　卢水羌　老白　满饰　满离　马韩　牦牛　闽粤　绵诸　駹　貃耳　貃　难完国　难兜　南羌　宁弥　瓯骆　漂沙　旁脊　扑桃　濮达　蒲饰　蒲类　盘木　槃木　蒲犂　蒲类　蒲类后国　皮山　乾当　耆羌　跂踵　且冻　且末　且弥　沮沫　邛邛都　秦海　犬夷　犬戎　畎戎　畎夷　龟兹　渠犁　渠勒　渠类谷国　渠黎　冉駹　屈射　婼羌　嗕种　戎夷　戎卢　三山国　山国　山戎　莎东国　莎车　鄯善　善鄯　烧何羌　烧当羌　摄耳　沈氏　疏勒　顺奴部　肃慎　肃慎氏　斯榆　蠰　邀濮　孙胡国　隋立师　索家　天竺　天督　天鄙　天刚　天笃　条枝　条支　檀国　桃槐　同并　谈指　危项　危须　尉头

尉黎　尉梨　尉犁　温宿　倭国　倭人国　倭奴国　倭　倭人　无雷
沃沮　乌秅　乌揭　乌氏　乌弋　乌丸　乌桓　乌孙　乌浒　乌吾羌
乌贪国　乌耗国　乌弋山离　乌贪訾离　捍弥　扜弥　扜罙　扜零
武陵蛮夷　武都羌　析枝　析支　西瓯　西夜　西且弥　西沮弥　徙
下句骊　胂顿　鲜卑　乡姐羌　先零羌　獂狁　猃狁　猃允　薪犁
新黎　匈奴　小水貊　小宛　玄菟　玄夷　休循　休修　休密　獯粥
熏鬻　薰粥　奄蔡　伊列　夜郎　焉耆国　依耐　移支　已程不国
挹娄　休屠　休屠黄石　义渠　义渠氏　邑借　邑卢没国　扜弥　扜泥
于阗　于夷　于寘　阳夷　郁立师　月氏　越巂羌　越巂　身毒　折兰
真番　笮　子合　牂柯　牂牁　莋都
　　山名专有名词：　白山　白狼山　不周　鸡秩山　葱岭山　葱极
葱岭　弹汗山　兜衔山　大头痛　皋兰　稽落山　狼居胥山　沐楼山
卢山　祁连　祁连山　身热　三木楼山　涿邪山　天山　乌庚　乌桓山
乌鳖　小头痛　县度　悬度　鲜卑山　燕然山　鄢耆山　总极　焉耆山
焉支山
　　水名专有名词：姑且水　妫水　交河　和渠北鞮海　狐奴　卢水
诺水　鱳得渠　蒲类海　弱水　蒲昌海　盐泽　私渠比鞮海　余吾水
　　城地名专有名词:卑品城　卑陵　白龙堆　车师柳谷　赤谷城　大荔
丹渠谷　兜訾　贰师城　贰师　氏池　兑虚谷　呼犍谷　番渠类谷
贵山城　河云　蓝氏城　监氏　蓝市城　乐越匿地　鱳得　鱳得　狼望
龙堆　龙城　笼城　临屯　庐朐　卢城　卢朐　南城　鸟飞谷　内咄谷
宁弥城　朐衍　疏榆谷　蒲犁谷　颓当城　危须城　尉头谷　速邪乌
尉犁城　员渠城　温宿城　乌员　乌秅城　乌垒　务涂谷　消奴部
循鲜城　象林　延城　伊吾　伊和谷　胲䨲　于娄谷　于大谷　余吾
窳匮
　　官名专有名词：奥鞬　安国侯　百长/裨小王　帛衣先人　单于
城长　臣智　东蒲类王　对卢　当户　大禄　大昆弥　大都尉丞　大当户
樊柢　肥王　夫渠王　谷蠡王　皋林王　句林王　股奴王　古邹大加
辅国侯　谷蠡　骨都　骨都侯　韩王　都尉　汗鲁王　郝宿王　呼速累
呼邀累　呼衍王　辉渠侯　浑邪　浑耶　混邪　击胡侯　击车师都尉
稽且王　居次　俭侧　渐将　狂王　昆莫　昆弥　卢侯　卢屠王　鹿蠡
沛者　蒲类王　峭王　且渠　且居　千长　酋涂王　酋涂　双靡　杀奚
去胡来王　却胡都尉　若苴王　日逐　尸逐　什长　速濮王　题王　台耆
屯头王　僮仆都尉　屠耆王　温偶騪　温禺　温禺鞮　温吾　温禺犊

温禺鞮　温禺犊　温犊须　乌桓大人　吾西　吾斯　西祁王　翖侯　翕侯　歙侯　相加　相　小昆弥　阏氏　牙斯　焉耆　焉提　鄢耆　译长　伊蠡王　伊秩訾　优台　姎徒　右贤王　右千骑将　右渠　右苴王　于林闟顿王　于駼仇掸王　于涂仇掸王　奠鞬　奠鞮　祝都韩王　主簿　子合王　致卢儿王　左贤王

人名专有名词：阿罗多　阿坚　安国　安日　安犁靡　白英　白霸拔　保苏匿　抱阗　卑君　贝色子　比　不居徵　薄胥堂　车利　岑陬成国　臣盘　臣磐　淳维　雌栗靡　丞德　大乐　狄拏　鸱靡　弟泽　弟史　雕渠难　雕陶莫皋　滇吾　滇岸　滇良　东号　东吾　句姑　句龙吾斯　姑翼　姑瞀楼头　都犁胡次　都涂吾西　都隆奇　兜楼储　兜题　放前　广德　汗　号吾　呼征　呼完厨　呼毒尼　呼屠徵　呼厨泉　乎韩耶　呼屠吾斯　稽侯姗　稽留昆　稽侯狦　驹于利　加特奴　绛宾　九隆　军就　军须靡　军臣　居车儿　离留　猎骄靡　良儿　挛鞮　楼班　麻奴　迷吾　迷唐　靡忘　冒顿　莫　难兜靡　难楼　难氏　难支　囊知牙斯　泥靡　农奇　桥塞提　齐黎　蒲奴　羌渠　且种　且莫车　且麋胥　若零　少夫　烧当　适　师子　驷鞬　苏　苏仆延　素光　檀石槐　檀唐菆　唐兜　头曼　屠墨　屠耆堂　投鹿侯　屯屠何　涿兵　涿鞮　万年　尉卑大　翁归靡　唯犁　乌维　乌师庐　乌延　乌鞮牙斯　乌达鞮侯　乌禅幕　乌夷泠　乌夷当　乌就屠　毋波　先贤掸　须卜当　贤　兴　星靡　刑未央　须訾　宣　阳雕　伊奴毒　伊稚斜　伊酋若　伊屠知牙师　伊秩靡　伊屠智牙师　伊邪莫演　薰粥氏　优留　优孤涂奴　尤利多　犹非　右渠　于扶罗　于单　身毒　则罗　元贵靡　兹力支　知牙斯　知牙师　詹师庐　铢娄渠堂

称号专有名词：车牙若鞮单于　车牙单于　撑犁孤涂单于　当于居次　鞮汗单于　儿单于　复株累若鞮　句黎湖单于　呴犁湖单于　呼兰若尸逐就单于　湖邪尸逐侯鞮单于　胡邪尸逐侯鞮单于　呼韩邪单于　乎韩邪单于　壶衍鞮单于　呼韩耶　狐鹿姑单于　老上单于　且鞮侯单于　宁胡阏氏　丘除车林鞮单于　丘浮尤鞮单于　搜谐单于　搜谐若鞮单于　屠特若尸逐就单于　亭独尸逐侯鞮单于　屠耆单于　伊屠于闾鞮单于　伊伐于虑鞮单于　伊陵尸逐就单于　伊墨居次　乌珠留若鞮单于　乌珠留单于　乌稽侯尸逐鞮单于　须卜居次　休兰尸逐侯鞮单于　虚闾权渠单于　握衍朐鞮单于　万氏尸逐鞮单于　颛渠阏氏　醓落尸逐鞮单于　郅支单于

附录五　两汉非佛典外来词普通词名词小类分布

1. 表行为事件名词

鼻饮　樗蒲　颠歌　胡舞　编发　编结　穿耳　错臂　持衰　儋耳
蹲林　雕题　雕脚　断发　贯头　共川　关头　缓耳　黑齿　翦发　露紒
被发　镂体　黥面　髡发　髡头　屈紒　兽居　裘褐　书革　书记　同穴
祖跣　徒践　徒跣　魁头　魋结　舞天　文身　项髻　责祸　迎鼓　劗发
椎结　椎髻　椎头结　左衽

2. 表人物名词

僰僮　狄鞮　鞮　幻人　无弋　眩人

3. 表事物名词

白草　白越　白叠布　白叠　安石榴　安息雀　安石　畅草　凼草
苔逻　楉樑　独白草　大栗　橄榄　桃根木　光风　胡麻　胡桐　胡椒
胡桃　胡荾　怀风　巨栗　荔枝　荔支　连枝草　离支　目宿　苜蓿
龙眼　蒲萄　蒲陶　葡萄　蒲桃　浦桃　千岁子　濮竹　桢松　苏合
竹杖　邛竹杖　杖邛竹　邛邛　蛩蛩　白蜃　白骆　白雉　白犀　白菟
白鹇　班鱼　碧鸡　长尾鸡　翠鸟　大狗　大宛马　大马爵　大爵　大鸟
大雀　毒冒　瑇瑁　贰师马　贰师天马　封牛　封兽　封橐驼　封狐
扶拔　符枝　符拔　果下马　汗血　汗血马　黑鹇　诃黎勒　罽子　罽貂
狐貉　胡马　角端牛　巨虚　岠虚　距虚　駏驉　駃騠　轲虫　孔雀
孔爵　灵羊　零羊　龙文　骡驴　骆驼　驴骡　髦牛　牦牛　旄牛　貃兽
沐猴　蒲梢　千里马　能言鸟　轻毛毻鸡　乾河马　鸲鹆　鸓鼬　鹠鸲
牪牪　狿狿　生鲜　生犀　生生　生犀牛　师子　狮子　水牛　陶涂
陶駼　騊駼　桃拔　騠駃　野马　童牛　天马　条支大雀　驼　橐驼
橐他　橐它　驒奚　驒騱　駝驼　文豹　文马　宛马　五角羊　乌孙马
犀牛　犀　西极马　西极天马　西北极马　象　小步马　猩猩　熊子
驯象　驯禽　鹦鹉　原羊　骟马　鱼目　麈麚　苲马　班罽　帛叠　毼毲
苔布　都布　答布　罽幰　罽布　服匿　服刀　贯头衣　胡服　胡床
胡坐　胡帐　黄金涂　火浣布　火毳　罽褥　罽绣　罽毲　罽毺　缣布

嫁布　金缕罽　金缕　兰干细布　氈毼　留犁　旄毡　绵布　毛毳　蜜烛
青顿　蜀布　师比　麝香　水羊毛　水羊毳　氍毹　榻布　偡　苏合香
金鏤　涂布　犀毗　香罽　犀布　鲜卑　胥纸　细布　朱丹　羊羢
杂色绫　毡裘　竹漆　诸香　爆蠡　竹簟　流黄簟　白玉琯　白琯
白珠　白玉管　白环　蚌珠　比疏　比余　玟瑁　璧珠玑　璧流离
翠羽　垂棘　觲觻　光珠　翡翠　骇鸡犀　虎魄　琥魄　琥珀　火精
金马　江珠　豻　琅玕　狼干　连环羁　蒲陶酒　琉璃　瑠璃　玫瑰
马瑙　玛瑙　夜光璧　明月珠　明珠　青玉　青精　青碧　琪琉　珊瑚
苏涂　水精　生翠　胜　罽衣　通犀　鏤锡　文甲　象牙　象齿　犀角
真珠　紫贝　珠玑　金人　径路　刀铤　逗落　楛矢　辒辌　鸣镝　木弓
木弓弩　石磐　肃慎矢　貊弓　枸酱　檀弓　铜鼓　竹矢　髓箭　弧
吹鞭　胡笛　胡空侯　胡笳　胡车　坎侯　空侯　箜篌　批把　枇杷
羌笛　箄船　重酪　湩酪　黑盐　胡饼　石蜜　蜀枸酱　句决　庐落
庐帐　区脱　瓯脱　邛笼　穹庐

附录六　语料库中使用的两汉文献书目①

八家后汉书辑注	［吴·谢承等．周天游辑注］
白虎通义	［汉·班固］
昌言	［汉·仲长统］
春秋繁露	［汉·董仲舒］
大戴礼记	［汉·戴德］
东观汉记校注	［汉·刘珍等．吴树平校注］
法言义疏	［汉·扬雄］
氾胜之书	［汉·氾胜之］
方言校笺	［汉·杨雄．周祖谟校笺］
风后握奇经	［汉·公孙弘］
风俗通义校注	［汉·应劭．王利器校注］

① 韩淑红：《两汉非佛典外来词研究》，吉林大学，博士学位论文，2013 年。文中语例、数据统计主要根据陕西师范大学袁林主持的"汉籍全文检索系统"，共计 3.5 亿字。

海内十洲三岛记	[汉·东方朔]
韩诗外传	[汉·韩婴]
汉官六种	[清·孙星衍等辑]
汉末英雄记	[魏·王粲]
汉书（百纳本）	[汉·班固．颜师古注]
汉杂事秘辛	[汉·佚名]
后汉纪校注	[晋·袁宏．周天游校注]
后汉书（百纳本）	[刘宋·范晔、司马彪、李贤、刘昭注]
华佗神医秘方真传	[汉·华佗]
淮南子	[汉·刘安]
黄石公三略	[汉·黄石公]
金匮要略	[汉·张机]
老子想尔注	[汉·张道陵]
列女传	[汉·刘向]
论衡校释	[汉·王充·黄晖校释]
马王堆汉墓帛书	
前汉纪	[汉·荀悦]
潜夫论笺校正	[汉·王符·汪继培笺．彭铎校正]
琴操	[汉·蔡邕]
全上古三代秦汉魏晋南北朝文·全汉文	[清·严可均辑]
全上古三代秦汉魏晋南北朝文·全后汉文	[清·严可均辑]
全上古三代秦汉魏晋南北朝文·全秦文	[清·严可均辑]
三辅黄图校证	[汉·佚名．陈直校证]
伤寒论	[汉·张机]
申鉴	[汉·荀悦]
史记（百纳本）	[汉·司马迁．三家注]
释名	[汉·刘熙]
睡虎地秦墓竹简	
说苑	[汉·刘向]
四民月令	[汉·崔寔]
素书	[汉·黄石公]
太平经合校	[王明编]

太玄经	［汉・扬雄］
天禄阁外史	［汉・黄宪］
武威汉简	
西京杂记	［汉・刘歆］
献帝春秋	［汉・佚名］
新论	［汉・桓谭］
新书	［汉・贾谊］
新序	［汉・刘向］
新语	［汉・陆贾］
新语校注	［汉・陆贾．王利器校注］
盐铁论	［汉・桓宽］
银雀山汉墓竹简	
张家山汉简二年律令	
赵飞燕外传	［汉・伶玄］
政论	［汉・崔寔］
中论	［汉・徐幹］
忠经	［汉・马融］
周髀算经	

参阅书目

（东汉）班固等撰：《东观汉记》，台湾中华书局 1967 年版。

（东汉）班固：《汉书》，中华书局 1999 年版。

（东汉）王充著，黄晖撰：《论衡校释》，中华书局 1990 年版。

（东汉）王符著，（清）汪继培笺，彭铎校正：《潜夫论笺校正》，中华书局 1985 年版。

（东汉）许慎著，（清）段玉裁注：《说文解字注》，上海古籍出版社 1981 年版。

（东汉）应劭撰，吴树平校释：《风俗通义校释》，天津人民出版社 1980 年版。

（东汉）张仲景撰，（晋）王叔和编，（金）成无己注：《伤寒论注释》，上海古籍出版社 1994 年版。

（东汉）张仲景撰，（清）徐彬注：《金匮要略论注》，上海古籍出版社 1994 年版。

（东汉）赵晔撰：《吴越春秋》，江苏古籍出版社 1999 年版。

（汉）孔安国传，（唐）孔颖达正义：《尚书正义》，中华书局 1980 年版。

（清）孙希旦撰：《礼记集解》，中华书局 1989 年版。

（清）王先谦集解，刘武撰：《庄子集解》，中华书局 1987 年版。

（清）王先谦撰：《荀子集解》，中华书局 1988 年版。

（清）严可均校辑：《全上古三代秦汉三国六朝文》，中华书局 1991 年版。

（宋）郭茂倩撰：《乐府诗集》，中华书局 1979 年版。

（宋）朱熹集注：《楚辞集注》，上海古籍出版社 1979 年版。

（西汉）桓宽著，王利器校注：《盐铁论校注》，古典文学出版社 1958 年版。

（西汉）贾谊著，阎振益、钟夏校注：《新书校注》，中华书局 2000 年版。

（西汉）刘安等著，何宁撰：《淮南子集解》，中华书局 1998 年版。

（西汉）刘向集录，祥雍笺证：《战国策笺证》，上海古籍出版社 2006

年版。

（西汉）刘向著，石光瑛校释：《新序校释》，中华书局 2001 年版。

（西汉）刘向著《古列女传译注》，山东大学出版社 1990 年版。

（西汉）刘向著《说苑》，上海古籍出版社 1990 年版。

（西汉）陆贾著，王利器校注：《新语校注》，中华书局 1986 年版。

（西汉）司马迁著，韩兆琦译注：《史记》，中华书局 2010 年版。

（西汉）扬雄撰，（清）钱绎笺疏：《方言笺疏》，上海古籍出版社 1984
　　年版。

陈奇猷校注：《韩非子集释》，中华书局 1958 年版。

范晔著，王先谦集解：《后汉书集解》，中华书局 1984 年版。

上海师范大学古籍整理组校点：《国语》，上海古籍出版社 1978 年版。

隋树森编辑：《古诗十九首集释》，中华书局 1936 年版。

王明编：《太平经合校》，中华书局 1960 年版。

王文锦译解：《礼记译解》，中华书局 2001 年版。

杨伯峻编著：《春秋左传注》，中华书局 1990 年版。

杨伯峻译注：《论语译注》，中华书局 1980 年版。

杨伯峻译注：《孟子译注》，中华书局 2005 年版。

张双棣等译注：《吕氏春秋译注》，吉林文史出版社 1986 年版。

周振甫译注：《诗经译注》，中华书局 2002 年版。

周祖谟校笺：《尔雅校笺》，科学出版社 1956 年版。

参考文献

［英］戴维·克里斯特尔：《现代语言学词典》，沈家煊译，商务印书馆
　　2000 年版。

［德］哈杜默德·布斯曼：《语言学词典》，陈慧瑛等编译，商务印书馆
　　2003 年版。

［俄］B. B. 科列索夫：《语言与心智》，杨明天译，上海三联书店 2006
　　年版。

［美］拉铁摩尔：《中国的亚洲内陆边疆》，唐晓峰译，江苏人民出版社
　　2005 年版。

［美］萨丕尔：《语言论》，陆卓元译，商务印书馆 1985 年版。

［日］狄原云来等：《汉译对照梵和大辞典》，新文丰出版公司 1979 年版。

［日］实藤惠秀：《中国人留学日本史》，谭汝谦、林启彦译，香港中文大
　　学出版社 1982 年版。

［日］松本文三郎：《佛教史杂考》，许详主译，台北华宇出版社 1984
　　年版。

［瑞士］费尔迪南·德·索绪尔：《普通语言学教程》，高名凯译，商务印
　　书馆 1980 年版。

［苏联］芬克里、巴任诺夫：《现代俄罗斯文学语言》，黑龙江大学编译室
　　译，商务印书馆 1959 年版。

［意］马西尼：《现代汉语词汇的形成——十九世纪汉语外来词研究》，黄
　　河清译，汉语大词典出版社 1997 年版。

白翠琴：《中国历代民族史：魏晋南北朝民族史》，社会科学文献出版社
　　2007 年版。

鲍金华：《论中古时期汉文佛典和中土文献常用词语的差异》，《赤峰学院
　　学报》（哲学社会科学版）2010 年第 10 期。

毕井凌：《浅谈西班牙语中的英语外来词》，《科教导刊》（中旬刊）2011
　　年第 4 期。

蔡镜浩：《〈六度集经〉语词札记》，《古汉语研究》1990 年第 3 期。

蔡镜浩：《佛经翻译与中古汉语二题》，《中国语文》1990 年第 2 期。

蔡镜浩：《魏晋南北朝词语考释》，《中国语文》1985 年第 6 期。

蔡镜浩：《魏晋南北朝翻译佛经中的几个俗语词》，《中国语文》1989 年第 1 期。

曹广顺、遇笑容：《从语言的角度看某些早期译经的翻译年代问题——以〈旧杂譬喻经〉为例》，《汉语史研究集刊》，四川大学出版社 2000 年版。

曹仕邦：《中国佛教译经史论集》，（台湾）东初出版社 1991 年版。

曹顺利：《浅谈佛教在中国发展的四个历史阶段》，《湖南省社会主义学院学报》2000 年第 4 期。

曹炜：《异形词的界定及其与同义词的区别》，《汉语学习》2004 年第 1 期。

曹炜：《再论现代汉语外来词》，《江苏大学学报》2004 年第 1 期。

曹小云：《早期汉译佛经与中古汉语词语溯源》，《合肥师范学院学报》2010 年第 4 期。

岑麒祥：《汉语外来语词典》，商务印书馆 1990 年版。

岑仲勉：《楚辞注要翻案的有几十条》，《中山大学学报》1961 年第 2 期。

长召其、张志毅：《异形词是词位的无值变体》，《语言文字应用》2003 年第 3 期。

陈炳迢：《辞书编纂学概论》，复旦大学出版社 1991 年版。

陈定安：《英汉比较与翻译》，中国对外翻译出版公司 1998 年版。

陈法卫：《汉语借词探讨》，《河北师范大学学报》1958 年第 1 期。

陈建民：《来信和来论》，《词库建设通讯（香港）》1993 年第 1 期。

陈克炯：《〈左传〉复音词初探》，《华中师范学院学报》1978 年第 4 期。

陈练军：《论"壁"的语素化》，《语言科学》2010 年第 4 期。

陈文杰：《东汉译经词语考释》，《古籍整理研究学刊》2005 年第 3 期。

陈晓春：《德语史概述》，上海外语教育出版社 2005 年版。

陈秀兰：《从常用词看魏晋南北朝文与汉文佛典语言的差异》，《古汉语研究》2004 年第 1 期。

陈秀兰：《魏晋南北朝文与汉文佛典语言比较研究》，中华书局 2008 年版。

陈原：《社会与社会生活——社会语言学札记》，生活·读书·新知三联书店 1999 年版。

陈原：《社会语言学》，学林出版社 1983 年版。

陈忠：《汉语借词研究中的几个问题》，《江海学刊》1963 年第 1 期。

程湘清：《〈论衡〉复音词研究》，《两汉汉语研究》，山东教育出版社 1985 年版。

程湘清：《汉语史专书复音词研究》，商务印书馆 2003 年版。

程湘清：《先秦汉语研究》，山东教育出版社 1982 年版。

程晓朝：《〈修行本起经〉与其异译本〈过去现在因果经〉词语比较举隅》，《遵义师范学院学报》2012 年第 5 期。

程依荣：《法语词汇学导论》，外语教学与研究出版社 2002 年版。

持平：《汉语外来词的新发展》，《光明日报》1987 年 4 月 28 日。

持平：《谈谈汉语中的外来语》，《人民日报》1961 年 1 月 8 日。

储文华：《美国英语中的外来词汇》，《抚州师专学报》2001 年第 1 期。

刁晏斌：《广义异形词的发展变化及其趋势》，《乐山师范学院学报》2004 年第 11 期。

刁晏斌：《现代汉语史》，福建人民出版社 2006 年版。

丁福保主编：《佛学大辞典》，文物出版社 1984 年版。

丁证霖：《选收外来词问题的探讨——从晚清著作中选收外来词的体会》，《安徽大学学报》1977 年第 3 期。

董印其：《汉语词汇丰富发展因素探究》，《新疆大学学报》（哲学社会科学版）2004 年第 2 期。

董志翘：《敦煌文书词语考释》，《敦煌研究》1998 年第 1 期。

董志翘：《试论〈洛阳伽蓝记〉在中古汉语词汇史上的语料价值》，《古汉语研究》1998 年第 2 期。

董志翘：《俗语佛源二则》，《语文建设》2011 年第 12 期。

董志翘：《也谈中古汉语词汇研究的推源问题》，《汉语史研究集刊》第一辑，巴蜀书社 1998 年版。

杜建慧：《翻译学概论》，民族出版社 1998 年版。

段观宋：《魏晋南北朝史语词考释》，《湘潭大学学报》1989 年第 1 期。

樊维纲：《乐府民歌词语解释》，《杭州师范学院学报》1988 年第 5 期。

方立天：《佛教与中国传统文化》，《天津社会科学》1989 年第 6 期。

方龄贵：《古典戏曲外来语考释辞典：以源于蒙古语者为主》，汉语大词典出版社 2001 年版。

方龄贵：《元明戏曲中的蒙古语》，汉语大词典出版社 1991 年版。

方一新：《〈大方便佛报恩经〉语汇研究》，《浙江大学学报》（人文社会科学版）2001 年第 5 期。

方一新：《从〈汉语大词典〉看大型历史性语文词典取证举例方面的若干
　　问题》，《汉语史研究集刊·第一辑》，巴蜀书社 1998 年版。

方一新：《东汉六朝佛经词语札记》，《语言研究》2000 年第 2 期。

方一新：《东汉魏晋南北朝史书词语笺释》，黄山书社 1997 年版。

方一新：《东汉语料与词汇史研究当议》，《中国语文》1996 年第 2 期。

方一新：《汉魏六朝翻译佛经释词》，《语言研究》1992 年第 2 期。

方一新：《汉魏六朝俗语词杂释》，《中国语文》1992 年第 1 期。

方一新、高列过：《从佛教词语考辨〈大方便佛报恩经〉的时代》，《浙江
　　大学学报》（人文社会科学版）2012 年第 3 期。

方一新、高列过：《东汉疑伪佛经的语言学考辨研究》，人民出版社 2012
　　年版。

方一新、高列过：《海外学者对东汉可疑佛经的考辨》，《浙江外国语学院
　　学报》2011 年第 2 期。

方一新、郭晓妮：《近十年中古汉语词汇研究的回顾与展望》，《古汉语
　　研究》2010 年第 3 期。

方一新、王云路：《读〈佛典与中古汉语词汇研究〉》，《古汉语研究》
　　1994 年第 1 期。

冯承钧、陆峻岭：《西域地名增订本》，中华书局 1955 年版。

冯凭：《词价值概念研究》，中央文献出版社 2007 年版。

冯契、傅季重：《哲学大辞典：逻辑学卷》，上海辞书出版社 1988 年版。

冯寿忠：《外来词用字（或字母）的读音规范》，《潍坊学院学报》2003
　　年第 3 期。

冯雪冬：《汉语"衣""裳""裙""裤"之历史演变》，《理论界》2012
　　年第 1 期。

符淮青：《汉语词汇学史》，安徽教育出版社 1996 年版。

符淮青：《现代汉语词汇》，北京大学出版社 1985 年版。

傅永和：《关于异形词的规范问题》，《中国语文》1985 年第 1 期。

高更生：《谈异体词整理》，《中国语文》1966 年第 1 期。

高更生：《再谈异体词整理》，《语文建设》1993 年第 6 期。

高列过：《东汉佛经的特殊语言现象及成因》，《西域研究》2005 年第
　　1 期。

高名凯：《语言论》，商务印书馆 2011 年版。

高名凯、刘正埮：《现代汉语外来词研究》，文字改革出版社 1958 年版。

高桥弥守彦、习聿:《评〈汉语外来词词典〉》,《辞书研究》1987 年第 5 期。

高燕:《汉语外来词五十年研究》,《松辽学刊》2002 年第 1 期。

高子荣、张应德:《意译词是外来词吗》,《语文学习》1958 年第 3 期。

葛本仪:《现代汉语词汇》,山东人民出版社 1975 年版。

苟芳琴:《汉语外来词的产生原因、范围类型及其规范》,《社会纵横》2004 年第 3 期。

顾江禾、黄克琴:《德语外来词刍议》,《四川外国语学院学报》1995 年第 3 期。

顾久:《六朝法帖词语小释》,《贵州师范大学学报》1988 年第 4 期。

顾满林:《〈现代汉语词典〉中的佛源外来词》,《语文知识》2008 年第 3 期。

顾满林:《从早期汉文佛经看"塔"的产生时代》,《中国语文》2004 年第 1 期。

郭定泰:《俄语外来语词典述评》,《辞书研究》1993 年第 4 期。

郭伏良:《新中国成立以来汉语词汇发展变化研究》,河北大学出版社 2001 年版。

郭剑英:《一个世纪以来的汉语外来词研究》,《郴州师范高等专科学校学报》2003 年第 1 期。

郭朋:《汉魏两晋南北朝佛教》,齐鲁书社 1986 年版。

郭在贻:《〈汉书〉札记》,《杭州大学学报》1979 年第 1、2 期。

郭在贻:《读江蓝生〈魏晋南北朝小说词语汇释〉》,《中国语文》1989 年第 3 期。

郭在贻:《六朝俗语词杂释载〈训诂丛稿〉》,上海古籍出版社 1985 年版。

郭在贻:《魏晋南北朝史书语词琐记》,《古汉语研究》1990 年第 3 期。

韩淑红:《汉语外来词的历史分期研究》,《哈尔滨师范大学学报》2012 年第 3 期。

韩淑红:《汉语外来词研究论略》,《宁夏社会科学》2014 年第 6 期。

韩淑红:《汉语专科词典视角下的两汉外来词变体研究》,《鲁东大学学报》(哲学社会科学版) 2021 年第 1 期。

韩淑红:《两汉词汇新质引进动因考察》,《北方论丛》2013 年第 5 期。

韩淑红:《英源外来词语音汉化途径研究》,《鲁东大学学报》(哲学社会科学版) 2012 年第 1 期。

何涛:《德语中的外来词:流变与规范》,《北京第二外国语学院学报》

1998 年第 1 期。

何涛：《德语中外来词的演变与规范》，《首都师范大学学报》1998 年第
2 期。

何亚南：《〈后汉书〉词语札记》，《南京师范大学学报》1994 年第 4 期。

何亚南：《汉译佛经与后汉词语例释》，《古汉语研究》1998 年第 1 期。

何亚南：《中古汉语词汇通释两则》，《中国语文》1999 年第 6 期。

何云：《读佛教书做明白人》，《佛教文化》1996 年第 1 期。

贺文照：《汉语意译外来词归属问题探讨》，《安庆师范学院学报》2000
年第 3 期。

贺又宁：《对"外来词"的再审视》，《贵州师范大学学报》2001 年第
3 期。

侯敏：《异形词的规范问题》，《语文建设》1992 年第 3 期。

胡敕瑞：《〈论衡〉和东汉佛典词语比较研究》，巴蜀书社 2002 年版。

胡敕瑞：《〈行般若经〉与其汉文异译的互校》，《汉语史学报：第 4 辑》，
上海古籍出版社 2005 年版。

胡敕瑞：《从〈论衡〉与东汉佛典三音词语的比较看东汉词汇的发展》，
《语言学论丛：第 25 辑》，商务印书馆 2005 年版。

胡敕瑞：《略论汉文佛典异译在汉语词汇研究上的价值——以"小品般
若"汉文异译为例》，《古汉语研究》2004 年第 3 期。

胡继明：《〈广雅〉名词基本词汇及其发展演变》，《重庆广播电视大学学
报》2012 年第 3 期。

胡开宝：《汉外语言接触研究近百年：回顾与展望》，《外语与外语教学》
2006 年第 5 期。

胡开宝：《英汉词典历史文本与汉语现代化进程》，上海译文出版社 2005
年版。

胡明扬、谢自立、梁式中：《词典学概论》，中国人民大学出版社 1987 年版。

胡湘荣、肖小敏：《佛经语词选释》，《古汉语研究》1992 年第 4 期。

胡晓清：《外来语》，新华出版社 1998 年版。

胡行之：《外来语辞典》，上海天马书店 1936 年版。

胡艳津：《中日外来词的对比研究》，《文学教育》2010 年第 3 期。

胡以鲁：《论译名》，《庸报》1914 年第 26、27 合刊。

胡竹安：《〈法显传〉词语札记》，《语文研究》1986 年第 4 期。

黄河清：《汉语外来影响词》，《词库建设通讯（香港）》1995 年第 7 期。

黄丽芳：《漫谈当今外来词的吸收与规范》，《修辞学习》1995 年第 2 期。

黄兴涛：《近代中国汉语外来词的最新研究——评马西尼〈现代汉语词汇的形成〉》，《开放时代》1999 年第 5 期。

黄征：《魏晋南北朝俗语词考释》，《杭州大学学报》1990 年第 3 期。

黄征：《魏晋南北朝语词零札》，《中国语文》1993 年第 3 期。

黄志强：《西周、春秋时代汉语构词法概论》，《求是学刊》1986 年第 3 期。

黄智显：《浅谈汉语的借词》，《汉语学习》1988 年第 5 期。

季琴：《〈大正藏〉中〈大明度经〉校勘札记》，《淮北师范大学学报》（哲学社会科学版）2012 年第 5 期。

季琴：《佛经词语札记》，《湖南大学学报》（社会科学版）2004 年第 1 期。

季羡林：《论中印文化交流》，新世界出版社 2006 年版。

季羡林：《吐火罗语的发现与考释及其在中印文化交流中的作用》，《语言研究》1956 年第 1 期。

季羡林：《原始佛教的语言问题》，中国社会科学出版社 1985 年版。

季羡林：《再谈浮屠与佛》，《历史研究》1990 年第 2 期。

江慧：《名词"水"的形成发展中的认知理论及文化意蕴》，《襄阳职业技术学院学报》2018 年第 1 期。

江蓝生：《魏晋南北朝小说词语汇释》，语文出版社 1988 年版。

江蓝生：《魏晋南北朝小说词语札记》，《字词天地》1983 年第 1 期。

姜黎黎：《古代汉语同素异序词研究综述》，《江苏大学学报》（人文社会科学版）2009 年第 3 期。

姜明磊：《汉语外来词多译并存问题初探》，《柳州职业技术学院学报》2003 年第 1 期。

蒋礼鸿：《敦煌变文字义通释》，上海古籍出版社 1988 年版。

蒋礼鸿：《敦煌文献语言词典》，杭州大学出版社 1994 年版。

蒋绍愚：《古汉语词汇纲要》，北京大学出版社 1989 年版。

蒋绍愚：《近代汉语研究概况》，北京大学出版社 1994 年版。

蒋绍愚：《近十年近代汉语研究的回顾与前瞻》，《古汉语研究》1998 年第 4 期。

蒋宗许：《〈世说新语校笺〉札记》，《古汉语研究》1992 年第 2 期。

蒋宗许：《六朝语词杂释》，《四川大学学报》1992 年第 3 期。

焦毓梅：《浅谈汉译佛经外来词的汉语化》，《社会科学家》2006 年第 4 期。

居兰坚、杨超：《关于外来词和外来词词典的一些想法》，《辞书研究》
　　2007 年第 2 期。

孔祥珍：《〈金刚经〉外来词汇研究》，《理论月刊》2008 年第 12 期。

雷汉卿：《禅籍方俗词研究》，巴蜀书社 2010 年版。

黎昌友、彭金祥：《现代普通语言学理论研究》，电子科技大学出版社
　　2009 年版。

李春琳：《现代汉语外来词的构词理据》，《新疆师范大学学报》（哲学社
　　会科学版）2003 年第 3 期。

李菲、张美兰：《1995—2015 年汉语常用名词历时兴替演变研究述评》，
　　《海外华文教育》2018 年第 4 期。

李慧玲：《英语外来词规范问题的思考》，《广西民族学院学报》2006 年
　　第 3 期。

李乐毅：《现代汉语外来词的统一问题》，《语文建设》1990 年第 2 期。

李连伟：《外来词异形形式及其规范》，《吉林广播电视大学学报》2009
　　年第 5 期。

李缃艳：《佛经词语考释三则》，《古汉语研究》2010 年第 2 期。

李树辉：《吐鲁番地名 Bujluq（葡萄沟）探源——兼谈葡萄种植技术的东
　　传》，《西域研究》2002 年第 3 期。

李维琦：《佛经词语汇释》，湖南师范大学出版社 2004 年版。

李维琦：《佛经释词》，岳麓书社 1993 年版。

李维琦：《佛经释词三续》，《古汉语研究》2012 年第 1 期。

李维琦：《佛经续释词》，岳麓书社 1999 年版。

李维琦：《考释佛经中疑难词语例说》，《湖南师范大学学报》2003 年第
　　4 期。

李维琦：《试论佛典翻译对中古汉语词汇发展的若干影响》，《中国语文》
　　1992 年第 4 期。

李文祥：《古汉语中名词用如动词的主要鉴别方法》，《零陵师专学报》
　　1987 年第 2 期。

李行健、余志鸿：《现代汉语异形词研究》，上海辞书出版社 2005 年版。

李行健主编：《中国语言学年鉴（1992）》，语文出版社 1992 年版。

李行健主编：《中国语言学年鉴（1993）》，语文出版社 1993 年版。

李行健主编：《中国语言学年鉴（1994）》，语文出版社 1994 年版。

李彦洁：《汉语外来词的本土化认同度》，《河北大学学报》2010 年第
　　4 期。

李远杰：《佛教的特质与现代意义》，《中华文化论坛》2000 年第 2 期。

李宗江：《汉语常用词演变研究》，汉语大词典出版社 1999 年版。

梁晓虹：《佛家语与哲学名词》，《九江师专学报》1990 年第 4 期。

梁晓虹：《佛教词语的构造和汉语词汇的发展》，北京语言学院出版社
　　1994 年版。

梁晓虹：《佛经翻译对现代汉语吸收外来词的启迪》，《语文建设》1992
　　年第 3 期。

梁晓虹：《汉魏六朝佛经意译词初探》，《语言研究》1987 年第 1 期。

梁晓虹：《汉魏六朝译经对汉语词汇双音化的影响》，《南京师大学报》
　　1991 年第 2 期。

梁晓虹：《汉译佛经与汉语辞书》，《辞书研究》1990 年第 1 期。

梁晓虹：《汉译佛经中的比喻造词》，《暨南学报》1991 年第 2 期。

梁晓虹：《汉语成语与佛教文化》，《语言文字应用》1993 年第 1 期。

梁晓虹：《简论佛教对汉语的影响》，《汉语学习》1992 年第 6 期。

梁晓虹：《论佛教词语对汉语词汇宝库的扩充》，《杭州大学学报》1994
　　年第 4 期。

林干：《匈奴通史》，人民出版社 1986 年版。

林连通、顾士熙：《中国语言学年鉴（1994—1997）》，语文出版社 2002
　　年版。

林梅村：《汉唐西域与中国文明》，文物出版社 1998 年版。

林美玲：《试论意译词的归属——以汉译佛经中的意译词为例》，《湖州师
　　范学院学报》2003 年第 4 期。

刘百顺：《〈三国志〉词语释义》，《西北大学学报》1989 年第 1 期。

刘长庆、王桂琴：《论我国早期的佛经翻译特点——从东汉到西晋》，《襄
　　樊学院学报》2006 年第 4 期。

刘坚：《20 世纪中国语言学》，北京大学出版社 1998 年版。

刘瑞明：《〈世说新语〉词语札记》，《古汉语研究》1990 年第 1 期。

刘瑞明：《〈世说新语〉语词释义》，《语言研究》1990 年第 2 期。

刘叔新：《汉语描写词汇学》，商务印书馆 1990 年版。

刘叔新：《语言学和文学的牵手刘叔新自选集》，南开大学出版社 2004
　　年版。

刘喜印：《意译不是外来语》，《中国语文》1958 年第 6 期。

刘祥清：《音译的历史、现状及其评价》，《中国科技翻译》2008 年第
　　2 期。

刘哲：《谈"理据"》，《解放军外国语学院学报》2000 年第 7 期。

刘正埮：《〈汉语外来词辞典〉的序言》，《辞书研究》1981 年第 3 期。

刘正埮：《关于编纂汉语外来词词典的一些问题》，《辞书研究》1979 年第 1 期。

刘正埮、高名凯、麦永乾、史有为：《汉语外来词词典》，上海辞书出版社 1984 年版。

刘志生：《东汉碑刻同素异序形容词考察》，《惠州学院学报》2009 年第 2 期。

刘宗和等：《日语与日本文化》，湖南教育出版社 1999 版。

柳诒徵：《中国文化史》，上海古籍出版社 2001 年版。

龙国富：《姚秦译经助词研究》，湖南师范大学出版社 2004 年版。

卢巧琴：《论同经异译的语言学价值》，《中南大学学报》（社会科学版）2008 年第 1 期。

卢苇：《中外关系史》，兰州大学出版社 1996 年版。

陆粲、顾起元：《庚己编·客座赘语》，中华书局 2007 年版。

陆经生：《阿拉伯语对西班牙语的影响》，《阿拉伯世界》1988 年第 1 期。

陆经生：《西班牙语词汇的异体现象探讨》，《外国语》1989 年第 5 期。

吕澂：《中国佛学源流略讲》，中华书局 1979 年版。

吕叔湘：《吕叔湘文集（第四卷）》，商务印书馆 1992 年版。

吕叔湘、江蓝生：《近代汉语指代词》，学林出版社 1985 年版。

吕一飞：《胡族习俗与隋唐风韵——魏晋北朝少数民族及其风俗对隋唐的影响》，书目文献出版社 1994 年版。

罗常培：《语言与文化》，语文出版社 1989 年版。

罗聿言：《试论现代汉语"新借形词"》，《语言文字应用》2000 年第 4 期。

罗智丰：《〈菩萨本缘经〉口语词考释》，《乐山师范学院学报》2006 年第 8 期。

骆晓平：《"猪"的来源与"猪""豕"的兴替》，《湖北民族学院学报》（社会科学版）1996 年第 3 期。

骆晓平、汪维辉：《汉魏六朝词语杂释》，《语言研究》1990 年第 2 期。

骆晓平、汪维辉：《汉魏六朝语词札记》，《古汉语研究》1992 年第 1 期。

马景仑：《汉语通论》，江苏古籍出版社 2002 年版。

马兰芳：《英语中外来词研究》，《天中学刊》2003 年第 6 期。

马猛、贾俟萌：《韩国语外来语的特点》，《长春师范学院学报》（人文社会科学版）2006 年第 9 期。

马永利：《外来异形词的规范》，《沈阳师范大学学报》（社会科学版）2008 年第 3 期。

梅家驹：《专科词典的系统性》，上海市辞书学会编《辞书论集》，知识出版社 1987 年版。

梅家驹等：《同义词词林》，上海辞书出版社 1983 年版。

孟万春：《佛教与汉语外来词研究》，《江淮论坛》2010 年第 2 期。

米春、贾德江：《词价值视角下异质翻译的历时性探讨》，《湖南科技学院学报》2009 年第 8 期。

潘允中：《汉语词汇史概要》，上海古籍出版社 1989 年版。

潘允中：《鸦片战争以前汉语中的借词》，《中山大学学报》1957 年第 3 期。

裴金伟、魏海艳：《浅谈官方制度用语对通用语言的影响——以"站"与"驿"为例》，《嘉应学院学报》2009 年第 2 期。

彭明权：《汉字合体化与汉语词汇复音化》，《青海师专学报》2008 年第 2 期。

彭杨莉：《佛教汉语词汇研究述评》，《华中人文论丛》2011 年第 2 期。

钱群英：《魏晋南北朝佛经词语考释》，《浙江大学学报》（人文社会科学版）1999 年第 6 期。

裘锡圭：《谈谈"异形词"这个术语》，《语言文字周报》2002 年 11 月 20 日。

任付标、谷红霞：《描写与规定：关于外来词的思考》，《商丘师专学报》1999 年第 5 期。

任继愈：《佛教大辞典》，江苏古籍出版社 2002 年版。

任继愈：《中国佛教史》，中国社会科学出版社 1951 年版。

任平：《二王书札释词》，《杭州大学学报》1988 年增刊。

荣新江、李孝聪：《中外关系史：新史料与胡商文书》，科学出版社 2004 年版。

尚学图书编：《国语大辞典》，日本：株式会社小学馆，昭和 56 年。

邵荣芬：《评〈现代汉语外来词研究〉》，《中国语文》1958 年第 7 期。

沈国威：《近代日中语汇交流史》，东京：上笠间书院 1994 年版。

沈家煊：《词义与认知——〈从词源学到语用学〉评介》，《外语教学与研究》1997 年第 3 期。

史存直：《汉语词汇史纲要》，华东师范大学出版社 1989 年版。

史大丰：《〈官场现形记〉的外来词研究》，《山东省青年管理干部学院报》2009 年第 1 期。

史光辉：《"乙密"补释》，《贵州文史丛刊》2011 年第 4 期。

史光辉：《常用词"矢、箭"的历时替换考》，《汉语史学报》2004 年。

史光辉：《东汉汉译佛经词语例释》，《贵州师范大学学报》（社会科学版）2006 年第 6 期。

史光辉：《谈早期汉译佛经在大型语文辞书编纂方面的价值——以东汉支娄迦谶〈道行般若经〉为例》，《浙江学刊》2003 年第 5 期。

史有为：《汉语外来词》，商务印书馆 2000 年版。

史有为：《外来词，两种语言文化的融合》，《汉语学习》1991 年第 6 期。

史有为：《外来词：异文化的使者》，上海辞书出版社 2004 年版。

史有为：《外来词研究的十个方面》，《语文研究》1991 年第 1 期。

史有为：《外来词研究之回顾与思考》，《语文建设》1992 年第 11 期。

史有为：《外来的"外来语"及其他》，《词库建设通讯（香港）》1995 年第 7 期。

史有为：《新华外来词词典》，商务印书馆 2019 年版。

史有为：《异文化的使者——外来词》，吉林教育出版社 1991 年版。

释慧琳：《一切经音义》，上海古籍出版社 2008 年版。

舒化龙：《汉语发展史略》，内蒙古教育出版社 1983 年版。

舒肖：《来自佛教的汉语借词》，《语文园地》1983 年第 3 期。

宋传伟：《汉、俄语外来词数量悬殊的原因初探》，《福建外语》1997 年第 4 期。

宋新潮：《匈奴文化及其对两汉的影响》，《中央民族大学学报》1994 年第 1 期。

苏金智：《论当前汉语外来词规范的原则》，《辞书研究》2002 年第 3 期。

苏向丽：《词价研究与汉语国际教育基础词汇表的优化——以〈词汇大纲〉与〈等级划分〉为例》，《语言教学与研究》2012 年第 4 期。

苏向丽、李如龙：《词价研究与汉语词汇知识的深度习得》，《语言文字应用》2011 年第 2 期。

苏新春：《词汇计量及实现》，商务印书馆 2010 年版。

苏新春：《文化的结晶：词义》，吉林教育出版社 1994 年版。

苏新春：《再论异形词规范的俗成性原则——谈异形词规范中的三个问题》，《语言文字应用》2002 年第 2 期。

孙常叙：《汉语词汇》，吉林人民出版社 1956 年版。

孙汉军：《俄语外来词研究》，《外语与外语教学》2002 年第 11 期。

孙力平：《词库建设二论》，《词库建设通讯（香港）》1993 年第 2 期。

孙秀青：《〈玄应音义〉疑难词释疑》，《学术探索》2012 年第 3 期。

孙雅平、李小军：《"永远"的词汇化及其相关问题考察》，《牡丹江师范学院学报》（哲学社会科学版）2016 年第 5 期。

孙延璋：《现代汉语外来词初探》，《吉林大学社会科学学报》1984 年第 6 期。

孙永兰：《汉语词汇双音节化的原因及其作用》，《昭乌达蒙族师专学报》（汉文哲学社会科学版）1996 年第 2 期。

台湾中华书局股份有限公司、美国大英百科全书公司：《简明大英百科全书：中文版 13》，台北：中华书局 1989 年版。

太田辰夫、江蓝生：《〈生经·舅甥经〉语词札记》，《语言研究》1989 年第 1 期。

汤用彤：《汉魏两晋南北朝佛教史》，中华书局 1983 年版。

汤志祥：《汉语词汇的"借用"和"移用"及其深层社会意义》，《语言教学与研究》2004 年第 5 期。

唐彦：《谈俄语外来词的引进与规范》，《湖南文理学院学报》（社会科学版）2007 年第 1 期。

唐钰明：《〈六度集经〉词语例释》，《古汉语研究》1995 年第 1 期。

唐钰明：《汉译佛典语文中原典影响初探》，《中国语文》1993 年第 5 期。

唐钰明：《利用佛经材料考察汉语词汇语法史札记》，《中山大学学报》1993 年第 4 期。

唐钰明：《论佛教词语对汉语词汇宝库的扩充》，《杭州大学学报》1994 年第 4 期。

唐元发：《汉语复音化成因再思考》，《浙江工业大学学报》（社会科学版）2008 年第 3 期。

唐子恒：《汉大赋双音词初探》，《福建论坛》（文史哲版）2000 年第 5 期。

唐子恒：《也谈汉语词复音化的原因》，《文史哲》2004 年第 6 期。

唐作藩：《上古音手册》，江苏人民出版社 1982 年版。

田宝新：《当代俄语中外来词的现状与问题》，《中国俄语教学》1998 年第 1 期。

田惠刚：《汉语"外来词"概念界定献疑》，《词库建设通讯（香港）》1993 年第 2 期。

汪榕培、卢晓娟：《英语词汇学教程》，上海外语教育出版社 1997 年版。

汪维辉：《〈汉语大词典〉一、二、三卷读后》，《中国语文》1991 年第 4 期。

汪维辉：《〈世说新语〉"如馨地"再讨论》，《古汉语研究》1996 年第 4 期。

汪维辉：《〈中古汉语语词例释〉读后》，《语言研究》1994 年第 2 期。

汪维辉：《东汉—隋常用词演变研究》，南京大学出版社 2001 年版。

汪维辉：《先唐佛经札记六则》，《中国语文》1997 年第 2 期。

汪祎：《从同经异译看"叉手"一词的确义》，《大庆师范学院学报》2005 年第 1 期。

王艾录：《论汉语复合词的语言价值》，《盐城师范学院学报》（人文社会科学版）2008 年第 6 期。

王艾录、司富珍：《语言理据研究》，中国社会科学出版社 2002 年版。

王宝珠：《古汉语复音词研究综述》，《现代语文》2006 年第 8 期。

王冰：《三十年来国内汉译佛经词汇研究述评》，《华夏文化论坛》2011 年第 6 期。

王东风：《文化认同机制假说与外来概念引进》，《中国翻译》2002 年第 7 期。

王东明：《〈史记〉中的外来词》，《西安外国语学院学报》1995 年第 2 期。

王恩圩：《具有开拓意义的〈汉语外来词词典〉》，《语文导报》1986 年第 6 期。

王福祥、吴汉樱：《英汉、俄汉现代语言学词汇》，外语教学与研究出版社 2008 年版。

王汉生：《现代汉语实用教程》，中国科学技术大学出版社 2009 年版。

王珏：《汉语中日语借词散论》，《汉语研究论集·第一辑（三)》，语文出版社 1992 年版。

王力：《汉语词汇史》，商务印书馆 1993 年版。

王力：《汉语史稿》，中华书局 1980 年版。

王力：《王力论学新著》，广西人民出版社 1983 年版。

王力：《序·向熹·诗经词典》，四川人民出版社 1986 年版。

王立达：《从构词法上辨别不了日语借词——和张应德同志商讨汉语里日语借词问题》，《中国语文》1958 年第 9 期。

王立达：《现代汉语中从日语借来的词汇》，《中国语文》1958 年第 2 期。

王绍峰：《初唐佛典词汇研究》，安徽教育出版社 2004 年版。

王铁琨：《汉语新外来语的文化心理透视》，《汉语学习》1993 年第 1 期。

王维晓：《从形成和发展的角度看英语词汇中的外来词》，《社科纵横》
　　2006 年第 4 期。

王小莘、魏达纯：《〈颜氏家训〉中联合式双音词的词义构成论析》，《广
　　西大学学报》1994 年第 6 期。

王彦坤：《古籍异文研究》，广东高等教育出版社 1993 年版。

王毅力：《从〈法句譬喻经〉看〈汉语大词典〉的若干阙失》，《淮北师
　　范大学学报》（哲学社会科学版）2011 年第 5 期。

王毅力：《从词语角度看〈大比丘三千威仪〉的翻译年代》，《西南交通大
　　学学报》（社会科学版）2011 年第 5 期。

王云路：《〈太平经〉词语诠释》，《语言研究》1995 年第 1 期。

王云路：《〈太平经〉释词》，《古汉语研究》1995 年第 1 期。

王云路：《汉魏六朝语言研究与辞书编纂》，《辞书研究》1992 年第 3 期。

王云路：《试论外族文化对中古汉语词汇的影响》，《语言研究》2004 年
　　第 3 期。

王云路：《谈谈词缀在古汉语构词法中的地位》，《汉语史研究集刊》（第
　　一辑），巴蜀书社 1998 年版。

王云路：《中古汉语常用词研究漫谈》，《中古近代汉语研究》（第一辑），
　　上海教育出版社 2000 年版。

王云路：《中古汉语词汇史》，商务印书馆 2010 年版。

王云路：《中古诗歌附加式双音词举例》，《中国语文》1999 年第 5 期。

王云路、方一新：《中古汉语语词例释》，吉林教育出版社 1992 年版。

魏德胜：《古汉语中名词的结构义》，《河南大学学报》（社会科学版）
　　1998 年第 1 期。

魏慧萍：《汉语外来词素初探》，《汉语学习》2002 年第 1 期。

魏志成：《英汉语比较导论》，上海外语教育出版社 2003 年版。

吾三省：《语文小札》，学林出版社 1989 年版。

吴传飞：《论汉语外来词分类的层级性》，《语文建设》1999 年第 4 期。

吴光正等：《异质文化的碰撞》，黑龙江人民出版社 2009 年版。

吴国忠：《古汉语名词的特指意义》，《求是学刊》1987 年第 6 期。

吴金华：《佛经译文中的汉魏六朝语》，《词零拾语言研究集刊》，江苏教
　　育出版社 1988 年版。

吴金华：《三国志校诂》，江苏古籍出版社 1990 年版。

吴金华:《世说新语考释》,安徽教育出版社 1997 年版。

吴丽坤:《俄罗斯术语学探究》,商务印书馆 2009 年版。

吴汝钧:《佛教大辞典》,商务印书馆国际有限公司 1995 年版。

吴世雄:《关于"外来概念词"研究的思考》,《词库建设通讯(香港)》1995 年第 7 期。

吴世雄:《关于"外来概念词"研究的再思考》,《词库建设通讯(香港)》1997 年第 11 期。

吴思聪:《汉语外来词对汉语词汇系统的影响》,《云南师范大学学报》2003 年第 3 期。

吴欣:《"听从"与"从听"辨析》,《长春师范学院学报》2010 年第 6 期。

吴泽顺:《〈百喻经〉复音词研究》,《吉首大学学报》1987 年第 1 期。

伍铁平:《普通语言学概要》,高等教育出版社 1993 年版。

武安隆:《文化的抉择与发展——日本吸收外来文化史说》,天津人民出版社 1993 年版。

武占坤、王勤:《现代汉语词汇概要》,内蒙古人民出版社 1983 年版。

夏正标:《德语中的书写变体现象》,《现代外语》1992 年第 2 期。

夏正标、徐聪:《外来文化的影响——德语外来词的特征》,《德国研究》2002 年第 2 版。

香港中国语文学会词库工作组:《香港中国语文学会"外来概念词词库"总说明》,《词库建设通讯(香港)》1993 年第 1 期。

向荣:《建国后汉语外来语研究述评》,《理论月刊》2005 年第 9 期。

向熹:《简明汉语史》,高等教育出版社 1993 年版。

向熹:《诗经语言研究》,四川人民出版社 1987 年版。

辛岛静志:《东汉六朝佛经词语札记》,《语言研究》2000 年第 2 期。

辛岛静志:《汉译佛典的语言问题》,《古典文献与文化论丛》,杭州大学出版社 1999 年版。

辛岛静志:《汉译佛典的语言研究》,《俗语言研究》,中日禅籍俗语言研究会 1997 年版。

辛岛静志:《早期汉译佛教经典所依据的语言(许文堪译)》,《汉语史研究集刊仁》,巴蜀书社 2007 年版。

辛红娟、唐丽婷:《汉语音译外来词的文化分析》,屠国元《外语·翻译·文化第七辑》,湖南人民出版社 2008 年版。

徐朝华:《上古汉语词汇史》,商务印书馆 2003 年版。

徐枫：《外国语言文学与文化研究》，云南大学出版社 2008 年版。

徐珺：《编纂外来语词典的若干问题初探》，《外语研究》1997 年第 2 期。

徐琳等：《〈祖堂集〉佛教称谓词语研究》，四川大学出版社 2010 年版。

徐通锵：《历史语言学》，商务印书馆 1991 年版。

徐文堪：《略论佛教汉语研究和词典编纂》，《传统中国研究集刊》
　　2006 年。

徐文堪：《外来语古今谈》，语文出版社 2005 年版。

徐学会：《外来词在报刊中的使用与规范问题摭谈》，《浙江教育学院学
　　报》2003 年第 6 期。

徐震：《〈世说新语〉词语简释》，《中华文史论丛》1979 年第 4 期。

徐正考：《〈论衡〉同义词研究》，中国社会科学出版社 2004 年版。

徐正考：《论汉语词汇的发展与汉民族历史文化的变迁》，《吉林大学社会
　　科学学报》1994 年第 1 期。

徐正考、韩淑红：《汉语词缀研究论略》，《华夏文化论坛》2013 年第
　　1 期。

徐正考、王冰：《两汉词汇语法史研究语料述论》，《南开语言学刊》2007
　　年第 1 期。

许昌火：《异形词规范的操作原则》，《语文建设》1997 年第 1 期。

许理和：《最早的佛经译文中的东汉口语成分》，《语言学论丛·第 14
　　辑》，商务印书馆 1987 年版。

许威汉：《二十世纪的汉语词汇学》，书海出版社 2000 年版。

许威汉：《汉语词汇学引论》，商务印书馆 1992 年版。

许卫东：《〈高僧传〉中僧人佛徒称谓探讨》，《中州学刊》2011 年第
　　4 期。

亚努士·赫迈莱夫斯基、高名凯：《以"葡萄"一词为例论古代汉语的借
　　词问题》，《北京大学学报》1957 年第 1 期。

严修：《二十世纪的古汉语研究》，书海出版社 2001 年版。

颜洽茂：《翻译佛经语料研究》，浙江大学出版社 2019 年版。

颜洽茂：《佛教语言阐释—中古佛经词汇研究》，杭州大学出版社 1998
　　年版。

颜洽茂：《魏晋南北朝佛经词释》，《杭州大学学报》1996 年第 1 期。

颜洽茂：《中古佛经借词略说》，《浙江大学学报》（人文社会科学版）
　　2002 年第 3 期。

颜洽茂、熊娟：《〈菩萨本缘经〉撰集者和译者之考辨》，《浙江大学学

报》（人文社会科学版）2009 年第 1 期。

杨春：《现代汉语中的异形词》，华夏出版社 2004 年版。

杨春虹：《俄语中的外来词与外来文化》，《沈阳师范大学学报》2007 年第 6 期。

杨国强：《外来词的翻译技巧与规范刍议》，《白城师范高等专科学校学报》2002 年第 3 期。

杨华、蒋可心：《浅议新外来词及其规范问题》，《语言文字应用》1995 年第 1 期。

杨会永：《〈佛本行集经〉词语考辨》，《西南交通大学学报》（社会科学版）2011 年第 3 期。

杨继光：《中古佛经常用词组合关系考察》，《集美大学学报》（哲学社会科学版）2008 年第 2 期。

杨杰、卜云燕：《俄语词汇学教程汇》，外语教育出版社 2009 年版。

杨琳：《古汉语外来词研究中存在的问题》，《南开语言学刊》2010 年第 1 期。

杨世铁、张守娥：《现代汉语外来词刍议》，《渤海学刊》1995 年第 4 期。

杨同军：《语言接触和文化互动：汉译佛经词汇的生成与演变研究——以支谦译经复音词为中心》，中华书局 2011 年版。

杨万梅、王显云：《外来词汉译的认知理据研究》，《台州学院学报》2011 年第 1 期。

杨锡彭：《汉语外来词研究》，上海人民出版社 2007 年版。

杨延龙、曹勇：《从汉语词语的文字理据性看外来词的译介过程》，《外语教学》2009 年第 3 期。

杨振兰：《外来词的汉化及其外来色彩》，《山东师范大学学报》1989 年第 1 期。

杨志玖：《葡萄语源试探》，《中兴周刊》1947 年第 6 期。

姚荣松：《台湾现行外来语的问题》，《台湾师范大学学报》1992 年第 37 期。

叶景烈：《关于"外来概念词"讨论的讨论》，《词库建设通讯（香港）》1996 年第 8 期。

殷焕先：《谈词语书面形式的规范》，《中国语文》1962 年第 6 期。

殷孟伦：《谈谈汉语词汇研究的断代问题》，《文史哲》1981 年第 2 期。

殷正林：《〈世说新语〉中所反映的新词新义》，《语言学论丛》1984 年第 12 期。

于朝兰：《从外来词的角度看三国时期佛经汉译的特点》，《西南科技大学学报》2009 年第 10 期。

于淑健：《敦煌本古佚与疑伪经校注》，凤凰出版社 2017 年版。

俞理明：《从佛经材料看六朝时代的几个三身称谓词》，《中国语文》1990年第 2 期。

俞理明：《东汉佛道文献词汇研究的构想》，《汉语史研究集刊》，巴蜀书社 2005 年版。

俞理明：《佛经文献语言》，巴蜀书社 1993 年版。

俞理明：《汉魏六朝佛经在汉语研究中的价值》，《四川大学学报》1987年第 4 期。

俞理明、顾满林：《东汉佛教文献词汇新质中的外来成分》，《江苏大学学报》2011 年第 5 期。

俞忠鑫：《"回归词"论》，《词库建设通讯（香港）》1996 年第 10 期。

喻捷：《略谈汉语中的突厥语借词》，《中央民族大学学报》1994 年第2 期。

袁彩云：《实用现代汉语》，高等教育出版社 2006 年版。

原新梅、梁盟：《〈新青年〉中的外来词——兼谈"五·四"时期外来词的特点》，《渤海大学学报》2006 年第 3 期。

曾良：《佛经字词考校五则》，《文史》2011 年第 3 期。

曾昭聪：《近代汉语异形词的来源》，《安徽理工大学学报》（社会科学版）2013 年第 2 期。

曾昭聪、刘玉红：《佛典文献词汇研究的现状与展望》，《暨南大学学报》（哲学社会科学版）2010 年第 2 期。

张德鑫：《第三次浪潮——外来词引进和规范刍议》，《语言文字应用》1993 年第 3 期。

张富翠：《"谁知道"的现状及其历史来源初探》，《四川师范大学学报》（社会科学版）2009 年第 6 期。

张金梅：《现代汉语外来词研究述评》，《阴山学刊》1996 年第 4 期。

张筠：《社会语言学视域下青海河湟方言的语言变异研究》，《青海师范大学学报》（哲学社会科学版）2019 年第 6 期。

张联荣：《汉魏六朝佛经释词》，《北京大学学报》1988 年第 5 期。

张良军、王庆华、王蕾：《实用英汉语言对比教程》，黑龙江人民出版社2006 年版。

张美兰：《从朝鲜汉语教材〈训世评话〉看明初汉语常用词新旧质素历时

兴替》，《世界汉语教育史研究》，商务印书馆 2013 年版。

张美兰、穆涌：《称谓词"弟兄"的历时发展与地域分布》，《语言研究》2015 年第 1 期。

张美兰、穆涌：《称谓词"兄弟"历时演变及其路径》，《中国语文》2015 年第 4 期。

张清常：《张清常文集·第三卷（胡同研究)》，北京语言大学出版社 2004 年版。

张庆翔、刘焱：《现代汉语概论》，上海大学出版社 2005 年版。

张世禄：《普通话词汇》，新知识出版社 1957 年版。

张守军：《古今汉语名词比较》，《辽宁广播电视大学学报》2006 年第 1 期。

张鑫媛：《〈汉语大词典拾遗〉——以〈撰集百缘经〉为例》，《西南科技大学学报》（哲学社会科学版）2010 年第 3 期。

张星烺：《中西交通史料汇编》，中华书局 1977 年版。

张延成、童健：《汉文佛典词汇研究现状述要》，《武汉大学学报》（人文科学版）2013 年第 4 期。

张诒三：《论佛源外来词世俗化的过程》，《浙江万里学院学报》2007 年第 3 期。

张诒三、张福通：《佛源外来词汉化研究》，中国书籍出版社 2013 年版。

张应德：《现代汉语中能有这么多日语借词吗》，《中国语文》1958 年第 6 期。

张永言：《"轻吕"和"乌育"（1983）、"沐猴"解（1988)》，《语文学论集》，语文出版社 1992 年版。

张永言：《〈世说新语〉辞典》，四川人民出版社 1992 年版。

张永言：《词义琐记》，《中国语文》1982 年第 1 期。

张永言、汪维辉：《关于汉语词汇史研究的一点思考》，《中国语文》1995 年第 6 期。

张玉忠：《葡萄及葡萄酒的东传》，《农业考古》1984 年第 2 期。

张志毅：《〈说文〉的词源学观念——〈说文〉所释"词的理据"》，《辞书研究》1991 年第 4 期。

张志毅、张庆云：《词汇语义学》，商务印书馆 2005 年版。

章太炎：《国故论衡》，上海古籍出版社 2003 年版。

章宜华、雍和明：《当代词典学》，商务印书馆 2007 年版。

赵爱武：《从外来语引进之三大高峰看其特征》，《语言与翻译》2005 年第 1 期。

赵家栋：《敦煌文献疑难字词考释与词汇学研究》，《汉语史与汉藏语研究》2017 年第 2 期。

赵杰：《北京话中的满语融合词探微》，《中国语文》1993 年第 4 期。

赵倩：《认知深化对人体名词词义发展的影响》，《世界汉语教学》2011 年第 4 期。

赵恽伯：《关于汉语外来词的几个问题》，《语文学习》1958 年第 3 期。

赵元任：《借语举例（1970）》，《中国现代语言学的开拓与发展——赵元任语言学论文选》，清华大学出版社 1992 年版。

赵仲邑：《古汉语中名词代词作补语》，《中山大学学报》1981 年第 4 期。

照那斯图：《论汉语中的蒙古语借词"胡同"》，《民族语文》1991 年第 6 期。

郑奠：《谈现代汉语中的日语借词》，《中国语文》1958 年第 2 期。

郑厚尧：《汉语文化对音译外来词的规约》，《上海翻译》2005 年第 2 期。

郑贤章、姚瑶：《汉文佛典与〈集韵〉疑难字研究》，《语文研究》2011 年第 3 期。

郑竹群：《词竞人择·适者生存——论外来词的规范化问题》，《外国语言文学》2006 年第 4 期。

中国大百科全书总编辑委员会、《语言文字》编辑委员会：《中国大百科全书·语言文字》，中国大百科全书出版社 1988 年版。

中国社会科学院语言研究所词典编辑室：《现代汉语词典》，商务印书馆 2005 年版。

周定国：《谈汉语音译外来词规范化》，《语文建设》1994 年第 10 期。

周定一：《"音译词"和"意译词"的消长》，《中国语文》1962 年第 10 期。

周光庆：《从认知到哲学：汉语词汇研究新思考》，外语教学与研究出版社 2009 年版。

周光庆：《名词"春"的形成发展及其文化哲学意义》，《信阳师范学院学报》（哲学社会科学版）2005 年第 4 期。

周光庆：《名词"时"形成发展的哲学意蕴——汉语词汇哲学研究一例》，《江汉大学学报》（人文社会科学版）2002 年第 4 期。

周国光：《汉语外来词词典编纂刍议》，《词典研究丛刊（7）》，四川辞书出版社 1986 年版。

周建民：《汉语网络语言中的异形词研究》，《江汉学术》2013 年第 6 期。

周荐:《20世纪中国词汇学》,中国人民大学出版社2008年版。

周荐:《汉语词汇结构论》,上海辞书出版社2004年版。

周荐:《汉语词汇研究史纲》,语文出版社1995年版。

周荐:《异形词的性质、特点和类别》,《南开学报》1993年第5期。

周荐、杨世铁:《汉语词汇研究百年史》,外语教学与研究出版社2006年版。

周琳娜:《古汉语复音新词判定标准刍议》,《社会科学家》2009年第2期。

周日健、王小莘:《〈颜氏家训〉词汇语法》,广东人民出版社1998年版。

周汝昌:《胡同之谜》,《北京晚报》1991年5月21日。

周晓燕:《汉语外来词本土化的经济原则》,《学术交流》2016年第11期。

周亚祥、张侃、吴美荣:《非汉字词的使用与规范问题》,《科技术语研究》2004年第2期。

周一良:《魏晋南北朝史札记》,中华书局1985年版。

周有光:《地名译音工作的革新》,《文字改革》1959年第20期。

周有光:《外来词拼写法问题(汉语拼音文字正字法问题之一)》,《中国语文》1959年第3期。

周玉琨:《论由汉字带来的汉语日源外来词——日语借形词》,《汉字文化》1998年第4期。

周振鹤、游汝杰:《方言与中国文化》,上海人民出版社1986年版。

周祖谟:《〈吕氏春秋〉词典·序》,张双棣等《吕氏春秋词典》,山东教育出版社1989年版。

周祖谟:《汉语词汇讲话》,人民教育出版社1959年版。

朱国祥:《探析〈史记〉与〈汉书〉中的几个外来词》,《和田师范专科学校学报》2005年第6期。

朱京伟:《现代汉语中日语借词的辨别和整理》,《日本学研究》1994年第3期。

朱明:《论佛教外来词的翻译方法》,《贵阳学院学报》(社会科学版)2014年第5期。

朱庆之:《从魏晋佛典看中古"消息"词义的演变》,《四川大学学报》(哲学社会科学版)1989年第2期。

朱庆之:《佛典与中古汉语词汇研究》,台北:文津出版社1992年版。

朱庆之:《佛教汉语研究》,商务印书馆2009年版。

朱庆之：《佛经翻译中的仿译及其对汉语词汇的影响》，《中古近代汉语研究》，上海教育出版社 2000 年版。

朱庆之、梅维恒：《〈汉译对照梵和大辞典〉汉译词索引》，巴蜀书社 2004 年版。

竺家宁：《两岸外来词的翻译问题》，《华文世界》1996 年第 1 期。

邹嘉彦、游汝杰：《汉语与华人社会》，复旦大学出版社 2001 年版。

邹伟林：《〈普曜经〉与其异译本〈方广大庄严经〉语词比较》，《湖南科技学院学报》2011 年第 3 期。

祖淑珍：《俄语中借用英语的外来词构成探析》，《北京第二外国语学院学报》1998 年第 4 期。

陈辉：《基于〈汉语大词典〉的南北朝新词研究》，山东大学，博士学位论文，2018 年。

陈文杰：《早期汉译佛典语言研究》，四川大学，博士学位论文，2000 年。

陈延金：《基于〈汉语大词典〉的魏晋司法新同义词辨析》，海南师范大学，硕士学位论文，2018 年。

陈羿竹：《〈高僧传〉复合词研究》，东北师范大学，博士学位论文，2014 年。

戴军平：《〈十诵律〉词汇研究》，暨南大学，博士学位论文，2012 年。

邓军：《〈三国志〉代词研究》，复旦大学，博士学位论文，2001 年。

董守志：《上古—中古汉语复音词的衍生及其发展》，南京师范大学，博士学位论文，2018 年。

段雪惠：《唐代小说山神信仰研究》，南昌大学，硕士学位论文，2019 年。

冯延举：《北凉昙无谶译经词汇研究》，暨南大学，硕士学位论文，2008 年。

高列过：《东汉佛经被动句疑问句研究》，浙江大学，博士学位论文，2003 年。

葛佳才：《东汉译经副词研究》，四川大学，硕士学位论文，2000 年。

顾满林：《东汉译经外来词研究》，四川大学，硕士学位论文，2000 年。

冠秀杰：《汉语中源于印度外来词研究》，沈阳师范大学，硕士学位论文，2014 年。

韩淑红：《两汉非佛典外来词研究》，吉林大学，博士学位论文，2013 年。

胡明：《基于〈汉语大词典〉的战国—秦新词研究》，山东大学，博士学位论文，2016 年。

吉晶：《魏晋南北朝时期的外来词研究》，辽宁师范大学，硕士学位论文，2014 年。

姜兴鲁：《竺法护译经感觉动词语义场研究》，浙江大学，博士学位论文，2011 年。

蒋琼：《〈汉语外来词词典〉佛源词语研究》，扬州大学，硕士学位论文，2015 年。

康振栋：《竺法护翻译佛经词汇研究》，浙江大学，博士学位论文，2011 年。

赖明辉：《鸠摩罗什译经中的趋向动词研究》，西南大学，硕士学位论文，2011 年。

李金平：《复音词的衍生方式及汉语词汇复音化原因的哲学考探》，东北师范大学，硕士学位论文，2006 年。

李瑾：《〈利玛窦中文著译集〉外来词研究》，重庆师范大学，硕士学位论文，2010 年。

李缅艳：《〈金刚经〉译文研究之一》，湖南师范大学，硕士学位论文，2010 年。

李明龙：《〈续高僧传〉词汇研究》，南京师范大学，博士学位论文，2011 年。

李仕忠：《〈慈悲道场忏法〉双音词研究》，中央民族大学，硕士学位论文，2020 年。

李彦洁：《现代汉语外来词发展研究》，山东大学，博士学位论文，2006 年。

梁芳：《〈大般涅槃经〉双音外来词研究》，长春理工大学，硕士学位论文，2011 年。

刘建：《〈水经注〉复音形容词研究》，重庆师范大学，硕士学位论文，2011 年。

聂志军：《西晋以前汉译佛经中"说类词"使用情况及其发展演变研究》，湖南师范大学，硕士学位论文，2004 年。

欧敏：《〈汉武帝别国洞冥记〉名物研究》，四川师范大学，硕士学位论文，2014 年。

彭丽娟：《〈孔子家语〉王肃注词汇研究》，四川师范大学，硕士学位论文，2019 年。

戚俊丽：《〈汉书〉同义连用研究》，山东师范大学，硕士学位论文，2007 年。

亓恒娜：《〈现代汉语词典〉佛源词语研究》，山东大学，硕士学位论文，2011 年。

邱冰：《〈佛所行赞〉词汇研究》，北京大学，博士学位论文，2008 年。

阮文程：《成语佛源》，华中师范大学，硕士学位论文，2006 年。

石利华：《佛教词语的汉化》，西南大学，硕士学位论文，2008 年。

史光辉：《东汉佛经词汇研究》，浙江大学，博士学位论文，2001 年。

斯维特兰娜·卡尔玛耶娃：《汉俄外来词对比研究》，吉林大学，硕士学位论文，2011 年。

宋丽华：《晚清外来词的社会角度研究》，大连理工大学，硕士学位论文，2009 年。

苏杰：《〈三国志〉异文研究》，复旦大学，博士学位论文，2001 年。

孙慧：《〈慧琳音义〉佛源外来词汉化研究》，福建师范大学，硕士学位论文，2019 年。

孙丽丽：《〈维摩诘所说经〉外来词研究》，青海师范大学，硕士学位论文，2016 年。

孙世娟：《〈贤愚经〉佛教术语研究》，辽宁师范大学，硕士学位论文，2020 年。

谭代龙：《义净译经身体运动概念场词汇研究》，北京大学，博士学位论文，2005 年。

佟颖：《〈根本说一切有部苾刍尼毗奈耶〉双音外来词研究》，辽宁师范大学，硕士学位论文，2015 年。

王红生：《元代以来的古汉语虚词研究》，新疆大学，硕士学位论文，2006 年。

王金超：《隋代新词新义研究》，山东大学，硕士学位论文，2011 年。

王用源：《汉语和藏语复合词构词比较研究》，南开大学，博士学位论文，2010 年。

吴碧云：《〈生经〉同义词研究》，湖南师范大学，硕士学位论文，2009 年。

许春芳：《东汉译经中的佛化汉词研究》，西北师范大学，硕士学位论文，2014 年。

薛春华：《禅宗语录熟语研究》，上海师范大学，硕士学位论文，2011 年。

闫莺：《〈书集传〉复音词研究》，扬州大学，硕士学位论文，2011 年。

阎玉文：《〈三国志〉复音词研究》，山东大学，博士学位论文，2003 年。

杨爱萍：《〈荀子〉杨倞注复音词研究》，河北师范大学，硕士学位论文，

2010 年。

杨扬:《基于梵汉对勘的〈菩萨地持经〉外来词研究》,上海师范大学,硕士学位论文,2017 年。

张春秀:《东汉汉译佛经代词研究》,湖南师范大学,硕士学位论文,2005 年。

张巍:《中古汉语同素逆序词演变研究》,复旦大学,博士学位论文,2005 年。

张烨:《支谶译经"构词法"及"造词法"研究》,吉林大学,博士学位论文,2012 年。

张瑜:《外来词词义演变研究》,辽宁师范大学,硕士学位论文,2014 年。

张悦:《魏晋六朝汉语词汇发展演变研究》,重庆三峡学院,硕士学位论文,2018 年。

钟吉娅:《汉语外源词:基于语料的研究》,华东师范大学,博士学位论文,2003 年。

Barber K. , Only in Canada, You Say A Treasury of Canadian Language. Ontario: Oxford University Press, 2007.

Blair AD、Ingram J. , Learning to predict the phonological structure of English loanwords in Japanese. Applied Intelligence, 2003 (01) .

Bussmann, Hadumod, Rout – ledge Dictionary of Language and Linguistics. Beijing: Foreign Language Teaching and Research Press, 1996/2000.

Donald Winford, An Introduction to Contact Linguistics. Oxford: Blackwell, 2003.

Lakoff, G. & M. Johnson, Metaphors We Live By. Chicago: The University of Chicago Press, 1980.

L. R. Palmer, An Introduction To Modern Linguistics. London: Macmillan, 1936.

Masini, Federico, The Formation of Modern Chinese Lexicon and Its Evolution Toward a National Language: The Period from 1840 to 1898. California: Journal of Chinese Linguistics, 1993.

Sapir, Edward, Language: An Introduction to the Study of Speech. NewYork: Harcourt, Brace and Company, 1921.

Savard, J. G. La Valence Lexical, Paris: Didier, 1970 Uriel Weinreich. Languages in Contact. Prague: Mouton, 1963.

Zgusta L. , Manual of Lexicography. Prague: Mouton, 1971.

后　记

　　本书与博士学位论文《两汉非佛典外来词研究》在外来词语料和相关资料数据上虽有一定的联系，但是书中绝大部分成果是在原来论文基础上的新研究新进展。特别是在研究范围、研究框架、研究思路、研究视角等方面都有了拓宽及创新，对汉语外来词进入魏晋时期的发展演变进行了系统量化考察，同时对两汉时期的两个高频外来词进行了历时全面发展考察。本成果借鉴现代词汇学的前沿理论及研究方法有效地加强了汉语早期外来词的系统整体研究，对部分个案词的历时演变考察及全面描写可为后续大范围的历时发展研究奠定重要基础。

　　但因项目研究时间及本人精力等因素所限，两汉时期外来词的全面历时整体研究仍需持续关注。未来我们将进一步跟踪前沿成果继续深入开展研究，以推动汉语外来词词汇史研究的发展。

　　项目从前期构思论证到全程实施完工，离不开当年在吉林大学攻读博士学位期间所有老师的指导和帮助，特别是导师徐正考先生的悉心指导和全力培养让我在浩瀚史料中寻到一片需开垦的领域，在驾驭研究庞大纷杂的外来词语料困惑时指出前进的方向并得以成书。感谢引领我进入词汇学、词典学研究的张志毅先生，感谢一路走来给予我无限关爱和支持的家人，感谢一直以来帮助过我的同学朋友。2019 年全世界深受疫情之苦并且至今还未完全开放，我和世界各地的国际学生已经在云端学习两年多了，值得书写一笔的是我的新西兰学生刘昭昂在 2021 年"汉语桥"国际比赛中斩获全球第四名的佳绩。我愿与他共勉"功夫不负有心人"，仅以此书致敬不负初心的所有耕耘和努力……

　　虽然本人竭尽所有精力力求做到最好，但受项目时间及个人能力等因素所限，本研究中仍难免会存在纰漏及不当之处。感谢中国社会科学出版社的编辑为本书付出的辛苦。敬请方家批评指正。

2021 年 12 月